法学学习方法丛书

行政法的技艺

王贵松 著

中国人民大学出版社
·北京·

图书在版编目（CIP）数据

行政法的技艺/王贵松著．-- 北京：中国人民大学出版社，2025.8. --（法学学习方法丛书）. -- ISBN 978-7-300-33962-7

Ⅰ. D912.1-3

中国国家版本馆 CIP 数据核字第 2025HL0746 号

法学学习方法丛书

行政法的技艺

王贵松　著

Xingzhengfa de Jiyi

出版发行	中国人民大学出版社		
社　　址	北京中关村大街 31 号	邮政编码	100080
电　　话	010－62511242（总编室）		010－62511770（质管部）
	010－82501766（邮购部）		010－62514148（门市部）
	010－62511173（发行公司）		010－62515275（盗版举报）
网　　址	http://www.crup.com.cn		
经　　销	新华书店		
印　　刷	北京联兴盛业印刷股份有限公司		
开　　本	890 mm×1240 mm　1/32	版　　次	2025 年 8 月第 1 版
印　　张	14.5 插页 3	印　　次	2025 年 9 月第 2 次印刷
字　　数	308 000	定　　价	88.00 元

作者简介

王贵松，安徽无为人。2000 年、2004 年、2007 年分别于中南财经政法大学、中国人民大学、北京大学获得法学学士、硕士和博士学位。现为中国人民大学法学院教授、博士研究生导师。2013 年、2020 年曾在日本京都大学、东京大学访学。入选 2019 年度教育部“长江学者奖励计划”青年学者，2023 年获得第二期续聘。兼任中国法学会行政法学研究会常务理事、中国法学会立法学研究会常务理事、中国行为法学会行政法治专业委员会常务理事等。

主要研究领域为行政法总论、行政救济法、比较行政法、风险行政法等。专著有《依法律行政：行政法的基础构造》（2025 年）、《中国行政法学说史》（2023 年）、《行政裁量的构造与审查》（2016 年）、《日本食品安全法研究》（2009 年）、《行政信赖保护论》（2007 年），译著有《行政上的主观法与法关系》（［日］山本隆司著，2025 年）、《行政法总论》（［日］藤田宙靖著，2023 年）、《事实行为与行政诉讼》（［日］高木光著，合译，2023 年）、《制宪权》（［日］芦部信喜著，2012 年）。

序　言

很多法科的学生都会觉得，行政法很难，行政法学很乏味；读书的时候不愿意学行政法，上行政法课的时候也时常逃课，工作了之后也不愿意从事行政法方面的业务（譬如不专门做行政诉讼方面的律师；即使代理行政诉讼的案件，也不愿意代理原告）。但是，工作和生活中又不免与行政机关打交道，不免与行政法、行政法学再次相会。行政法学就是处于这样的一个尴尬境地。作为行政法的教学研究人员，我时常在想：为什么学生会觉得行政法很难、行政法学很乏味？这很难怪学生，学生很难了解陌生的行政；这也不能怪教师，我们并非不用心教学。不过，在教师的专业知识和讲课技巧之外，我们应该还是有事可做、有话可说的。

我之所以撰写这本小书，就是想面向学习行政法的大学生和初步研究行政法的研究生，分享一点关于如何学习行政法、如何提升行政法研究能力的认识。这本小书被列入“法学学习方法丛书”，被寄予介绍学习方法的希望。能被称作“方法”者，通常都带有一定的通用性。虽然本书也希望能实现这样的效果，但下面要说的行政法学习方法带有个人属性，对于其他人未必有效，或许只是为寻找学习研究方法的有志者提供一点思路、拓展一点视野罢了。书中举出了很多例子，谈到了很多问题，不求周全，不成体系，甚至都没有提供完整的解答，其目的都在于展现拓展行政法学习研究的可能。

本书共分为五编十四章。第一编“行政法的认知”，共两章，介绍了行政法的体系脉络和思维方法，从总体上把握行政法，避免知识的零碎和松散。第二编“行政法的适用”，共四章，介绍如何适用行政法的法条，如何保障法条适用的正义性。这大致是法学方法论在行政法中的应用，当然，其中也存在行政法自身的特色。第三编“行政法的体系对话”，共三章，分别分析行政法与宪法、民事法、刑事法之间的关系，希望拓展行政法的思考空间，也在整个法体系中认识行政法。有很多学生喜欢民法、刑法，或许也能从这一编看到民法、刑法与行政法之间的紧密联系。没一点行政法知识，宪法、民法、刑法、诉讼法的相关研究恐怕也难以深入。第四编“行政法的案例分析”，共两章，介绍了行政法案例分析的方法，其中，鉴定式解法较为适合本科生，而判例式读法则较为适合研究生。第五编“行政法的论文写作”，共三章，介绍了写作的前期准备、论文的构成要素、论文的分析论证等。会分析案例，能撰写论文，是法科学生的基本素质要求。

我们首先要认识行政法，懂得行政法的适用，学会在整个法体系中与其他学科对话，进一步拓展对行政法的认识，再将这种认识用于实际的演练，而案例分析和论文写作又会反过来进一步加深对行政法的理解。正所谓，“纸上得来终觉浅，绝知此事要躬行”。行政法的技艺就是在这种知行并进的过程中习得和提升的。这也是一条行政法学人的研习之道和成长之路吧。

目 录

第一编　行政法的认知

第五编　行政法的论文写作

第一编

行政法的认知

行政法的难学，或许是一个世界性的现象。美国行政法学者夏皮罗（为简洁起见，本书中省略教授、先生、博士等敬称）曾作有一篇《法科学生不喜欢行政法课程的十大原因及其对策》,[1]道尽学习行政法的甘苦。

为什么学习行政法？作为一国的公民，我们应当了解行政机关应该如何对待包括自己在内的社会，我们在受到行政机关的不公正对待时，应该知道如何维护自己的合法权益，如何监督政府依法行政。行政法就是行政机关的行为规范。作为法科学生，不学行政法，法学的知识就是非常不完整的。自 1998 年开始，行政法与行政诉讼法就成为法学专业的核心课程之一。不仅必须学，而且要学好。主要原因之一是在国家统一法律职业资格考试中，行政法（含行政诉讼法）分值占总分的 10%左右。

怎么学习行政法？我们可以往简单里学：行政法就是要控制行政权，你可以用行政法去分析行政活动的合法性，根据行政法维护自己的自由和权利。我们也可以往复杂里学：行政法就是行政机关调整社会关系的行为规范。我们在什么时候需要行政机关的帮助？行政机关为什么要帮助我而不是帮助别人？我们在什么情况下可以将不满足自己要求的行政机关告上法院？我们还可以再复杂地去考虑：我们需要什么样的行政机关？通过什么样的方式去组织行政机关，赋予其什么样的职权，以便其能够服务于公益，能够承担其行为的责任？

认识行政法，就是要在国家中认识行政机关和私人的应有关系。了解行政法学的功能和体系，了解行政法的思维特点，或许能有助于开展下一步的行政法学习和研究。

---

① 参见［美］西德尼·A. 夏皮罗：《法科学生不喜欢行政法课程的十大原因及其对策》，苏苗罕译，载沈岿主编：《行政法论丛》（第 26 卷），法律出版社 2020 年版，第 243 页以下。

第1章 行政法的体系脉络

研习行政法，显然并不轻松，因其概念繁多，法条无数，体系庞杂，很难形成体系化、系统性的行政法认识。在入门或起步阶段，如果能先形成对行政法的整体认识，尤其是对行政法的功能体系认识，将有助于对具体制度、具体知识进行理解和把握。我们在碰到具体的问题时，很大程度上也是回到行政法的体系上来，分门别类地归入某一领域，再寻求相关知识的支持。

一、行政法的产生历史

行政法是近代西方国家的产物，我国自清末民初从日本引进行政法，[①] 并使其生根发芽，成为中国本土的法制。下面简要地

① 对于引进过程，可参见王贵松：《中国行政法学说史》，中国人民大学出版社2023年版，第9页以下。

勾勒两大法系行政法的产生历史,[①] 揭示各自行政法的基本功能和特色体系。

（一）大陆法系行政法的产生历史

法国和德国是大陆法系的代表国家，其中，法国是行政法的母国。在法国和德国，传统的王权力量强大。在资产阶级革命胜利之后，国家建立了议会，国家权力采用了分立体制：由议会行使立法权，抑制行政的专制，就成为必要。议会抑制行政的手段就是法律，以使行政服从议会事前制定的法律。这就是依法律行政原理。

另外，在欧洲大陆，或是由于法院本身与传统的势力有千丝万缕的联系，或是由于法院与行政机关具有同位性，需要排除司法对行政的干涉。在行政机关和私人之间发生法律上的争议时，国家就设置隶属于行政系统的行政法院作为解决行政争议的机关。因为行政机关具有不同于私人的特殊性，结果，就形成了与民法分离的法体系，这就是行政法。

也就是说，在传统集中、统一的王权中分离出司法权和立法权之后，就需要处理王权所代表的行政与议会、法院之间的关系。法德在议会—行政关系上，让行政在某些方面受法律约束，这就是事前的依法律行政原理；在行政—法院关系上，法院不得干预行政，而设置专门的行政法院审理行政争议案件，这就是事

---

① 对此介绍，参考了日本已故学者今村成和极为凝练的勾勒。今村成和『行政法入門』（畠山武道補訂）（有斐閣 2007 年，第 8 版補訂版）4～6 頁参照。

后的行政裁判原理。而依法律行政原理与行政裁判原理就构成近代行政法的两大基本原理。

（二）英美法系行政法的产生历史

与大陆法系国家不同，传统的英国、美国国家权限较小。泰勒的《英国史》开篇就写道，“在 1914 年 8 月之前，除了邮局和警察之外，一个具有遵纪守法意识的英国人可能在他的一生中几乎都注意不到国家和政府的存在”。① 所以，在这样的背景下，主要任务并不是控制国家政府的权力。

英国著名的政治学家洛克在其《政府论》（下篇）中将国家权力分为立法权、执行权和对外权三种，其中的执行权是对内的经常存在的权力，负责执行被制定和继续有效的法律。② 但是，其中的执行权不同于今天的行政权，它范围狭窄（主要是涉及国防、征税、治安等），甚至执行规定了刑罚的法律，它接近于司法权。真正能左右个人自由和权利的，就是司法。故而，立法—司法的关系也构成法治的基本问题。

1914 年 8 月，第一次世界大战全面爆发，英国对德宣战。此后，行政权日益扩张。在行政发达之后，控制行政权可资借鉴的

---

① A. J. P. Taylor, *English History*, 1914—1945, 1. 转引自［英］威廉·韦德、克里斯托弗·福赛：《行政法》，骆梅英等译，中国人民大学出版社 2018 年版，第 3 页。当然，韦德对泰勒的评论并不完全认可，他认为，此前已有大量迹象表明政府概念发生了深刻的变化。参见［英］威廉·韦德、克里斯托弗·福赛：《行政法》，骆梅英等译，中国人民大学出版社 2018 年版，第 3、4 页。

② 参见［英］洛克：《政府论》（下篇），叶启芳、瞿菊农译，商务印书馆 1964 年版，第 92 页。

经验就是司法。行政若是侵害个人的自由和财产，就要像法院诉讼那样实施自己的行为，即司法性处理，并遵守司法最终原则，保持诉讼的可能性。如此，就形成了重视程序的英美行政法。

也就是说，在英美法系的行政法上，事前着重处理的问题是行政与个人自由和权利的关系，使行政活动遵守一定的司法程序；在事后，由法院保护个人的自由和权利。“英美法系最显著的特征是，由普通法院而非特别的行政法院来裁判政府行为的合法性。”①

两大法系的行政法在产生上存在着重大差别，虽然在之后的发展过程中有不少相互接近的地方，但底层的逻辑还是存在差异的。

中国行政法在清末民初学习的是日本行政法乃至大陆法系行政法，在新中国成立初期学习的是苏联行政法（也属于大陆法系），在改革开放之后又学习了部分英美行政法的内容，它在总体上接近大陆法系行政法，并在诸多制度上形成了鲜明的中国特色。

二、行政法的功能变迁

在行政法的产生阶段，行政法的功能相对单一，主要在于为

① ［英］威廉·韦德、克里斯托弗·福赛：《行政法》，骆梅英等译，中国人民大学出版社 2018 年版，第 8 页。

私人的自由和财产提供防御机制。但随着社会的分化和行政的复杂化发展，行政法的功能也变得具有复合性，行政法在自由防御之外还承担着调控行政权的使命。①

（一）自由防御型行政法

在大陆法系行政法的历史中，行政法的原初定位就是议会用来控制行政权的规范。整个行政法在总体上就是围绕议会的“法律”而展开的：由议会制定法律，要求行政权必须遵守议会的法律，借由依法律行政原理，维护法律的要求，实现对个人自由的保障，使其免受行政权的非法侵犯。在这里，国家仅负有消极地维持秩序和安全的任务。它“以经济上独立、精神上自主的市民作为人的基本形象”，② 私人享有不受国家干预的自由，国家和社会之间保持一定的“距离”，形成一种“对峙”关系。行政不得违反法律，在干预时应当依据法律，不得过度干预。私人对其干预行为不服，可向法院（行政法院）寻求救济。这种行政法可被称为“自由防御型行政法”。

自由防御型行政法植根于自由法治国家原理，以权力分立、法律优位、法律保留、法的安定性、人权保障、干预的比例性、

① 详细分析可参见王贵松：《作为利害调整法的行政法》，《中国法学》2019 年第 2 期，第 90 页以下。

② 陈爱娥：《行政法学作为调控科学——以行政组织与行政程序为观察重心》，载台湾行政法学会主编：《行政法学作为调控科学》，元照出版公司 2018 年版，第 5 页。

司法（行政法院）上的权利保护等为基本要素。[①] 在“夜警国家”之下，行政的任务主要在于维持秩序，行政法就是要对这种秩序行政加以规范。它以狭义“行政行为”作为实现法治行政的核心手段，行政行为往上承接法律，往下与行政诉讼相连。行政机关根据法律规定作出行政行为，课予行政相对人义务、减损其权利；行政相对人在不服这种行政行为时，便诉请法院撤销行政行为，排除侵害、恢复自由，撤销诉讼就成为传统行政诉讼的中心。行政诉讼重点解决行政机关与行政相对人之间的外部关系纠纷，主要功能是维护行政相对人的自由、监督依法律行政。行政机关与行政相对人的二元对立，也是设计诸多原理、制度时的基本思考方式。

（二）利害调整型行政法

随着经济和社会的发展，自由防御型行政法的现实基础发生了很大的变化。自由防御型行政法主要关注的是国家对私人的侵害，但并非源自国家的侵害日益显现出来。一方面，伴随着城市化和工业化的进展，环境污染、公害问题、消费者权益保护、大型基础设施建设、城市规划等一系列现代性问题也逐渐增多。这些问题虽然可以通过民事途径在一定程度上得到部分解决，但因诉讼成本、证明能力、审判周期等原因民事途径的效果并不理想，需要行政凭借其信息和权力优势介入其中，收取“先下手为

① 戸部真澄『不確実性の法的制御——ドイツ環境行政法からの示唆』（信山社2009年）11頁参照。

强”之效。另一方面，随着经济的多元化发展，利益日趋分化，各种利益诉求也日渐彰显。各种利益主体对自身权益受侵害更为敏感，各种类型的纠纷也日趋增多。为了快速而有效地解决纠纷，仅依靠传统的诉讼途径远远不足，非诉讼纠纷解决机制应运而生，行政机关在其中也扮演着重要的角色。而且，由破产、失业、年老、疾病等引起的民生问题，也不是保险等机制所能充分解决的，需要国家提供资金和技术等方面的给付。行政不再局限于传统的不得侵害人民自由的守卫者角色，而是凭借自身优势，积极介入社会的方方面面，调节资源分配，对各种利害关系进行调整。

而个人相对于国家、相对于社会的地位也在悄然发生变化。在传统公法理论中，政治国家与市民社会是二元对立的，个人与个人之间具有同质性。市民社会中私人之间的关系交由民事法处理。而国家则以“不介入民事”为原则，只有出现公共性事务时才介入私人领域，即秉持传统警察权的消极性原则和公共性原则。个人相对于国家享有消极的自由权，即免于国家干预的自由，基本权利主要发挥防御的功能。在经济和社会发生上述变迁后，私人之间的差异在扩大，甚至出现了两极分化的现象。在这种差异得到正视之后，特别是在社会主义等思潮的推动下，个人基于维护人格尊严的需要而对国家享有给付请求权（社会权）、行政介入请求权和参与权，这些权利也逐渐得到宪法和法律的肯定。个人相对于国家的能动主体地位（请求保护、请求分享等）得到确立。

行政积极介入社会生活、调整利害关系正是适应这种规范和事实变迁的表现。这种新型的积极行政看上去是在给个人提供某种给付，但其中也存在侵害人权、损害公益的可能性，故而仍有规范的必要。传统的自由防御型行政法设想的行政图景已发生重大变化，其依此而构筑起来的规范机制已难以应对新型的行政任务，难以有效发挥其控制的功能。由此，“利害调整型行政法”应运而生。

三、行政法的基本构成

从行政法的体系来看，传统行政法是由三部分组成的，分别是行政组织法、行政活动法和行政救济法。三者既具有不同的构成，也发挥着不同的功能。

（一）行政组织法

行政组织法是关于行政权在不同行政组织之间分配的法，这是对行政权源头的规范。国家按照一定原则，由特定机关根据宪法和法律将行政权分配给不同的行政组织。行政组织的组成、任务、权限、相互关系等是行政组织法的基本内容。广义的行政组织法还包括有关行政组织的构成人员及编制等的规范。

目前，我国在行政组织法上主要有三部法律，分别是关于行政机关的《国务院组织法》（1982 年制定，2024 年修订）、《地方各级人民代表大会和地方各级人民政府组织法》（以下简称《地方组织法》，1979 年制定，2022 年第六次修改）中的政府组织法和关于行政工作人员的《公务员法》（2005 年制定，2017 年修正，2018 年修订）。这三部法律或可被称作“行政组织三法”。

（二）行政活动法

所谓行政活动，又被称为行政作用，是行政机关一切行为的总称。行政活动构成了行政机关行使法定职权、履行法定职责的全部内容。行政活动法，又被称为行政作用法、行政行为法，它是行政组织在获得行政权之后行使行政权和实施行政活动时所应遵守的法，其中既有行政活动的目的规范，也有行政活动的授权规范或根据规范，还有行政活动所应遵守的行为要件、行政程序等规范。

面对五花八门的行政活动，行政法学大致有两种研究方式或体系安排：其一是按照行为形式来安排，其二是按照一般制度来安排。但按照哪一种方式进行编排都有一定缺陷，故而需要根据教学对象进行合理的组合。

按照行为形式来安排行政活动法的内容，也就是按照实施行政活动的单个行为及其性质、法律效果的标准来安排。第一，设立基准的活动，主要包括行政立法、行政规划等。第二，行政决定，即行政机关对外的直接产生法律效果的单方行为。第三，行政合同或行政协议。这是双方行为。第四，行政事实行为，区别于前面的几种法律行为，其包括行政指导、行政强制等内容。按照行为形式进行安排的好处在于不必一一列举所有类型化的行为，掌握这些行为形态，就可以实现一通百通的效果，例如，行政许可、行政处罚等都是行政决定的一种表现形式。其不足之处在于不能与现实有效地对接，不能从整体上把握行政活动的面貌和行政的任务功能。

按照一般制度来安排行政活动法的内容，也就是按照各个行政领域共通的法律框架来安排。这些共通的法律制度有行政程序制度、信息管理制度（具体包括行政信息的收集调查、信息公开、保密等）、行政实效性的保障制度（或者称确保履行行政上义务的制度，具体包括行政处罚、行政强制等）等。行政活动是由若干个行为形式的结合而形成的，这些行为形式组合起来就是某些专门的制度。例如，行政处罚从整体上看是一种制度，执法人员首先进行调查取证，再作出初步决定，听取当事人陈述申辩，最后作出最终的行政处罚决定。其中，行政处罚决定是法律行为，行政调查等都属于事实行为。这些事实行为和法律行为组合起来，才能完成行政处罚的工作。不同的行政领域具有不同的制度，但也存在一些共通的法律制度。这些共通的法律制度适合在行政法总论进行归纳阐述。当然，这些一般制度需要和个别行政领域的固有体系相结合，才能有意义。之所以将其作为行政上的一般制度来论述，是因为其存在独立于个别领域的固有价值，有作为各个不同的具体制度所共同追求的价值原理来进行考察的必要。[①]

---

① 参见［日］盐野宏：《行政法总论》，杨建顺译，北京大学出版社2025年版，第73页。

目前，我国在行政活动法上针对行政的共通行为制定了三部法律，分别是《行政许可法》(2003 年制定，2019 年修正)、《行政强制法》（2011 年制定）和《行政处罚法》（1996 年制定，2009 年、2017 年两次修正，2021 年修订)，这三部法律有时也被称为“行政活动三法”或“行政三法”。

（三）行政救济法

但即便有行政活动法的规范，行政权的行使仍然会引发行政争议，仍然有可能侵犯私人的合法权益，故而，还需要行政救济法提供权利救济。行政救济法就是依法解决行政争议、给私人提供权利保护的法。行政救济法主要由正式的行政救济制度（行政复议法、行政诉讼法、行政赔偿法和行政补偿法）以及非正式行政救济制度（信访、仲裁、调解等）组成。行政复议法和行政诉讼法又被合称为行政争讼法，它是针对行政活动本身的；如果能通过行政复议和行政诉讼直接撤销行政机关的侵害行为，使私人的合法权益恢复到应有的状态，这将是较为直接的救济。但有时仅仅针对行政活动是不够的，或者不再是有效的，还需要通过金钱给付等方式填补私人的损失，也就是需要行政赔偿和行政补偿来进一步实施救济。

目前，我国在行政救济法方面制定了三部法律，分别是《行政复议法》(1999 年制定，2009 年、2017 年两次修正，2023 年修订)、《行政诉讼法》(1989 年制定，2014 年、2017 年两次修正）和《国家赔偿法》(1994 年制定，2010 年、2012 年两次修正)，这三部法律有时也被称为“行政救济三法”。

（四）相互关系

行政组织法、行政活动法和行政救济法通常是分立的。行政组织法旨在于不同的行政机关之间合理地配置行政权，行政活动法旨在于行政过程中对行政权的行使进行规范，而行政救济法则旨在对行政权给私人合法权益造成的不利影响实行救济和监督。

行政活动法属于外部法，规范行政主体与私人之间的关系，关乎私人的权利义务，受法治主义控制；行政组织法属于内部法，规范行政主体内部组织之间的关系，通常与外部私人的权益没有直接关系，行政主体内部组织之间并不享有权利而只有权限。另外，原则上先有组织法才有活动法。这样可以防止未经评估可否由现行机关办理，就依照行政活动法成立新组织，造成组织员额膨胀。当然，在现实中，行政活动法中有时会有行政组织法的规定，也会规定发生行政争议时的行政救济途径。行政救济法与行政活动法互为表里，行政救济法是关于行政活动给私人造成不利时的救济制度，两者共同服务于通过法和法律来规范和控制行政权的行使。行政救济法既是解决行政争议、保障私人合法权益的法，也是保障行政实体法实现的法。

学习行政法，以上述九法为主。先由行政法的功能入手，再进入具体的制度，就可以逐步理解行政法。掌握了上述行政法九法，也就进入了行政法的大门。要想继续深入，那就需要在一般行政法之外，再钻研一两个专门领域的行政法，比如，警察行政法、环境行政法、社会行政法等，将传统行政法和现代行政法结合起来，反哺一般行政法的研究。

四、行政法学的体系

行政法学是由概念、规则、原理等形成体系的。行政法学的体系是对行政法的总体把握，是行政法评价一致和统一的整体。没有体系，知识就成为认识混乱的根源。没有行政法功能的指引，体系也会成为一团乱麻。

（一）管理论的行政法学体系

有学者将行政法从发展过程的角度分成三个阶段，即古代的管理法、近代的控权法和现代的平衡法。① 换一个角度来说，这其实是从功能的角度将行政法分成了三个类型。

所谓管理论，是指以实现国家任务为目标，将行政法作为实现国家管理的手段来对待。在 1950 年代，我国曾全面学习苏联经验，法学及其中的行政法学之教育亦为如此。当时的行政法学可被归入管理论的范畴。1953 年，由中国人民大学国家法教研室翻译的司徒节尼金《苏维埃行政法（总则）》在中国人民大学出版。该书共 7 章内容：

第一章　苏维埃社会主义行政法的对象、渊源和体系

① 参见罗豪才、袁曙宏、李文栋：《现代行政法的理论基础——论行政机关与相对一方的权利义务平衡》，《中国法学》1993 年第 1 期，第 53～55 页。

第二章　苏维埃国家管理的基本原则

第三章　苏维埃国家管理机关

第四章　苏维埃国家职务

第五章　苏维埃国家管理的法令

第六章　保证执行苏维埃国家管理法令的办法

第七章　苏维埃国家管理中法制的保障

司徒节尼金认为，“制定苏维埃行政法体系的出发点，应当是我国国家管理的社会主义原则以及社会主义的法的各种特征”。[①] 苏联行政法学是以国家管理为中心设计的，国家管理的目的和任务是建成社会主义社会、共产主义社会，法律及其中行政法是国家管理的必要手段，国家管理的手段自然应服务于国家管理的目的，人民的利益便存在于国家管理的目的和任务之中。如何通过国家管理法令有计划地实现国家的目的，如何保证国家管理法令的实施和实现，如何保证国家管理法令实施的合法性，便是整个苏联行政法学的中心逻辑。当然，既然以国家管理为出发点，就要讲述国家机关的组织活动的原则，还要有国家职务的内容（它们是政策的传达者和各种职能的执行者）。国家管理法令或国家管理文件是进行国家管理活动的法律形式，说服和强制是保证国家管理活动的手段。

这样的行政法具有客观法的意味，私人的权利借由国家管理

① ［苏］C. C. 司徒节尼金：《社会主义国家管理制度和苏维埃行政法对象问题》，载中国人民大学国家法教研室编译：《苏维埃行政法论文选译》（第1辑），中国人民大学出版社1957年版，第38页。

目标的实现而实现。但是，这样的行政法既没有提供控制、规范国家管理机关的有效办法，也无法为公民权利提供有效的保障和救济。国家管理目的的正当性与管理手段的正当性并无必然联系，缺乏行政救济法，都不堪被称作具有行政法。历史也表明，这样的行政法无法适应法治国家的要求，难逃被抛弃的命运。

1983 年，法律出版社出版了王珉灿主编的《行政法概要》，除第一编绪论和第三编分论外，该书第二编总论共 5 章，分别是：我国国家行政管理的指导思想和基本原则、国家行政机关、国家行政工作人员、行政行为、国家行政管理的法律监督。这 5 章内容与苏联行政法学体系十分相近，只是将核心概念“国家管理”改作“国家行政管理”。该书对总论的体系是这样设计的：“总论是行政法学原理的主要部分，研究国家行政机关如何实施行政管理。”国家行政机关及其工作人员是行政法的主体，行政主体的行为即制定行政管理法规和执行行政管理法规的行为。总论的最后一章论述了为保障国家行政管理的正确实施有必要实行的多方面的法律监督。[①]

（二）控权论的行政法学体系

所谓控权论，是指以控制行政权为目标，将行政法理解为控制行政权的法。早在 1985 年，龚祥瑞就曾指出：“行政法起着限制权力被滥用的作用。因此，从作用上来看，行政法也就是‘控

① 参见王珉灿主编：《行政法概要》，法律出版社 1983 年版，第 40～41 页。

权法’。”[1] 传统行政法的基本构成“行政组织法—行政行为法—行政救济法”就体现着控权论的要求，可谓防御功能下的行政法学体系。这一体系与上述管理论的行政法学体系具有外形的相似性，但实际上有很大差别。这一体系的核心概念是行政行为，严格规范行政行为的作出条件，因行政行为所产生的争议由行政救济法来解决，借此来保障私人在行政法上的合法权益。它不是通过保障法律和行政管理的实施来实现私人的权利和福祉，而是将私人作为主体，将行政主体作为实现人民利益的手段，着力规范和控制行政权的行使。

当下，仍有部分教材采用这种简明的体系，例如，周佑勇的教材《行政法原论》（北京大学出版社 2024 年第 4 版）仅有 4 章，分别是行政法本论、行政主体论、行政行为论、行政救济论。其内容自然与传统行政法有很大差别，但体系是相近的。该教材篇幅并不小，四章体系应是作者刻意追求简明使然。

（三）多元功能的行政法学体系

首先是在现代国家，行政法发挥的功能正趋多元化，例如，前述的自由防御和利害调整就是对行政法功能的一种归纳方式；此外，还有自由行政法、社会行政法和分配行政法，监控者与管理者等对行政法功能的理解。也就是说，行政法的功能由防御拓展至给付、分配、调控或制御。其次是行政法中的主体范围也在扩展。传统行政法的主体主要是国家行政主体和行政相对人，而

---

① 龚祥瑞：《比较宪法与行政法》，法律出版社 1985 年版，第 6 页。

现代行政法的主体则是由行政主体（国家行政主体＋社会公行政主体）、行政相对人和第三人构成的多极化主体。再次是行政法手段也在扩展。传统行政法手段主要是命令强制的行政行为，但现在出现了非权力性的行政协议、行政指导等多种行为，还有发挥一般调控作用的行政规划法、运用信息手段的信息行政法等。在这种背景下，我们无法仍沿用传统防御或控权的行政法学体系。

自 1980 年代末以来，有不少行政法教材声称采用了行政法律关系理论，其中大致有两种做法。一种是行政法律关系的明暗线。1989 年，中国政法大学出版社出版了罗豪才主编的《行政法学》。该书首先将行政法界定为“调整行政关系的法律规范的总称”，而区别于从行政权、行政法的结构等角度对行政法作出的界定。该书指出：应始终把握行政法律关系的核心，并对其极力加以具体阐述。行政法学的主要任务是研究行政法律关系。而行政法律关系的核心部分是权利义务，即行政法律关系主体的权利义务。抓住行政法律关系这一核心，就能把握行政法的本质。基于这种理解，该书共 12 章，分别是行政法基本概念、行政法的基本原则、行政法律关系主体、行政立法、行政执法、行政司法、行政监督、行政合同、行政程序法、行政责任与行政赔偿、监督行政行为、行政诉讼。① 在这一体系中，行政机关是明线，而行政相对人是暗线，仅在必要时出现。另一种做法是行政法律关

---

① 参见罗豪才主编：《行政法学》，中国政法大学出版社 1989 年版，第 29～31 页（罗豪才执笔）。

系的双明线。1989 年，劳动人事出版社出版了张焕光和胡建淼合著的《行政法学原理》。该书共 8 编 37 章，在篇章设计上首次采用了双线理论，分别以行政主体和行政相对人为线索架构全书，在主体、行为、程序、违法、责任等方面均以两种主体分别论述。不过，这种双线体系的安排连作者之一的胡建淼现在也放弃了。

1999 年，姜明安主编的《行政法与行政诉讼法》由北京大学出版社、高等教育出版社出版。该书重视行政主体和行政相对人的行政法律关系，以行政主体与行政相对人的外部法律关系和救济关系作为研究的主线，贯穿全书；以行政主体的内部关系，行政法制监督主体与行政主体、行政执法人员的监督关系作为研究的辅线，在部分编章中展现。[①] 2024 年，该书已修订出版至第 8 版。该书第 8 版为六编体系，分别为绪论、行政法主体、行政行为、行政复议、行政诉讼和行政赔偿，共有 40 章，内容较为厚实。这一体系与控权论的体系十分相近，但其中的“行政行为”其实是广义的行政行为，其行政行为编的主要内容相当于行政的行为形式，只是其整体逻辑仍不甚清晰。

目前，行政法的教材有很多，但多数大同小异，多是作排列组合的局部调整。也许这就是现阶段行政法学界对行政法学体系的共性认识。但应当说，现今的行政法学体系尚未充分回应行政法功能的多元化。[②] 行政法学体系的更新，还是一个有待完成的课题。

---

① 参见姜明安主编：《行政法与行政诉讼法》，北京大学出版社、高等教育出版社 1999 年版，第 24 页（姜明安执笔）。

② 近些年的探索，可参见王贵松：《中国行政法学的体系化探索》，《中国法律评论》2024 年第 6 期，第 97 页以下。

第2章 行政法的思维方法

行政法旨在规范行政权，故在规则的设计上有不同于调整平等主体之间关系的民法之处，循着这种差异，行政法在思维方式或方法上也存在一些特色。如果有一点行政法的思维方法，或许能有效地推进对行政法的研习。

一、三阶段分析法

我们时常会被问：什么是行政法的问题？依法律行政原理可成为解答这一问题的抓手。行政法的三阶段分析法可参见图2-1：

第一步是容许性问题，追问某行政立法或行政行为是否有法律根据，是否需要法律授权。这是制定行政规范或作出行政行为的容许性问题。这就是法律保留原则要处理的问题。

第二步是形式合法性问题，追问某行政立法或行政行为是否符合法律的规定，是否违反法律。这主要是法律优位原则要处理的问题。

第三步是实质合法性问题，追问某行政立法或行政行为符合法律的形式规定之后是否就合法自由了。这主要是法的一般原则所要处理的问题。

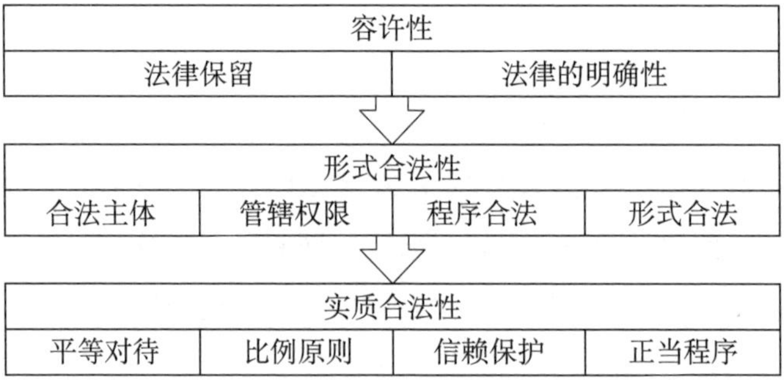

图 2-1　行政法的三阶段分析法

这种三阶段的分析当然可以笼统地被称作合法性审查，但之所以分成这三步，就是要体现出行政法的特色。在民法上，通常不违法的就可以通过容许性审查，主要是第二步的审查问题，体现的是法无禁止即自由的理念，实行私人自治原则。而行政法上要体现的却是法无授权即禁止的理念，行政主体要对行使行政权说明根据和理由，行政权是受拘束的，而非自由的，所以，第一步会成为行政法的专门问题，第三步在行政法上也有其内容上的特别之处。

举例而言，我们经常听到一种主张：要制定法律，或者将行政法规、规章上升为法律。但行政法规、规章同样是法，同样能进行规范，为什么一定要制定法律或者上升为法律呢？这实际上涉及“法律”的权限问题，如果不需要由法律来规定，那么，制定行政法规或者规章都是可能的。

再举一例来说，水泥公司实施了生产线技改扩建项目，导致周边 600 米范围内产生环境污染，不宜居住。市政府发布房屋迁建与补偿安置方案征求意见后决定对防护区内的房屋进行迁建并对居民予以补偿。迁建范围内的毛某对该迁建决定不服，提起行政诉讼。一审法院从迁建的目的、内容、程序、保障、效果，迁建原则和实施方式六个方面分析了迁建决定的合法性。当事人不服，提起上诉。二审法院首先分析了迁建行为的性质，再分析了迁建决定的合法性。二审法院认为，迁建行为符合行政允诺的特征（行政性、单方性、授益性和非强制性），应当界定为行政允诺，其秉持的是协商、激励、引导的理念，是政府以一种非强制性的行政行为方式，有效促进行政相对人对行政活动的主动参与和积极配合。对于迁建决定是否合法，二审法院从法律优位和法律保留两个方面加以审查。因为迁建决定属于授益性行政行为，所以，不需要有行为法上的依据，有组织法上的依据即可。目前，没有相关的法律对迁建工作作出规定，市政府基于保护生态环境、保障居民生活等行政管理目标作出了迁建决定，其内容具有合理性；并在实施过程中遵循了决策民主、程序正当、结果公开、自愿有偿、公众参与的原则，保障了被搬迁人的知情权、参与权、补偿权、救济权；且未与法律原则、法治精神相抵触，不违反法律优位原则，也具有法律保留原则所要求的组织法依据，故应当被认定为合法有效。①

① 参见毛某诉瑞金市人民政府确认征收房屋违法案，江西省高级人民法院（2020）赣行终 553 号行政判决书，2021 年 2 月 4 日。

一审法院的判决大致是平面的分析，二审法院的判决则有层次的分别。对二审法院的判决尚可按照上述三阶段分析法重新整理。第一步，审查是否需要法律根据。争议点是迁建决定是否合法。上诉人认为，“政府为了达到拆除上诉人拥有的合法房屋的目的，竟然擅自创设法律、行政法规、规章所没有规定的‘迁建’程序”，其作出的迁建决定没有任何法律依据。二审法院认为，迁建行为属于授益性行政行为，不需要法律根据。这大致就采纳了传统的侵害保留说。第二步，审查是否违反法律的形式规定。实施的行为即使没有法律根据也可以作出，但也不得违反法律。不过，这个领域内尚未制定法律。第三步，审查是否违反法律的实质规定。二审法院认为，迁建决定的内容具有合理性，符合正当程序要求，不与法律原则、法治精神相抵触。因此，迁建决定具有合法性。

二、二元论的体系思维

在传统行政法上，二元论模式较为流行。今天，行政法的原理和实践都十分复杂化了，无法再简单适用二元论，但是，二元论的思维惯性仍然存在，而且，二元论在很大程度上仍然是诸多制度设计和应用的逻辑基础，很多只是被修正适用了。

总体而言，行政法很讲究内外有别。国家与社会或者政治国家（political state）与市民社会（civil society）[①] 的二元论是传统行政法的前提。对于国家的行为，要适用公法加以规范；对于社会的行为，适用私法加以规范。在行政法上的主体上，也区分行政主体与私人。行政主体是拥有行政权的主体，接受公法的拘束；私人是与行政主体相对的外部的公民、法人或其他组织，实行私人自治。

（一）行政主体与私人

行政主体与私人是行政法上的一对主体范畴。行政主体是行政权的归属者，行政权属于国家、地方以及公法人。国家会设置行政机关（政府及其职能部门），省市县乡也会设置行政机关，由其行使行政权。国家、地方是法人，是行政主体，而行政机关则是法人的机关。不过，当代中国行政法学并不这样认识行政主体，它将行政机关这种法人的机关作为行政主体，并赋予其机关法人的地位。[②] 从原理来看，这种机关的法人地位自然是一种错误的认识，但在现实中实践着。于是，私人与不同类型的、林林总总的行政机关打交道，“国家”作为一个主体反而在私人面前“消失”了。

与行政主体相对的一方是私人，即不享有行政权的公民、法人或其他组织。私人一词能很好地传递出“私”的属性，与市民

① 关于“市民社会”的概念史，有一本不错的书值得推荐：［日］植村邦彦：《何谓“市民社会”——基本概念的变迁史》，赵平等译，南京大学出版社 2014 年版。

② 《民法典》第 97 条赋予行政机关以机关法人资格，属于特别法人的一种。这可以被认为是民法上的一种技术，便于其开展民事活动，但这未必适用于宪法和行政法领域。

社会的私性相呼应。不过，在我国当代行政法学上，私人通常被称作行政相对人。理论上，行政相对人又被分为直接相对人和间接相对人。前者是行政行为直接指向的对象，或者说是接受行政行为的主体；后者是受行政行为影响的对象。举例而言，行政机关给甲颁发建设许可，甲是直接相对人，而许可的建筑周边的居民就可能因在通风、采光等方面受到影响，成为间接相对人。也就是说，行政相对人之下包含了两类主体，这在沟通上存在不便之处。另外，2014 年修改《行政诉讼法》时，于第 25 条第 1 款规定，“行政行为的相对人以及其他与行政行为有利害关系的公民、法人或者其他组织，有权提起诉讼”。原告资格在这里明确被区分为行政行为的相对人与利害关系人两类。故而，以私人为上位概念，将行政行为直接指向的对象称作行政相对人，将与行政行为有利害关系的人称作利害关系人或者第三人。如此，可使概念变得更为清晰，可节约沟通成本。

传统行政法主要针对行政主体与行政相对人之间的双方关系进行调整，随着利益的分化，行政主体不仅与行政相对人发生关系，还与利害关系人发生关系。由此，现代行政法还对行政主体—行政相对人—利害关系人之间的三方关系进行调整。传统的行政主体与私人的二元论出现了更复杂的样态。

（二）公法与私法

公法与私法的划分由来已久，其划分标准也有主体说、权力说、利益说等诸多学说。主体说是从法律关系的主体中有无行政主体或者是否存在不对等地位来区分的，权力说是从当事人能否行使公权力或者采取权力性手段来区分的，利益说是从法所要实现的是公共利益还是私人利益来区分的。每一种划分标准都能从某个角度认识公法与私法的特征，但都不能准确而完整地描述出其特征。所以，有时就出现了综合性区分标准。①

在公私交融的当下，公法与私法的区分意义也受到一定质疑。但将行政法归为公法，有助于认识行政法的特性和功能。公、私法的划分通常具有两种意义。一是制度性意义，即公法与私法的划分在制度上具有不同，公法与私法成为特定制度的重要标准，例如：德国《联邦行政程序法》将该法律的适用范围确定为“公法上的行政活动”（第 1 条）；德国《联邦行政法院法》将“公法争议”作为行政诉讼管辖范围的标准（第 40 条第 1 款）；日本《行政案件诉讼法》将“公法上法律关系”作为当事人诉讼的内容（第 4 条）。“公法”在这里都具有制度性意义。不过，在我国的法律中，并不存在这样的规定。二是说明性意义。公法与私法客观存在，其秉持的原则和精神，规范的目的和手段，救济的范围和途径等都存在差别。以公法与私法作为对这样的法律规范群体特征的描述，可以清晰而简约地表达，节约沟通成本。公法以追求公共利益为目的，要求行使公权力的主体具有一定程度的民主正当性，遵循一定的正当程序，并论证自身行为的正当性。而私法基于私人自治原则，并不会提出这样一些要求。行政法属于公法，负有特殊的使命。上述关系可大致图示如下：

---

① 对于公私法的关系及其区分标准，还可参见姜明安：《宏观公法学导论》，法律出版社 2021 年版，第 68～79 页。

国家与社会⇒行政主体与私人⇒公法与私法。

（三）外部与内部

从行政法的规范对象关系角度，可以将行政法分为外部行政法与内部行政法。外部行政法调整开展管理活动的国家与私人之间的关系，诸如行政许可、行政处罚、行政强制执行等行政活动均受外部行政法调整。外部行政法涉及私人合法权益的保障，这是行政法的重点所在。内部行政法在国家这一组织内部调整国家与行政机关之间、不同行政机关之间、行政机关与其内部机构之间、行政机关与公务员之间的关系，诸如国家设置或撤销行政机关，上级行政机关对下级行政机关的指挥命令，行政机关的预算和审计，行政机关对公务员的奖惩任免等行政活动均受内部行政法调整。这些过去曾被认为不是法律事项，不受法律拘束，由国家和行政机关自行处理，但在现代国家，这种关系也被纳入行政法的调整范围，接受法律的民主控制。

内外二元区分是行政法上重要的思考模式。内部行政法的实施可以为外部行政法的实施在组织机构的设置、审议核查、责任追究等方面提供保障；而外部行政法的实施也会反馈并影响内部行政法的运作，会对内部行政法的制度设计提出新的要求。外部行政法与内部行政法之间存在互动关系。①

一般认为，私人与行政机关之间的关系涉及私人的合法权

① 对于内部行政法之于外部行政法的意义，参见章剑生：《作为担保行政行为合法性的内部行政法》，《法学家》2018年第6期，第66页以下。

益，而外部行政法就是要对这种外部关系加以规范，控制行政权的行使，保护私人的合法权益，因为行政机关可能作出权利侵害的行为，就有事后的权利救济的问题。权利问题就是法的问题，就应由法院提供司法救济。而在行政主体内部，不同行政机关之间的关系涉及机关的权限，这不同于私人的权利：机关没有独立的法人资格，其权限是由法律赋予的，目的是服务于公共利益，而非机关自身的利益。机关之间的权限配置带有较强的政策性，权限争议也不是权利救济问题，未必要由法院通过司法程序来解决。上述关系可大致图示如下：

外部行政法＝行政行为＝权利侵害＝一般法治问题＝司法救济

内部行政法＝内部行为＝权限争议＝特殊法治问题＝非司法救济

但是，这种二元论也日益相对化。例如，公务员与行政机关之间的争议，虽然是内部行政法的问题，但在德国，需要进一步被区分为基础关系的争议与业务关系的争议，于前者可以寻求司法救济。再如，行政机关作为国家法人的机关，虽然相对于国家或者外部的私人没有独立的法人资格，但是，相对于其他机关拥有独立的权限，也被认为具有相对的人格，权限争议也能被当作法律上的争议。德国、日本就承认机关诉讼。

（四）上级与下级

与上述内外的区分不同，行政法上还十分讲究上下有序的等级秩序。这不仅体现为上位法与下位法的关系，还体现为上级机关与下级机关的关系。

在行政法上，法规范有很多层级，宪法、法律、行政法规、地方性法规，还有部门规章和地方政府规章。为保证法制统一，《立法法》第五章“适用与备案审查”对上下位法的位阶关系作出明确，并对下位法违反上位法规定的情形规定了审查机制。

而对于上下级机关之间的关系，其通常是领导或指挥监督关系。《宪法》规定：国务院统一领导各部和各委员会的工作（参见第89条第3项）；地方各级人民政府对上一级国家行政机关负责并报告工作，全国地方各级人民政府都是国务院统一领导下的国家行政机关，都服从国务院（参见第110条第2款）。《地方组织法》第73条第2项规定，县级以上地方各级人民政府领导所属各工作部门和下级人民政府的工作。这里可以明确的其实只是上级政府与下级政府之间是领导关系，政府与所属工作部门之间是领导关系。而上一级行政机关与下级政府之间的负责关系是什么意思，上一级行政机关与下一级行政机关之间是何种关系，并不清楚。上下级机关之间的关系实际上非常复杂，难以通过这简单的条文统一规定：既有同级政府领导、上级主管部门指导的关系，诸如教育、民政等部门；也有双重领导，即由同级人民政府和上级主管机关领导的关系，诸如公安、审计等部门；还有仅由上级主管机关垂直领导的关系，诸如海关、金融、外汇等部门。故而，在分析上下级机关的相互关系时，不能简单地以领导或者指挥监督来形容，而是需要查看相关的立法仔细辨明。

(五) 主观法与客观法

主观法与客观法是大陆法系中常见的一对概念。主观法是可以请求实现的法，主要体现为权利规范。在行政法上，公权利是指行政法赋予个人的为实现其权益而要求国家为或不为特定行为的权能。客观法是全部法律规定的总和，是法律义务及其相应权利的根据。[①] 所以，主观法与客观法这一对概念又可以被简化为权利与法。

法中包含着权利的规定，私人可以据此请求国家予以保护。民法中，法=权利，这一等式容易成立。但在行政法上，立法者很多时候并不是从私人角度规定的，而是从行政机关的角度去规定如何实施管理，规定行政机关的任务、职权、职责等内容。这里姑且将这种规范称作公权力规范，将明确规定私人公权利的规范称作公权利规范。通常，私人可以依据公权利规范向国家提出主张，并请求保护。这种保护私人权利和利益的诉讼，也被称作主观诉讼。公权力规范与公共利益的维护相关，但并非一定与私人权益无关。如果公权力规范有保护私人权益的目的，那它也能成为私人权益的保护规范，私人可以据其提出请求，例如，警察应救助请求而出警的规范，就有保护私人权益的目的，该规范既是公权力规范，也是私人权益的保护规范。如果公权力规范的目的只是保护公共利益，私人因这种公权力规范的执行也可能获

---

① 参见［德］哈特穆特·毛雷尔：《行政法学总论》，高家伟译，法律出版社2000年版，第152～153页。

得实际的好处的，其无权提出请求。这种好处一般被称作反射性利益，就如同我们因月球反射太阳光而享受到光亮一般。对于这种纯粹保护公共利益的公权力规范，国家也可能允许以公益诉讼的方式实现其目的，例如我国《行政诉讼法》第 25 条第 4 款就规定了检察机关提起的行政公益诉讼，这种诉讼被称作客观诉讼。①

上述关系可参见图 2－2：

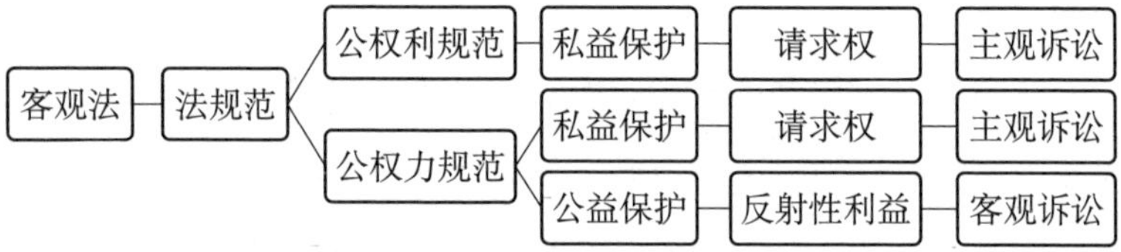

图 2－2

如此，在行政法上就存在无法被主观化的客观法，例如，行政组织法、与私人合法权益保护无关的行政活动法，都会被列入纯粹的客观法范畴。这种权利与法的关系问题，公权利何时能够成立的问题，就成为行政法学界经常探讨的对象。权利与法或者主观法与客观法的关系是较为复杂的，② 其间的区分也不是绝对的。例如，行政组织法上的机关权限规定一般被认为是纯粹的客观法，甲行政机关认为自己的权限被乙行政机关侵犯的，其能不能请求国家解决这种权限争议，维护本行政机关的权限？这种请

① 相关区分，可参见李某勤诉郑州市二七区人民政府不履行法定职责案，最高人民法院（2018）最高法行申 2975 号行政裁定书，2018 年 6 月 29 日。

② 相关探讨，可参见［日］山本隆司：《客观法与主观权利》，王贵松译，《财经法学》2020 年第 6 期，第 98 页以下。

求是否带有主观法属性？对此，就存在不同的观点和做法。

（六）应然与实然

应然与实然的二元论，也是常用的方法论，在法学中又可以化作价值、规范与现实的关系。法的价值指导着法的规范的制定和法的运作。法的规范应该是按照法的价值的指引制定的，法的规范制定之后，法的运作也应该是按照法的价值的要求予以实现的。但是，法的价值、法的规范与法的运作现实之间并不总是一致的。法的规范和法的运作现实都可能偏离法的价值的轨道，没有实现预期的公平、正义、秩序的理念。法的实现的现状，也反过来对法的价值提出新的认识，甚至是要求法的价值作出一定的调整。故而立法者、执法者、研究者都应时刻检视这三者之间的差异，努力检讨现实中出现的问题，以实现法的价值、法的规范与社会现实的良性互动，协调发展。我们在研究时，时刻都应注意法的价值、法的规范和社会的现实这三者之间的关系，用价值来衡量规范，用规范来衡量现实，用现实来检验规范和价值。

由理论上的行政法看实践中的行政法，由实践中的行政法反观理论上的行政法，既能使现实有评判的标准，也能使标准本身保持自省性和开放性。相对于立法上的规范，行政、司法中的行政法实践就是一个实然的事物，相对于价值上的行政法，行政法的立法规定又成了实然的事物。这三者之间的统一与隔阂是我们始终所要关注的行政法的全景。

当然，规范是法学，也就是法律学所要关注的根本。有学者认为，“法学的对象是法律；法学的方法是阐释和论证”。[①] 法律学所要研究的主要还是从实定法的角度来探讨法律如何适用的问题。应该说，行政法原理在成文法上已经有不少的规定了。如何将其应用于实践，特别是司法适用，则是法律学所要关注的重点问题。换言之，法律学很大程度上就是释义学，关于如何解释法律，如何适用法律，我们的眼光始终要穿梭于事实与规范之间。在现实中，各种行政法问题在很大程度上还是解释的问题，而无论在行政法律规范上有没有明确规定。只是，在我国，有行政法律规范的明文规定就相对简单，没有行政法律规范而只有尚未成文化的原理，对法律适用者的要求会更高而已。

---

① ［德］N. 霍恩：《法律科学与法哲学导论》，罗莉译，法律出版社 2005 年版，第 34 页。

第二编

行政法的适用

行政法的适用是一种技术活，对于法科学生而言也是必须掌握的技能。如果能运用各种方法准确地解释法律，[1] 让自己的解释无懈可击，不仅可以消弭争议、减少争讼，也可以提高法律适用的质量和行政的效率。把握好适用法的技术，就能让执法成为一门艺术。

从总体上而言，行政法的适用一方面应注意感觉、经验与方法的关系。

与一般人不同的是，法律人通过学习法律，可以获得法律知识、法律思维和解决争议的能力。[2] 但法律人与其他人一样，都有良心和德性，也会对某一案件有着某种直观的判断。这种判断常常诉诸感觉，而直指人心。这种法律感觉十分重要，我们不可忘却。泯灭人性的经验和理性都是要不得的。

法律人由于经常与案件打交道，熟悉法条，容易快速地把握案件的要点，这是法律人的优势所在。久而久之，就形成了法律人的经验。这种法律经验可以来自自身的实践，也可以来自沙盘演练的操作。

但法律经验有时并不可靠，尚需一定的方法予以证明。无法获得证明的法律经验是不能为结论提供支撑的。方法，论证的方法，这是法律人区别于其他人的重要特点。同样面对一件事，我们可以作出这样或那样的评论，但法律人则必须持之有故、言之成理，故就在于法律，理就在于论证。

---

① 本编中照顾到中文用语习惯，多是使用广义“法律”的概念，而这并非仅指全国人大及其常委会制定的法律。

② 参见王泽鉴：《法律思维与民法实例》，中国政法大学出版社 2001 年版，第 1 页。

在行政法的适用中，法律感觉、经验和方法都是十分重要的。但感觉或良心来源于持久的德育和教化，经验来源于日常的训练和体验。方法则可以在本书中稍作演示，以为实际操作提供理性的支撑。掌握行政法案件的分析方法，学会分析没有见过的案件。如果案件类似于那些见过的案例，我们尚可照葫芦画瓢，轻松、准确、快速地应对。而如果真的出现了新类型的案件，我们要快速地把握要点、合理地论证，则更是非经方法上的训练不可。

另一方面是逻辑、疏漏与确信的问题。

日常的行政法案件通常要解决两个阶段的问题：第一个阶段的问题是案件能否进入法院，第二个阶段的问题是案件能否胜诉。第一个阶段的问题，可交由行政救济法教学去解决，而且其中掺杂着一定的法律政策成分。下面着重探讨第二个阶段的问题，也就是分析案件本身的是非曲直。

案件分析的实质就是适用行政法规范，解决行政争议。一般而言，行政法的适用步骤是：(1) 认定案件的事实；(2) 找到争议的焦点；(3) 找出并解释相关法条；(4) 准确地适用法律。这其实就是法律方法论在行政法中的应用：适用法律要件，确定法律效果。当然，从法学研究或法律系统的角度来看，发现法律适用中的问题，超越法条，也是很重要的一个方面。发现了法条中的问题，找到解决它的方案，将其反馈到立法中，有助于解决类似案件，防止类似案件的发生。但下面的重点也仅落在前四个方面，亦即重点在于法的适用，而不在于法的制定或修改。

行政法的适用是以现行有效的法为依据来解决规范问题。具体说来，适用行政法的主要目的在于确定法律效果，确定具体案件中当事人的权利义务。行政法规范变动不居，在分析案例时尤其需要注意所适用的法规范是否被修改或继续有效。当然，说以现行有效的法为依据，并不是说历史上存在的法在现今的案件中没有意义。按照法不溯及既往的原则，即便是现在解决某个案件，也可能适用过去的法。但从现行的法秩序来看，之所以适用过去的法，是因为按照现行法中法不溯及既往原则的要求过去的法才得到适用。此外，解决今天的案件，过去的法也可以发挥其说明的作用，为现行有效的法提供论证，只是不能作为解决纠纷的依据而已。

行政法的适用就是运用理性的方法来解决法律问题，提出理由来论证法律问题的答案。这种理性的方法在过去的理解中一般就是司法三段论。举例来说，张三踏着滑板在路上穿行，他应被罚款 10 元。之所以“张三踏着滑板在路上穿行”这件事可以作为“张三应被罚款 10 元”的理由，这是我们运用三段论的结果。根据（1）《北京市实施〈中华人民共和国道路交通安全法〉办法》（2018 年）第 82 条第 3 项规定，行人在道路上使用滑板、旱冰鞋等滑行工具的，处 10 元罚款。该法律规范就确定了大前提。而查明的事实为（2）“张三踏着滑板在路上穿行”。该案件事实就是小前提。所以，结论就是（3）“张三应被罚款 10 元”（法律效果）。但问题在于：有了这样的大前提和小前提，就能直接推导出本案的法律效果吗？

仔细看这里的法条就会发现，其实还应补充一些前提。首先，法律规定的是，行人在道路上使用滑板、旱冰鞋等滑行工具的，处 10 元罚款，所以，必须确定张三穿行的路属于“道路”。那么，何谓道路？按照《道路交通安全法》（2021 年）第 119 条的规定，“道路”，是指公路、城市道路和虽在单位管辖范围但允许社会机动车通行的地方，包括广场、公共停车场等用于公众通行的场所。假如（2a）张三穿行的路就是公路，那么，似乎就可以直接得出处以 10 元罚款的结论。但果真如此吗？假如（2a'）张三虽然是在公路上滑行，但该路段是在用于迎接运动会的圣火。这时仍然要按照法律规定对其进行处罚吗？从常理来说，在（2a'）的情形下，张三是不应被处罚的。但理由何在？为什么在（2a）的情形下要处罚张三，而在（2a'）的情形下不应处罚张三呢？换言之，在（2a'）的情形下，为什么不能适用大前提（1）了呢？究竟我们在哪里可能出现疏漏？究竟我们有没有一套方法去帮助我们作出正确的选择呢？

在解决法律问题时，我们应当有一种明确的问题意识，去寻找一套理性的方法，帮助我们获得推导出法律效果所必要的前提，去寻找各种理由可以用来论证前提本身的正确性。只有找到这种方法，并给出充分的论证之后，才能得出一个合理的而难以被推翻的结论，进而形成我们内心的确信。方法看上去是达到目的的手段，但它同时也是对目的达成的限制。如果结论没有办法通过一定的方法证成，那它也是不能付诸执行的。

第3章 行政法规范的完整化

在行政法适用时，最重要的是确定大前提。只有大前提是一个完整性法条，是一个全称命题，才能确保大前提本身的可靠性。认识法条的目的在于寻找完整性法条。德国法学家施塔姆勒指出："一旦有人适用一部法典的一个条文，他就是在适用整个法典。"①行政法的适用首先需要在整个法体系中使其规范完整化。

一、行政法的规范与法条

首先要说明的是，行政法规范，即行政法的规范，而非关于行政的法规范。后者除了包括行政法规范，还包括民事法规范、刑事法规范等。法条，即法律条文，一个法条可能就是一个法规

① ［德］卡尔·恩吉施：《法律思维导论》，郑永流译，法律出版社2004年版，第73页。

范，也可能包含几个法规范，也可能几个法条才构成一个完整的法规范。

（一）行政法规范的分类

行政法规范首先是法律规范。法律规范是针对不特定人权利义务的普遍性规定。法律规范一般都由表达规范的助词来连接，例如，由“必须”“应当”等助词表达义务，由“可”“可以”等助词表达权利，由“不得”“禁止”等助词表达禁止。但是，并不是所有表达规范的法律条文都会带有规范助词。例如，“有下列行为之一的，处警告或者二百元以下罚款”，这里虽然没有使用规范助词，却是一种典型的法律规范表达方式。如果要补充完整，从行政机关的角度就可以加上规范助词“可以”，表示其有权作出这样的处罚；从社会秩序的角度出发就可以加上规范助词“应当”，表示对这样的行为有必要作出这样的处罚，同时也构成行政机关的职责。

一般来看，法律规范按照行为模式可分为授权性规范、义务性规范和禁止性规范，按照规范与行为之间的先后关系可分为调整性规范和构成性规范。这些分类同样可以适用于行政法中。举例来说，现实中，未婚先育有可能被认为违反计划生育规定。其依据是 2014 年《江苏省人口与计划生育条例》第 21 条第 1 款的规定：“男女双方经依法登记结婚且均未生育过的，即可生育一个孩子。”但未登记结婚即生子，是否违反该条例的规定呢？结合全条来看，该条例第 21 条第 1 款的规定是一个授权性规范（权利或自由的确认），而非义务性规范。亦即，登记结婚后均未生育过的男女，有权生育一个孩子，而非只有经过登记结婚，才能生育。如此理解，方符合《人口与计划生育法》的生育权规定，也符合上述《江苏省人口与计划生育条例》第 21 条整个条文的基本属性（2014 年之后该条款已经被修改）。

在行政法规范中，经常被提及的是这样几对法律规范（参见图 3－1）。

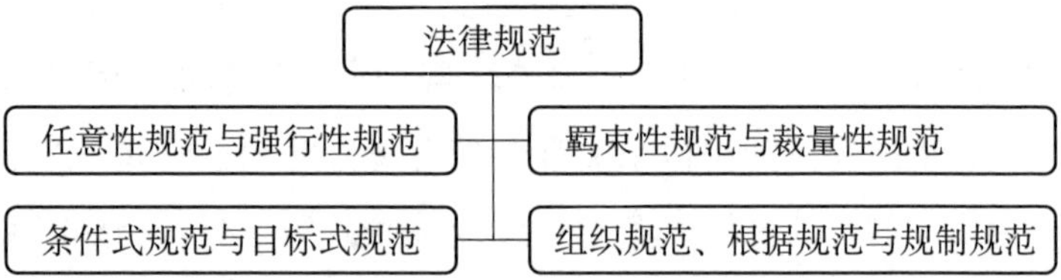

图 3－1　行政法上的法律规范

按照法律规范强制性的程度，可分为任意性规范与强行性规范。前者是指允许当事人在一定范围内自行确定权利或义务的法律规范；后者是指权利义务十分明确、肯定，不容许变更或违反的法律规范。义务性规范和禁止性规范一般属于强行性规范，对私人的授权性规范一般属于任意性规范。按照法律对当事人约束的程度，可分为羁束性规范与裁量性规范。前者是指法律十分明确地规定了当事人行为模式的法律规范；后者是指法律未明确规定当事人行为模式，而赋予当事人一定自由空间的法律规范。这两对概念有时候是存在交叉的，例如，关于“对于现有气源和管道，在不改变其所有权和隶属关系的基础上，尽量加以利用。有条件的地方，尽可能实现双气源供气”的规定，最高人民法院认为，“上诉人益民公司所援引之规定系指导性规则，而非强行性规则，现有气源和管道是否继续利用、是否实行双气源供气等问题，都属于市政府和有关行政机关自由裁量的范围”。[①] 但因分类的标准不同，不能简单地将两者等同：任意性规范≠裁量性规范，强行性规范≠羁束性规范。任意性规范是裁量性规范，但裁量性规范未必是任意性规范；强行性规范未必是羁束性规范，仅在必须作出或不得作出方面是羁束性规范。举例来说，《治安管理处罚法》（2005年制定，2025年修订）第29条第1项规定，故意散布谣言，谎报险情、疫情、灾情、警情或者以其他方法故意扰乱公共秩序的，处5日以上10日以下拘留，可以并处1 000元以下罚款。这是裁量性规范，却不是任意性规范，是强行性规范，却不是羁束性规范。

按照法律规范的逻辑结构，可以分为条件式规范与目标式规范，前者使用“如果……那么……”的规范结构，后者使用“为了……需要……”的规范结构。前者属于传统的法律规范，大致包括干预性规范和给付性规范两种。后者的典型是规划规范。很多有关规划的要求被法律规定下来，例如《城乡规划法》除程序性规范外，就规定了大量应当考虑的因素、优先保障的事项等。

按照法律规范的内容，可以分为公权规范和公义务规范。公权在早期的公法学中可分为国家的公权和私人的公权，用现代术语来说，即公权力规范（又可称为职权性规范、权力性规范）和公权利规范。公权力规范是指赋予行政机关以国家权力的规范，

① 益民公司诉河南省周口市政府等行政行为违法案，《最高人民法院公报》2005年第8期，第32页。

行政机关得据以要求其他人为或不为一定的行为；而公权利规范则是指确认或赋予私人权利的规范，私人可据以请求国家为或不为一定的行为。公义务规范可以分为职责性规范和私人公义务规范。职责性规范是指课予行政机关实现一定任务的法律规范，而私人公义务规范是指课予私人向国家履行一定义务的法律规范。

按照法律规范的功能和领域，可以分为组织规范、根据规范与规制规范三种（参见图 3－2）。[①] 组织规范是指国家将权限或任务分配给不同行政机关的法律规范，各种组织法是其典型。根据规范，又被称为授权规范，即授权给行政机关作出某种行为的法律规范，法律保留一般就是在授权规范的层面上而言的。规制规范是指以某行政机关进行某行政活动为前提，为了确保其公正性而设置的规范，即规定行政机关在行使职权、履行职责时应遵循的条件、程序等的法律规范，行政程序法是其典型。例如，《行政处罚法》第五章对作出行政处罚决定的程序作出一般规定，该程序规定是关于行政处罚权如何行使的规范，而不涉及可否行使的问题。组织规范属于行政内部法，调整行政机关内部的关系；根据规范和规制规范属于行政外部法，规范行政机关和私人之间的关系。举例来说，原告的房屋被武昌土地储备整理中心强拆，致使合法财产遭受侵害，其根据 2015 年《地方组织法》第 59 条第 6 项的规定向武昌区政府提出保护申请。该规定是县级以上的地方各级人民政府“保护社会主义的全民所有的财产和劳动群众

① 参见［日］盐野宏：《行政法总论》，杨建顺译，北京大学出版社 2025 年版，第 61～62 页。

集体所有的财产，保护公民私人所有的合法财产，维护社会秩序，保障公民的人身权利、民主权利和其他权利”。最高人民法院认为，《地方组织法》“规定的地方人民政府职权是宏观意义上的管理职权，不针对具体的行政领域，由哪一级政府履行、如何履行相应职责，亦需要法律法规或规章的具体规定。而属于行政诉讼受案范围的不履行法定职责行为，是指行政主体在行政管理活动中，基于特定的事实和条件应为一定行为的具体法律义务，行政主体不履行相应义务的，将直接导致特定相对人合法权益受到损害”。针对此类具体职责，法律、法规或规章一般均明确规定了具体履行职责的内容及方式，在没有相关具体规定的情况下，笼统地根据 2015 年《地方组织法》第 59 条第 6 项的规定要求人民政府履行特定职责，不符合行政诉讼起诉条件。[①] 用前面的术语来说，组织规范与根据规范是不同的，即使某项职责归属于某个行政机关，也不等于说它有权采取任何手段。有无权限处理某一事项，还是要看行政活动法上的根据规范规定。[②] 在我国实践中，《人民警察法》(2012 年）是一部典型的组织法，但也有法院引用其条文作为警察出警是否迟延的判断根据。[③] 法律中有时同时规定组织规范和行为规范。

---

① 参见叶某等 3 人诉湖北省武汉市武昌区人民政府不履行法定职责案，最高人民法院（2020）最高法行申 9586 号行政判决书，2020 年 9 月 28 日。

② 但也有学者认为，根据规范与组织规范有时也不容易区分，也可以用组织规范来替代根据规范。参见［日］藤田宙靖：《行政法总论》，王贵松译，中国政法大学出版社 2023 年版，第 58～59 页。

③ 《人民警察法》第 21 条第 1 款规定：“人民警察遇到公民人身、财产安全受到侵犯或者处于其他危难情形，应当立即救助。”

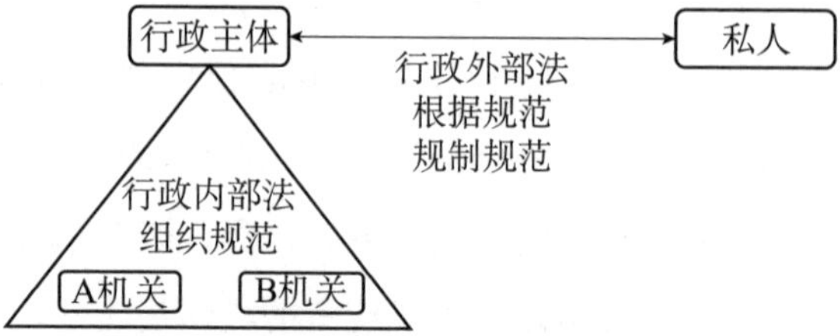

图 3-2　组织规范、根据规范与规制规范

（二）不完整的行政法法条

从法条的构成上，可以将法条分为完整法条和不完整法条。① 具有构成要件和法律效果的法条是完整法条，需与其他法条结合之后才能产生法律效果的法条是不完整法条。完整法条能够成为法律适用中的大前提，而不完整法条在法律适用中也具有重要意义：它可以说明完整法条中的概念，可以限制或排除完整法条中的某些法律效果，可以简化法律规范的表述。下面着重说明不完整法条的种类。

1. 说明性法条

说明性法条是描述或说明其他法条的构成要件或法律效果的法条，典型者有定义性法条和补充性法条。

（1）定义性法条。

定义性法条，又被称为描述性法条，② 是指对其他法条构成要

---

① 传统法理学中一般译为“完全的法条”和“不完全的法条”。这是直接沿用日语词所致。日语“完全”，意为完善、完整、完全等。

② 参见［德］卡尔·拉伦茨：《法学方法论》，陈爱娥译，商务印书馆 2003 年版，第 138 页。

件上所使用的概念加以定义或解释的法条。定义性法条大多是对法律要件中的要素作出的规定。例如，《公务员法》规定了公务员的基本行为准则，但关于何谓公务员，该法第 2 条第 1 款规定，“本法所称公务员，是指依法履行公职、纳入国家行政编制、由国家财政负担工资福利的工作人员”。定义性法条因为只是单纯地对法律用语作出界定，而没有同时赋予法律效果，所以具有不完整性。

不过，定义性法条并不必然是不完整法条。[①] 定义性法条中偶尔也可能包含完整法条。这里举例说明。某县药品监管局发现，县城乙药房销售的药品价格比批发价还要低，甲个体诊所的王某先后 3 次从乙药房购进 12 个品种的药品，价值 1 800 元。王某所买的都是常用药品，且每次购买数量和金额不是很大，故没有引起乙药房经营人员注意，其更不知道王某是为个体诊所购药。在对药房的处理上，产生了很大争议。药房将药品卖给了个体诊所，这种行为是否违法，有无过错？

第一，药房能够把药卖给谁？药房属于药品的零售企业。《药品管理法》等并没有直接规定药品零售企业的销售对象。2019 年《药品管理法实施条例》第 77 条规定，“药品零售企业，是指将购进的药品直接销售给消费者的药品经营企业”。这一定义之中就包含着一条规范，那就是药品零售企业的经营方式是购进药品，然后直接销售给消费者。

第二，“消费者”如何界定？消费者是一个不确定的法律概念，历来都颇有争议。消费者从目的上可以被界定为以消费药品

① 参见黄茂荣：《法学方法与现代民法》，自刊行，2021 年增订 7 版，第 294 页。

为目的的主体，从行为上可以被界定为购买药品的主体。显然，前者只是最终的消费者，也就是购买药品吃药的个人，后者则包括所有买药的主体。如此，直接销售给消费者仍然可能包含销售给医疗机构，究竟如何解释还要考虑其他因素。

第三，能否卖给个体诊所？按照2022年《医疗机构管理条例》第2条的规定，诊所属于医疗机构。而《药品管理法实施条例》第77条还规定，“药品批发企业，是指将购进的药品销售给药品生产企业、药品经营企业、医疗机构的药品经营企业”。似乎批发只是销售给医疗机构等，而零售则是直接销售给个人。如此，似乎药店将药品卖给诊所就是在从事批发业务。原《药品流通监督管理办法》（2007年制定，2024年废止）第17条第1款规定，“未经药品监督管理部门审核同意，药品经营企业不得改变经营方式”。换言之，未经批准，药品批发企业不得从事药品零售业务；药品零售单位不得从事药品批发业务。2023年《药品经营和使用质量监督管理办法》第68条第1款第1项规定，药品经营企业未经批准变更许可事项的，药品监督管理部门按照《药品管理法》第115条的规定给予处罚，但是“药品经营企业超出许可的经营方式”，且及时改正，不影响药品质量安全的，给予减轻处罚。如此，药店的批发行为如未获批准似乎就属于并不严重的违法行为。

然而，原《药品流通监督管理办法》、《药品经营和使用质量监督管理办法》的上述规定并没有法律上的根据，而且即便是《药品管理法实施条例》第77条的规定，也可以作不同解释（包含销售给医疗机构的可能），因此其合法性便成为一个疑问。从现实来看，没有证据表明药品零售企业批发药品是有害的。实际上，药店只要具备了“药品经营许可证”，无论销售给谁，均属于其经营自由的范畴。而医疗机构向具有“药品经营许可证”的企业（不区分是零售企业还是批发企业）采购药品，也符合《药品管理法》第 55 条的规定（“药品上市许可持有人、药品生产企业、药品经营企业和医疗机构应当从药品上市许可持有人或者具有药品生产、经营资格的企业购进药品”）。从法律上看，2005 年《公司法》修改时删除了零售与批发企业注册资本的区分，立法审议时认为这种区分实际意义不大。《药品管理法》虽然区分了两者，但也只是在审批程序上规定有所差别而已，并没有对其经营方式和内容作出特别限制。因此可以认为，原《药品流通监督管理办法》第 17 条不仅限制了企业的经营自由，还设定了新的行政许可（《药品流通监督管理办法》作为部门规章，无权设定行政许可），违反了《行政许可法》第 17 条的规定，应当被认定为不具有合法性。

因而，作为《药品管理法实施条例》第 77 条“药品零售企业”的销售对象，该“消费者”应该被解释为一切购买药品的主体，无论是个人还是组织。因而，药店将药品销售给王某的行为从客观上说是合法的，也就无所谓主观上过错与否的问题。

（2）补充性法条。

补充性法条，又被称为填补性法条，① 是指对其他法条的内容加以具体化或进一步充实其他法条内容的法条。有的补充性法条是对法律要件的要素进一步补充，但大多是对法律效果所作的

---

① 参见［德］卡尔·拉伦茨：《法学方法论》，陈爱娥译，商务印书馆 2003 年版，第 138 页。

进一步说明。例如，《国家赔偿法》第 35 条规定，“有本法第三条或者第十七条规定情形之一，致人精神损害的，应当在侵权行为影响的范围内，为受害人消除影响，恢复名誉，赔礼道歉；造成严重后果的，应当支付相应的精神损害抚慰金”。在确定人身权的行政赔偿、刑事赔偿时，除该法第 32 条规定的支付赔偿金、返还财产、恢复原状的赔偿方式以外，还要根据情形进一步采用针对精神损害的专门赔偿方式。

2. 限制性法条

限制性法条是指排除特定案件类型，以限制其他法条适用范围的法条。之所以存在限制性法条，就是因为有时法条构成要件的文义的范围太广，涵盖了原本不应适用该法条法律效果的案件。例如，《行政处罚法》第 67 条第 1 款规定了罚缴分离的原则（作出罚款决定的行政机关应当与收缴罚款的机构分离），如此，所有的行政处罚均要遵守这一要求。但该法第 68 条规定，依照该法第 51 条的规定当场作出行政处罚决定，依法给予 100 元以下罚款的，或者不当场收缴事后难以执行的，执法人员可以当场收缴罚款。如此，简易程序中的两种情形就构成了罚缴分离原则的例外。

有时，立法者将限制性法条与被限制的法条规定在同一条，即构成法条的但书。《公务员法》第 60 条规定：“公务员执行公务时，认为上级的决定或者命令有错误的，可以向上级提出改正或者撤销该决定或者命令的意见；上级不改变该决定或者命令，或者要求立即执行的，公务员应当执行该决定或者命令，执行的后果由上级负责，公务员不承担责任；但是，公务员执行明显违法的决定或者命令的，应当依法承担相应的责任。”公务员按照“但是”之前的法条规定行事，即不承担法律责任。但这种规定没有在公务员服从的行政效率与不服从所维护的公共利益之间做到充分、适当的权衡，故而《公务员法》又在其后作出了特别补充规定，将公务员服从的决定或命令限定于并非明显违法者。如果立法者将限制性法条与被限制的法条规定在不同的条款中，两者实际上就构成了法条的竞合。例如，前述《公务员法》第 60 条就和该法第 14 条第 4 项（公务员应当“忠于职守，勤勉尽责，服从和执行上级依法作出的决定和命令”）之间存在竞合关系。

3. 引用性法条

引用性法条是指明确指示参照另一法条的法条。其典型的表述是“依照……规定”。这种法条既可能在法律要件中出现，也可能在法律效果中出现。

引用性法条的基本功能有三：第一，给执法者适当的指引。即使立法者不以引用性法条的方式规定，执法者同样要寻找适当的相关法条。例如 2019 年《药品管理法》第 91 条规定：“药品价格和广告，本法未作规定的，适用《中华人民共和国价格法》、《中华人民共和国反垄断法》、《中华人民共和国反不正当竞争法》、《中华人民共和国广告法》等的规定。”即使没有这一条的规定，按照特别法与一般法的关系原理，在特别法未作出特别规定时，也应适用一般法。如果《药品管理法》没有就药品价格、广告的某些内容作出规定，自然应适用价格方面的一般法《价格法》、广告方面的一般法《广告法》的规定。但立法者明确作出指示参照，方便了执法者的法律适用。

第二，避免在规定时烦琐重复。有时，立法者可能已经就某事项作出了详细的规范，在出现相同事项时，只需参照引用已有的规范即可，不必重复规定一遍。有时，所涉事项虽有不同，但其危害后果极为相似，立法者赋予其相同的法律效果，也不再重复规定。例如，2024 年《药品管理法实施条例》① 第 59 条规定："违反《药品管理法》第十三条的规定，擅自委托或者接受委托生产药品的，对委托方和受托方均依照《药品管理法》第七十四条的规定给予处罚。" 2015 年《药品管理法》第 74 条（相当于 2019 年《药品管理法》第 117 条）规定的是生产、销售劣药行为的处罚。2015 年《药品管理法》第 13 条（相当于 2019 年《药品管理法》第 32 条）规定，经有权部门批准，药品生产企业可以接受委托生产药品。对违反这一要求的委托者和受托者，《药品管理法实施条例》规定两者均按照生产劣药行为处罚。作为行政法规，它有权作出这种规定，但显然这两种行为之间有很大不同，只有在真的生产假药时，才具有很大的相似性，主体的差别才不再那么重要。这实质上相当于立法者对违规的委托者和受托者同样课予 2015 年《药品管理法》第 74 条的法律责任，只是立法者出于简洁的考虑而没有再次将其规定出来。

第三，避免在规定时挂一漏万。法律对于某一事项的规范往往不限于某一个法条，要准确地适用某一条文，就必须将其置于整个法律体系之中。引用性法条的使用就可以避免遗漏其他必要

① 虽然该条例是 2024 年被修改的，但 2024 年修改只涉及两个条文，并非为实施 2019 年《药品管理法》而修改。2019 年《药品管理法实施条例》早于 2019 年《药品管理法》施行，它所贯彻实施的是 2015 年《药品管理法》。

的法条。例如，2021 年《行政处罚法》第 72 条第 1 款第 2 项规定，当事人逾期不履行行政处罚决定的，作出行政处罚决定的行政机关可以“根据法律规定，将查封、扣押的财物拍卖、依法处理或者将冻结的存款、汇款划拨抵缴罚款”。行政机关能否采取这些措施，取决于其他“法律规定”，而“法律规定”多种多样，有的机关没有执行权，有的机关则有执行权，还有的机关只有权采取某种措施。第 72 条第 1 款第 2 项的规定明显不同于第 72 条第 1 款第 1 项的规定（“到期不缴纳罚款的，每日按罚款数额的百分之三加处罚款，加处罚款的数额不得超出罚款的数额”）。

4. 拟制性法条

拟制性法条是指立法者明知两者为不同的构成要件，为了赋予相同的法律效果，而将两者视为等同的法条。其典型的表述有“视为”“按……论处”。例如，《行政许可法》第 50 条第 2 款规定：“行政机关应当根据被许可人的申请，在该行政许可有效期届满前作出是否准予延续的决定；逾期未作决定的，视为准予延续。”对逾期未作决定，行政机关可能的处理结论有两种：一是准予延续，二是不予延续。而法律将“逾期未作决定的”视为“准予延续”。[①] 拟制性法条与引用性法条的差别在于：拟制性法条一般是在法律要件上拟制，引用性法条则仅在法律效果上等同。适用法律要件中的引用性法条不产生法律效果上的等同，但两者在法律适用的结论上是相同的。

---

① 同样的例子，还有 2023 年《行政复议法》第 30 条第 3 款的规定：“行政复议申请的审查期限届满，行政复议机关未作出不予受理决定的，审查期限届满之日起视为受理。”

拟制性法条是立法的拟制，即便有相反的事实证据，也是不可推翻的。例如，即便有证据表明，行政机关在审查许可延续申请时准备不予延续，但只要超过了许可的有效期限，也视为延续。逾期作出决定的，也只能被认为是法定延续许可之后新的决定。[①] 但如果是司法中的拟制，有相反的证据，则是可以推翻的。

二、不确定法律概念的具体化

一般而言，法由法律概念、法律规则和法律原则三个要素构成。[②] 法律概念是法的最基础要素。法的适用在很大程度上就是法律概念的解释和应用。认识法律概念，是法律适用的基础。法学是追求确定性的学科，而法律中却存在着大量的不确定法律概念。所谓不确定法律概念的具体化就是指通过各种方法将不确定法律概念确定下来，使其能适用于具体的案件之中。不确定法律概念通过何种方式具体化，如何具体化，是行政法适用中的重要问题。厘清这一过程，有助于减少不确定法律概念具体化的随意性，确保法律价值和个案正义的实现。[③]

① 相关案例可参考某出租车公司诉夹江县审批局行政许可案，四川省乐山市中级人民法院（2022）川11行终53号行政裁定书，2022年5月6日。

② 参见张文显主编：《法理学》，高等教育出版社2003年第2版，第89页。

③ 对此的详细分析，可参见王贵松：《行政裁量的构造与审查》，中国人民大学出版社2016年版，第55～70页。

(一) 法律概念的不确定性

法律概念是一种具有法律意义的概念，它是对与法律相关的事物、状态、行为进行概括而形成的法律术语。法律概念是对社会生活中某些概念的提炼和总结，有一些社会生活中的概念因为在法律上没有意义，无法被转化为法律概念。没有概念就无法思考，因此法律概念在法律适用中具有重要的价值。按照法教义学的功能来说，法律概念具有承认、凝聚并储藏价值、减轻思维的工作负担的作用。例如，“法人”概念就是对一定社会组织行为能力、主体资格的承认。只要将某组织认定为“法人”，就意味着该组织能够以自己的名义独立地从事法律行为并承担相应的法律责任。法律概念的背后蕴含着一定的权利义务。当然，法律概念也可能存在一定的负面作用。第一，可能诱引剥离价值。例如，法理学上与民事责任、刑事责任相区别的“行政责任”，在行政法上以指称行政机关的责任为宜，否则会偏离行政法的价值要求。第二，过度抽象化。例如，《行政复议法》《行政诉讼法》都使用了“行政行为”的概念，但“行政行为”究竟是什么意思，并不清楚。第三，过度具体化。例如，《教师法》上的“教师”仅指取得教师资格的中国公民，就有过度具体之嫌。

法律概念按照确定性的程度，可以分为确定的法律概念和不确定的法律概念两种。在理论上，唯有数字是确定的法律概念，其他的概念都在不同程度上具有不确定性。从根本上说，法律概念的不确定性来源于法律规范社会的一般性需要。具体而言，不确定性有以下几个方面的产生原因。

1. 语词的多义性

语词的多义性是法律概念不确定性产生的一个原因。例如，同样的“义务”一词，在《宪法》第42条中就有两种不同的含义。“劳动”“义务”中的“义务”是与权利相对的“义务”，不从事劳动的，将承担一定的法律责任；而“义务劳动”中的“义务”是非强制性的、无偿性的。两者显然不同。

2. 语词的模糊性

以《食品安全法》中的“食品”为例，我们再熟悉不过，但究竟何谓“食品”，有时是难以确定的。首先要限定为人吃的东西，其他动物的“食品”不是通常意义上所说的“食品”。但即便是人所吃的东西，还应被加以限定：固体或者黏稠状的可以算作食品，液体的是否可以算作食品呢？饮料、酒是不是食品？固体的药和液态的药是不是食品，或者哪一种属于食品？降血脂、降血压的康复类保健品是不是食品？防衰老、抗疲劳、长智力的功能食品是不是食品？一旦深究，我们就会发现“食品”是一个不确定的概念。然而，法律要将它法定化，将它作为执法的对象，就必须使它具有一定的确定性，否则就会因其模糊性而违反法的明确性原则，要么使执法者无所适从，要么使执法者裁量空间过大。

3. 立法者的指称与语言的意义

立法者的指称与语言的意义有时会发生偏差，形成“指鹿为马”的效果。例如，《行政处罚法》第38条第1款规定，行政处罚实施主体不具有“行政主体”资格的，行政处罚无效。这里的“行政主体”与学理上一般理解的“行政主体”相去甚远，受委托实施行政处罚的组织可能就没有行政主体资格，但行政处罚并不因此而无效。

4. 语境与语言的意义

规范中的概念与现实中的概念是有差别的。例如，前述《道路交通安全法》上的“道路”与实际的道路可能不同，不允许社会机动车通行的道路不是法律上的“道路”。

5. 专业术语与语言的意义

各个专业在相对成熟化之后都会形成自己的一套术语，这一套术语有可能被立法所采纳。这时，可能因为专业的不同，各专业对同一概念有不同的理解，典型的例子就是“处分”一词：在民法上，它是财产所有权的一个权能。[①] 而在德国、日本行政法上，处分则又是指行政主体就具体案件对外作出的直接发生法律效果的单方行政行为，[②] 即最狭义的行政行为。而在我国行政法上，处分则是指公务员违反法律、法规、规章以及行政机关的决定和命令所应承担的纪律责任。[③]

要言之，面对多姿多彩的社会生活，法律概念必然是灰色的。以有限的语言符号去描摹无限的现实，即便将人类的理性发挥到极致，也无法实现准确的要求。无论如何理解法律文本中的确定性法律概念和不确定法律概念，其多义性、模糊性、抽象性都是存在

① 《民法典》第 240 条规定：“所有权人对自己的不动产或者动产，依法享有占有、使用、收益和处分的权利。”

② 参见德国《联邦行政程序法》第 35 条、日本《行政程序法》第 2 条第 2 项。

③ 参见《行政机关公务员处分条例》（2007 年国务院令第 495 号公布，2024 年国务院令第 797 号废止）第 2 条第 1 款。

的。为了准确理解、适用法律，降低法律适用的随意性，保证当事人受到更公平的对待，有必要对不确定法律概念加以具体化，在法律概念与案件事实之间建立起一个又一个的中间概念，最终在法律概念与案件事实之间找到相似性，将法律适用于个案。具体化的过程，实际上就是有权主体认识、解释法律的过程，某种程度上也是价值补充的过程，是法律逐步实现的过程。

（二）不确定法律概念的具体化方式

如何具体化不确定法律概念，也就是如何进一步明确法律概念的内涵，这是法律适用的一个核心问题。根据德国行政法学家瓦尔特·耶利内克的观点，法律的内容一方面存在着完全由立法机关自身来确定的场合，另一方面也存在着由立法者以其他的法规、法观念、一般科学知识、社会观念作明示或暗示的指示来确定的场合。[①] 但仍可进一步细分为不确定法律概念具体化的载体及方法。

1. 不确定法律概念具体化的载体

第一，法律自身。对于那些可以定义的不确定法律概念，法律自身可能就会作出界定，即构成定义式法条，例如，《食品安全法》附则中对“食品”的界定，《道路交通安全法》附则中对“道路”的界定，《行政处罚法》总则对“行政处罚”的界定。当然，法律自身的具体化的载体并不限于本法，也可能是在其他相

① 人見剛『近代法治国家の行政法学——ヴァルター・イェリネック行政法学の研究』（成文堂 1993 年）74～75 頁参照。

关法律中，例如《刑法》中的诸多概念就是在其他法律中被确定的。

第二，下位法。下位法也可以将法律中的不确定概念具体化，只不过其具体化的结果，按照宪法和法律的规定，具有法的效力而已。下位法在其非自主立法的领域里，承载着具体化上位法的重要职责，使上位法更具有可操作性。

第三，法律解释和行政规则。这里所说的法律解释是指成文化的法律解释，因为具体化本身也是一种法律解释活动，它是法律解释的动态过程。这里的行政规则是指不具有法律效力的行政规范性文件。无论是法律解释还是行政规则，都不具有自主创制的权限，故而进一步具体化实定法便成为其存在的价值。

第四，行政惯例。法律适用者在长期的法律适用中可能形成一定的惯例，这种惯例也可以用来具体化不确定的法律概念。

此外，具体的执法、司法过程也是一种具体化。只不过，这时的载体不是那种成文或不成文的规则，而是非规范性的法律适用行为。当然，不确定法律概念的具体化，并不等于法的适用，它是法律向着案件的具体化，它只是法律适用过程的半步。

2. 不确定法律概念具体化的方法

归纳来看，不确定法律概念的具体化方法主要有以下三种。这三种方法可能是明示地也可能是默示地适用于具体化的过程中。

第一，下定义。下定义是用简明的语言对某一概念的本质特征作规定性的说明，它是人们对客观事物认识成果的概括和总结。定义的方法多数是属加种差，即找到上位概念，再加上一些事物特征的限定语加以修饰。例如，《行政许可法》第 2 条对“行政许可”的界定就是“指行政机关根据公民、法人或者其他组织的申请，经依法审查，准予其从事特定活动的行为”。但有的定义也只是列举（实质是后文的类型化），例如，《道路交通安全法》第 119 条对“车辆”的界定就是“指机动车和非机动车”。当然，为了防止过于抽象和过于具体的弊端，有时也将两种定义方式并用。例如，《药品管理法》第 2 条第 2 款对“药品”的界定就是“指用于预防、治疗、诊断人的疾病，有目的地调节人的生理机能并规定有适应症或者功能主治、用法和用量的物质，包括中药、化学药和生物制品等”。不同的定义方式反映了对不确定法律概念的认识程度和不同的现实需求。精确的定义应当能涵盖现实生活中能够想象得到的所有案件类型。当然，法律中精确的定义是罕见的，这“不仅是因为无法做到，而且也是因为这并不受欢迎”。①

第二，类型化。有一些法律概念是无法定义的，其关键特征并不明显，例如，公共利益、② 公序良俗等。这就是所谓类型概念，即在一个概念中，出现了至少一个可区分等级的要素。③ 这种概念的具体化有较大的裁度空间。类型化是保证类型概念适用

① ［德］英格博格·普珀：《法学思维小学堂：法律人的 6 堂思维训练课》，蔡圣伟译，北京大学出版社 2024 年第 2 版，第 81 页。

② “公共利益”对于《国有土地上房屋征收与补偿条例》而言是极为重要的概念，但该条例在具体化上位法的“公共利益”上也只是用第 8 条加以列举而已（国防和外交的需要、基础设施建设的需要、公共事业的需要、保障性安居工程建设的需要、旧城区改建的需要，以及法律、行政法规规定的其他公共利益的需要）。

③ 参见［德］英格博格·普珀：《法学思维小学堂：法律人的 6 堂思维训练课》，蔡圣伟译，北京大学出版社 2024 年第 2 版，第 54 页。

安定性的一个重要方法。虽然过度类型化可能会忽视个案的特殊性，不符合基本权利保障的要求，但这种过度类型化的危险对我们来说还为时尚早。类型化很大程度上是经验的产物，在目前行政法实践较为丰富的时候，类型化的可能性是存在的。类型化的方法无非有两种：一种是逻辑性的，另一种是经验性的。逻辑性的类型化有时无法与现实相对应，甚至是没有意义的。所以说类型化很大程度上是经验的产物，只是在经验的基础上，尚需在规范的层面加以衡量。经验无法取代规范定性的价值。“类型化实际上是在具体和抽象之间寻求一个平衡点，有助于实现法的安定性与个案正义之间的平衡。类型化在对不确定概念和一般条款的解释中，实际上是以具体案件为基础的，也是为了实现大前提和小前提之间的连接。”① 举例来说，“适用法律错误”是一个常见的判断，但究竟怎样才算“适用法律错误”，这并不清楚。在司法实务中，法院除极个别的判决外，② 都将一种情形作为“适用法律错误”来处理，即行政机关没有引用案件中所涉及法律的具体条款。例如，有法院指出，适用的法律依据是《道路交通事故处理办法》(1991 年公布，已失效) 第 19 条。“该条规定有三款，分别规定了在有一方、两方、三方或多方当事人的情况下责任如何认定。交警队只笼统适用道路交通事故处理办法第十九条，没

---

① 王利明：《法律解释学》，中国人民大学出版社 2011 年版，第 193 页。

② 例如，甘肃省高级人民法院指出，兰州市人民政府“对收回常德开发部土地使用权所适用的法律依据，只笼统提到‘根据《中华人民共和国土地管理法》和《甘肃省实施土地管理办法》的有关规定’，未引出适用的具体条文，违反了法定程序”。兰州常德物资开发部不服兰州市人民政府收回土地使用权批复案，《最高人民法院公报》2000 年第 4 期，第 144 页。

有指出具体适用哪一款，属适用法律错误。”[①] 再如，“在决定收回各原告住宅国有土地使用权时，对所依据的法律条款应当予以具体说明而没有说明，属于适用法律错误”。[②] 具体案件情形的不同并不会使违法评价有所变化。如此，没有引用法律的具体条款就成为“适用法律错误”的一个具体类型。

当然，类型化也有其局限性。因为类型化的对象往往具有抽象性和模糊性，就特定案件类型是否属于其范围，并不能简单地作出非此即彼的认定，所以类型化的可靠性可能不足。类型化的准确性往往取决于法律适用者对生活经验、审判经验的把握，具有一定的主观性。[③]

第三，征诸社会观念。社会观念，亦被称为社会通念、社会的一般观念，在民法（相当于习惯）、刑法（相当于常识或经验法则）的判决中时常被使用，在行政法中亦是如此。1913 年，瓦尔特·耶利内克率先将社会观念导入控制裁量的理论，他希望通过诉诸法律目的和社会观念来排除不确定法律概念中的裁量性，从而使不确定法律概念确定化。[④] 法律是给一般人制定的，人们对法律的某种普遍认识，无疑也是具体化不确定法律概念的一种重要参考，它能左右法律适用者对法律概念的适用。普遍的社会观念与法之间是可以相互转换的。在彭某纯诉上海市工商行政管

① 罗某富不服道路交通事故责任认定案，《最高人民法院公报》2002 年第 5 期，第 180 页。

② 宣某成等 18 人诉衢州市国土资源局收回土地使用权行政争议案，《最高人民法院公报》2004 年第 4 期，第 37 页。

③ 参见王利明：《法律解释学》，中国人民大学出版社 2011 年版，第 197～198 页。

④ 宮田三郎『行政裁量とその統制密度（増補版）』（信山社 2012 年）37 頁参照。

理局不履行法定职责纠纷案中，上海市有线电视台专题节目《共和国之歌——献给人民功臣》介绍了某医院院长章某的事迹，包括其诊疗方法和疗效，画面上还三次出现医院名称的特写镜头。对于其是否属于《广告法》上的“广告”，法院就引入了社会观念来辅助说明，“公众所理解的广告，就是以一定的方式通过媒体对商品或者服务以及提供商品或者服务单位的宣传和介绍”①。毫无疑问，对社会观念的认定具有一定的难度，一定程度上可以说它就是法律适用者所认可的社会观念。②

3. 不确定法律概念具体化的过程

法律文本中的多数都是不确定的法概念，这与法律的普遍性、一般性相适应。不确定法律概念大致可以分为经验性不确定法律概念和价值性不确定法律概念。前者又被称为描述性、事实性不确定法律概念，它纯粹以现实世界中原则上可以用感官或用其他方式经验的客体作为指称的对象，例如黑暗、夜间、黄昏、噪声等；后者又被称为规范性不确定法律概念，是指需要法律适

---

① 彭某纯诉上海市工商行政管理局不履行法定职责纠纷案，《最高人民法院公报》2003 年第 5 期，第 35～36 页。

② 例如，在陆某章不服上海市工商行政管理局企业名称驳回通知案中，上海市第一中级人民法院在运用社会观念审查时就曾指出：

> 前面提到的社会公众、社会主流并非指社会全体成员，至少包括上诉人及支持上诉人的一部分人并不同意这一结论，但目前这仍应该是少数观点。同时，法院也相信如果被上诉人作出同意核准的决定，必将引起众多人的反对或反感，社会公共利益将面临现实的危害，社会公众也可能被误导，这是不应该被允许发生的。

参见上海市第一中级人民法院（2003）沪一中行终字第 194 号行政判决书，2003 年 11 月 25 日。

用者补充评价的概念，例如，不可信赖性、公共利益、重大过失等。虽然经验性不确定概念与价值性不确定概念之间是流动的，但仍然大致可以为不确定法律概念的精细化研究提供分析的工具。经验性不确定概念和价值性不确定概念看上去有很大差别，在具体化的方式上也有一定差别，但其间的共性也较多。

（1）经验性不确定法律概念的具体化。

经验性不确定概念与价值性不确定概念一样，都有一个模糊的地带，例如，《道路交通安全法》第 91 条的“醉酒”、《行政强制法》第 43 条的“夜间”等。通常说来，经验性不确定概念有真伪之别，是可以通过经验证明加以确定的。它既可以通过下定义的方式加以具体化，也可以通过事实类型化来具体化。但值得注意的是，经验性不确定概念的事实类型化并不是脱离价值判断的，相反，其是在一定的价值预设下进行具体化的。例如对于机动车驾驶者的“饮酒”和“醉酒”问题，根据《车辆驾驶人员血液、呼气酒精含量阈值与检验》① 的规定，饮酒后驾车是指车辆驾驶人员血液中的酒精含量大于或者等于 20mg/100ml，小于 80mg/100ml 的驾驶行为。醉酒后驾车是指车辆驾驶人员血液中的酒精含量大于或者等于 80mg/100ml 的驾驶行为。“饮酒”或“醉酒”通过这一标准得到具体化，虽然“饮酒”或“醉酒”据此转化成一个事实问题的认定，即酒精浓度的检测，但在这一具体化过程中需要观察到的是：第一，饮酒后驾车从字面上理解，只要饮了酒，不论多少都是饮酒后驾车。但该国家标准规定血液

① GB 19522—2024，2024 年 4 月 29 日发布，2024 年 8 月 1 日起实施。

中酒精含量低于 20mg/100ml 者不属于饮酒后驾车。饮酒属于经验性不确定法律概念，在具体化过程中却采取了一定的价值预设，即为了保护人身安全，预防和减少交通事故，不能允许威胁驾车安全的饮酒行为。如果不威胁驾车安全，微量的饮酒是可容许的，不属于法律有所规制的内容。第二，这种具体化没有考虑某些人病理性醉酒或者豪饮海量的特殊情况。这时却又不再考虑立法目的了，即便不影响驾驶安全，只要血液中酒精含量超过 80mg/100ml 者，即为醉酒，即要受到惩罚。预设一定的价值也是其他经验性不确定概念在具体化过程中常见的现象。

（2）价值性不确定法律概念的具体化。

价值性不确定概念不存在真实性的问题，而只有妥当与否的问题。为了避免具体化的随意性，价值性不确定概念的具体化应当包含两个方面。一方面要去价值化，① 也就是将其转化为经验性内容，另一方面也要在无法去价值化的地方再进行价值补充或判断。这里试举例加以说明。例如“违法”是一个价值性不确定概念，但怎样才可以被评价为违法，往往要将其分解成行为主体、侵犯的客体、客观行为、主观状态等若干要件。行为主体、侵犯的客体、客观行为等是可以通过经验加以证明的。这样就在很大程度上将“违法”转化成了经验性不确定概念。“违法”的具体化已经十分成熟，只要判断是否符合其构成要件即可。但对于那些尚未精确化、构成要件化的价值性不确定概念，评

① 也有学者称之为“去规范化”（entnormativiert）。参见［德］英格博格·普珀：《法学思维小学堂：法律人的 6 堂思维训练课》，蔡圣伟译，北京大学出版社 2024 年第 2 版，第 34 页。

价则在所难免。例如，2018 年《公务员法》第 13 条第 4 项规定公务员应当“具有良好的政治素质和道德品行”。在具体化时，一方面要确定“良好”的事实表现，毕竟良好的道德品行不同于良好的身体素质；另一方面要给出良好的定性评价。但究竟对怎样的事实表现才能给出良好的评价，则难有定论，至少不能有不好的品行。至于何谓不好的品行，按照《公务员法》第 26 条的规定，“因犯罪受过刑事处罚的”“被开除公职的”等，不能录用为公务员。其他的行为，例如违反交通规则、嗜酒，是否属于不好的品行，则须行政机关作出价值判断。

三、行政法规范的解释和漏洞补充

在确定了可适用的行政法规范之后，需要做的是两个方面的工作：其一是确定该规范的含义，即法律的解释；其二是在规范尚有漏洞时予以填补，即法律漏洞的补充。如此，方可确定行政法规范的完整结构。

（一）法律解释

所谓法律解释，是指为了适用法律、解决争议而对法律的规定进行解释说明的活动。按照《立法法》第 48 条第 2 款的规定，法律解释的情形包括两种：第一，“法律的规定需要进一步明确具体含义的”；第二，“法律制定后出现新的情况，需要明确适用法律依据的”。下面所分析的就是不包括造法在内的狭义法律解释。这里仅介绍法律解释的四种标准或方法。

1. 文义解释

要解释法律，首先接触到的就是法条。法条的文字是解释的出发点。文义解释，又被称为文理解释、语法解释等，就是要依照文法规则确定法条文字的基本含义。

一般而言，平义解释（plain-meaning rule）是文义解释的准则。制定法律的目的在于希望法律能得到普遍的遵守，而普遍遵守的前提是大家能理解法律。立法者原则上应当使用大家能普遍理解的概念来表述，而该概念所展现的平常含义就是法律解释所要得出的内容。这是法安定性的需要。

但通常的语言有时并不具有精确性，如果立法者意图采取特殊语言用法，而且用法律明确了该特殊用法，这时就须进行专业解释。这种概念在法律上也是相当多的，例如，食品和保健品、假药和劣药、变造和伪造、许可和审批，等等。“法律的特殊语言用法通常应优先于一般的语言用法，但是一旦发现有有意偏离前者的情形，即应返回到后者。”① 换言之，解释应当注意把握文义的可能范围或文义的最大射程，这也是法安定性的需要。

2. 历史解释

文义解释的结果可能出现多种含义，这时就需要进一步确定法律所意欲的含义。历史解释是指从法律规定产生时的历史来阐明其

① ［德］卡尔·拉伦茨：《法学方法论》，陈爱娥译，商务印书馆 2003 年版，第 202 页。

内涵和目的。探求立法原意，有助于对法律规定的理解。但该方法的问题在于：谁是立法者？历史在哪里？历史能拘束现实吗？

在现代民主国家，无论是议会立法还是行政立法，立法者都不可能是个人。参与起草的学者、立法工作者等显然不是立法者，只有批准法律的主体才有资格被称为立法者。参与起草乃至参与表决的人固然可能熟悉法律规定的来龙去脉，但立法的过程是较为复杂的，立法参与者即使对同一法条有完全不同的理解和主张，也可能根据自身的理解同时赞成该法条。既然不能将个人作为立法者，立法者就只能是团体，但其意旨却难以把握。

这里又涉及解释的目标之争，究竟是主观解释（探求立法者的主观意志）还是客观解释（把握法律的客观意志）？应当说，拘束当事人的是法律，解释的对象是法条，只有法条所能客观表现出来的意旨才能成为拘束当事人的法律。立法者的主观意志不能透过法条得到体现，即不能成为解释的目标。唯有在主观解释和客观解释均能依现有的法条成立时，才有两者孰先孰后的问题。但孰先孰后并不是历史解释本身的问题，需要借助立法目的、体系乃至利益衡量等多重办法来确定。“解释者对法律的理解可能比创立者对法律的理解更好，法律也可能比起草者更聪明——它甚至必须比它的起草者聪明。”①

历史解释的资料有很多，当然，其前提是这些资料均必须公之于众。② 就我国而言，法律草案的说明、审议结果的报告、全

---

① ［德］G. 拉德布鲁赫：《法哲学》，王朴译，法律出版社 2005 年版，第 115 页。

② 参见黄茂荣：《法学方法与现代民法》，自刊行，2021 年增订 7 版，第 616 页。

国人大或其他部门的审议意见，都是较为权威的资料。法律草案的说明是针对最初的法律草案而作出的说明，在审议过程中被修改的幅度越大，草案说明的解释力就越低，例如《行政许可法》的草案说明即是如此。关于全国人大或其他部门的审议意见，特别是审议记录，除非有媒体报道，一般公众是难以知晓的，故而还难以成为有权解释者的解释依据之一。全国人大宪法和法律委员会的审议结果报告往往会随着法律、法律草案说明一并公布在相关的公报中，而且其具有很强的针对性，修改理由清楚、明了，因而其解释力是相当高的。立法时的社会事件有时也能作为解释法律规定的重要资料，例如“三鹿奶粉事件”在《食品安全法》的制定中具有重要的作用，对理解《食品安全法》的诸多内容具有辅助性的意义。①

3. 体系解释

在法律适用中，某一个法条很难单凭自身就能确定含义，就能作为适用的根据。必须将某一个法条置于某一部法律中，置于某一个部门法中，置于整个法律体系中。体系解释就是要联系上下文，甚至是不同法律以确定某法条的含义，排除文义解释中的不适当内容。体系解释的基础就在于法制的统一性。某一个法条不论是单就该条文而言，还是就所在法律、就整个法律体系而言，均具有相同的内涵和要求。法律体系是一个无矛盾评价的统一体。

---

① 参见李援：《李援解读食品安全法》，中国社会出版社 2011 年版，第 110～114 页。

（1）合乎上下文脉络。

同一部法律应当在逻辑上具有自洽性。在解释中，不仅要关注法条上下文之间的逻辑和脉络，也要注意法条所使用的标点符号、所在章节等。例如，在某药店经营的“胃舒”胶囊外包装产品序列号、电话防伪查询标志被人为刮掉。该药品包装左侧明确提示：药品包装防伪标志和产品序列号不全者均为假药。在执法中，有人认为应当按照假药处理，有人认为应该按照劣药处理，有人认为应该按照非法渠道购进药品处理。鉴于假药的法律责任以及对企业的影响，2019 年《药品管理法》第 98 条第 2 款规定的 4 种假药情形或者判断标准采用了不确定性相对小一些的概念。很明显，“包装防伪标志和产品序列号不全”并不包括在该四种情形内，只是制药厂给执法人员、其他企业以及消费者的一种提醒。《药品管理法》第 98 条第 3 款规定了 7 种劣药的情形：1）药品成分的含量不符合国家药品标准；2）被污染的药品；3）未标明或者更改有效期的药品；4）未注明或者更改产品批号的药品；5）超过有效期的药品；6）擅自添加防腐剂、辅料的药品；7）其他不符合药品标准的药品。这里较难认定也是给执法人员较大裁量空间的就是最后一种认定标准。什么叫“其他不符合药品标准规定的药品”？这里的“其他”属于一个不确定性较大的概念，但也并不是可以随意被认定的。要准确地认识这里的“其他”，需要对前面的 6 种情形以及对“药品标准”自身进行类型化。也就是说，这里的“其他”是跟前面的六种情形有某种程度的相似性，而不是与前面 6 种情形毫无关联的情形；是药品标准，而不是其他的非药品标准。那么，“包装防伪标志和产品序列号不全”就不属于“其他”情形。[1]

（2）合乎上位法。

法律位阶或效力等级也是体系解释的一个参考因素。有学者认为，“体系解释通常是在同一法律位阶中进行的”。[2] 这是值得商榷的。上位法优于下位法并不只是一条冲突规则，适用它只会排除下位法。实际上，如果下位法存在两种以上的解释，则应当选取合乎上位法的解释。这同样是上位法优于下位法的应用。例如，前述《药品管理法实施条例》第 83 条中的“消费者”就有两种解释，其一是吃药者，其二是买药者。如果被解释成吃药者，则其可能与《行政许可法》取消部门规章行政许可设定权相矛盾，故而，从体系解释的角度出发，应当将消费者解释为买药者。

（3）合宪性解释。

在合乎上位法的体系解释中，合宪性解释是一种较为特别的法律解释。在下位法特别是法律中存在多种解释时，应优先选取最合乎宪法的解释，这就是合宪性解释。将合宪性解释排除在体系解释之外，固然有突出合宪性解释的功用，但无疑也是缺乏体系思维的。合宪性解释在性质上属于法律解释，而非宪法解释，故而，我国法院有权作出这种解释。当然其也有义务如此解释。[3]

---

① 另外，从 2001 年《药品管理法》法律文本的规定来看，这里的“其他”是处于其第五章“药品管理”之下的，而法律文本的第六章、第七章分别是“药品包装的管理”和“药品价格和广告的管理”。也就是说，第五章中这一条规定的“其他”并不是与药品包装、药品价格和广告等相关的。

② 王利明：《法律解释学》，中国人民大学出版社 2011 年版，第 97 页。

③ 参见张翔：《两种宪法案件：从合宪性解释看宪法对司法的可能影响》，《中国法学》2008 年第 3 期，第 112～114 页。

例如，刘某涉嫌经营非法卷烟，烟草专卖局持烟草管理行政执法证和检查证在其家中查获 37 条卷烟。刘某以侵害住宅自由为由提起行政诉讼，要求返还所扣卷烟。《江苏省烟草专卖管理办法》第 6 条规定，“地方各级烟草专卖行政主管部门查处违反烟草专卖法律、法规和规章的案件时”，可以“检查违法案件当事人生产、销售、储存烟草专卖品的场所”。法院认定，刘某的住宅就是该储存场所。从文义解释来看似乎并无问题，但执法人员据此就可以检查卷烟为名进入公民住宅，只要住宅里藏有卷烟，显然与宪法对住宅自由的保障是相悖的，故而本案中不能将存储场所解释为包括住宅在内的一切藏有卷烟的场所。[①]

（4）合条约性解释。

在我国，缔结或参加并经全国人大常委会批准的条约在公法领域虽然并非当然的法律，原则上不能直接适用，即作为裁判的根据，但并不等于说在司法实践中没有任何用处。《最高人民法院关于审理国际贸易行政案件若干问题的规定》（法释〔2002〕27 号）第 9 条规定：“人民法院审理国际贸易行政案件所适用的法律、行政法规的具体条文存在两种以上的合理解释，其中有一种解释与中华人民共和国缔结或者参加的国际条约的有关规定相一致的，应当选择与国际条约的有关规定相一致的解释，但中华人民共和国声明保留的条款除外。”这种解释可被称为合条约性解释。在一起商标案件中，关于“代理人”的含义产生了很大的

① 详细分析，可参见王旭：《行政法律裁判中的合宪性解释与价值衡量方法——对一个行政案件法律推理过程的具体考察》，《行政法学研究》2007 年第 1 期，第 125～127 页。

争议。对此最高人民法院运用这种方法进行了解释：

> 商标法第十五条规定："未经授权，代理人或者代表人以自己的名义将被代理人或者被代表人的商标进行注册，被代理人或者被代表人提出异议的，不予注册并禁止使用。"由于在本案中当事人及一审、二审判决对"代理人"的含义具有不同的理解和认定，为消除分歧，正确适用法律，可以通过该条规定的立法过程、立法意图以及参照相关国际条约的规定等确定其含义。该条规定系2001年10月27日修改的商标法增加的内容。原国家工商行政管理局局长王众孚受国务院委托于2000年12月22日在第九届全国人民代表大会常务委员会第十九次会议上所做的《关于〈中华人民共和国商标法修正案（草案）〉的说明》指出，"巴黎公约第六条之七要求禁止商标所有人的代理人或者代表人未经商标所有人授权，以自己的名义注册该商标，并禁止使用。据此，并考虑到我国恶意注册他人商标现象日益增多的实际情况，草案增加规定：'未经授权，代理人或者代表人以自己的名义将被代理人或者被代表人的商标进行注册，被代理人或者被代表人提出异议的，不予注册并禁止使用'"。据此，商标法第十五条的规定既是为了履行巴黎公约第六条之七规定的条约义务，又是为了禁止代理人或者代表人恶意注册他人商标的行为。巴黎公约第六条之七第（1）项规定，"如果本联盟一个国家的商标所有人的代理人或者代表人，未经该所有人授权而以自己的名义向本联盟一个或一个以上的国家申请该商标的注册，该所有人有权反对所申请的注册或要求取消注册"。

> 据该条约的权威性注释、有关成员国的通常做法和我国相关行政执法的一贯态度，巴黎公约第六条之七的“代理人”和“代表人”应当作广义的解释，包括总经销、总代理等特殊销售关系意义上的代理人或者代表人。参照《最高人民法院关于审理国际贸易行政案件若干问题的规定》第九条……的规定，巴黎公约第六条之七规定的“代理人”的含义，可以作为解释我国商标法第十五条规定的重要参考依据。①

该判决将《巴黎公约》规定的代理人含义作为解释我国商标法的“重要参考依据”，不仅解决了争议，也符合《商标法》（2001 年）第 15 条的立法目的。

4. 目的解释

所谓目的解释，是指通过探究法律规定的目的来阐释其含义。前述文义解释、体系解释、历史解释等都是在明确法律规定的含义，探究法律规定所要实现的规范意旨，均与立法目的有关。文义解释是通过文义来得出立法者的规范意图与具体规范的目的，而历史解释则是通过立法文献来认识最初的调整意志和规范目的，体系解释是通过体系的一致性来确定适当的立法意图。“任何法律解释的目的都是为了实现立法的规范目的。”② 故而，这里所说的目的解释准确地说应为客观目的论解释，立法者是否意识到并不重要，重

---

① 重庆正通药业有限公司、国家工商行政管理总局商标评审委员会与四川华蜀动物药业有限公司商标行政纠纷案，最高人民法院行政判决书（2007）行提字第 2 号，2007 年 8 月 31 日。

② ［德］伯恩·魏德士：《法理学》，丁小春、吴越译，法律出版社 2003 年版，第 355 页。

要的是能从事物的结构和本质、法的伦理性原则中推导出。[①]

德国法学家耶林指出，“目的是整个法律的创造者”。[②] 在通过文义解释得出的结论不妥当时，可以通过目的解释进行扩张或限缩，此即扩张解释和限缩解释。例如，1996 年《行政处罚法》第 42 条规定：“行政机关作出责令停产停业、吊销许可证或者执照、较大数额罚款等行政处罚决定之前，应当告知当事人有要求举行听证的权利……”法院认为，虽然该条规定没有明确列举“没收财产”，但是该条中的“等”系不完全列举，应当包括与明文列举的“责令停产停业、吊销许可证或者执照、较大数额罚款”类似的其他对相对人权益产生较大影响的行政处罚。为了保证行政相对人充分行使陈述权和申辩权，保障行政处罚决定的合法性和合理性，对没收较大数额财产的行政处罚，也应当根据《行政处罚法》第 42 条的规定适用听证程序。[③] 这是一种扩张解释（不同于后文的“目的性扩张”），也为 2021 年《行政处罚法》第 63 条所采纳。再如，《行政诉讼法》第 13 条第 4 项规定，“法律规定由行政机关最终裁决的行政行为”不属于行政诉讼的受案范围。“法律”一词含义较广，《最高人民法院关于适用〈中华人民共和国行政诉讼法〉的解释》（法释〔2018〕1 号，以下简称 2018 年《行诉法解释》）第 2 条第 4 款作出限缩解释，将其限定

---

① 参见［德］卡尔·拉伦茨：《法学方法论》，陈爱娥译，商务印书馆 2003 年版，第 211 页。

② 吴从周：《概念法学、利益法学与价值法学：探索一部民法方法论的演变史》，中国法制出版社 2011 年版，第 125 页。

③ 参见黄某富、何某琼、何某诉四川省成都市金堂工商行政管理局行政处罚案（指导案例 6 号）。

于“全国人民代表大会及其常务委员会制定、通过的规范性文件”。这显然是从保护私人的诉权、确保司法最终原则、合理地协调司法与行政关系等目的出发作出的限制。

在上海龙野机电有限公司不服江苏省质监局行政处罚案中，涉案加油机的主板与检定定型存档主板不一致，江苏省质监局将其认定为不合格产品。加油机系上海龙野机电有限公司（以下简称龙野公司）研发，并由该公司办理了相关行政许可手续，加油机上有标注“上海龙野加油设备制造有限公司制造”的铭牌，其合格证、保修卡及使用说明书均表明龙野公司是生产企业。江苏省质监局遂依据《产品质量法》（2000 年）第 26、32、50 条的规定，按照处罚生产者的规定对龙野公司作出处罚。龙野公司称自己只是贴牌者，只向第三人销售过铭牌，第三人才是生产者，第三人所使用的铭牌和商标确系龙野公司提供，但生产者并未将它们用在指定的机型上，龙野公司未参与整个生产销售过程。于是，谁为生产者，便成为本案的关键。两级法院均认定龙野公司是生产者，但在论证的逻辑上有一定的不同。

江苏省南京市中级人民法院认为：根据《产品质量法》第 27 条规定，产品或包装上应当标注生产者的名称。根据《产品标识标注规定》（1997 年，已失效），在产品上明确何人为生产者，是为了明示产品质量信息，保护企业、用户、消费者的合法权益。根据《产品标识标注规定》第 9 条第 1 款的规定，在产品上依法标注的生产者，是依法登记注册，能承担产品质量责任的主体。

而江苏省高级人民法院则认为：根据《最高人民法院关于产品侵权案件的受害人能否以产品的商标所有人为被告提起民事诉讼的

批复》(法释〔2002〕22 号)的规定,“任何将自己的姓名、名称、商标或者可资识别的其他标识体现在产品上,表示其为产品制造者的企业或个人,均属于《中华人民共和国民法通则》第一百二十二条规定的‘产品制造者’和《中华人民共和国产品质量法》规定的‘生产者’”。该批复虽是因民事诉讼程序问题而作出的,但作为合法有效的司法解释,其具有普遍适用的效力。根据该批复的规定,龙野公司将其名称、商标体现在产品上并表示其为涉案加油机的产品制造者,属于《产品质量法》规定的生产者。①

可以对两级法院认定生产者的推理逻辑作一定的简化。江苏省南京市中级人民法院的逻辑是:

保护消费者→有产品问题,就要有承担产品责任者→标注谁,谁承担→标注生产者→标注的就是生产者→龙野公司就是生产者。

江苏省高级人民法院的逻辑是:

法律不明确→最高人民法院有批复→批复可普遍适用→龙野公司就是生产者。

有观点认为,产品责任仅是民事责任,不同于还包含行政、刑事责任的产品质量责任。最高人民法院批复的初衷是因为产品侵权案件的受害人没有能力查清谁是真正的产品制造者,其重要

① 参见上海龙野机电有限公司不服江苏省质监局行政处罚案,国家法官学院、中国人民大学法学院编:《中国审判案例要览》(2007 年行政审判案例卷),中国人民大学出版社、人民法院出版社 2008 年版,第 395～396 页。

的信息来源是标识标注，故认为其可以将标识标注者作为被告提起民事诉讼。该解释仅可适用于民事诉讼。[①] 这种质疑并非毫无道理。一审法院从立法目的出发，根据《产品质量法》的规定作出认定，可谓技高一筹。

当然，在进行目的解释时，目的的认定就成为关键。整个法律的立法宗旨和具体规定的法律目的不能被简单地等同，不能将宽泛的立法宗旨作为解释的首要标尺，而应首先以具体条文、制度的目的作为判断标准。具体规定的法律目的与整个法律的立法宗旨之间可能是不一致的；而且立法宗旨较为抽象，裁量空间较大，具体规定的法律目的往往是立法者在权衡几个价值之后所作出的立法安排，法律适用者不能简单地用自己的裁量替代立法者的裁量。举例而言，《工伤保险条例》(2010 年修订) 第 1 条表明了立法宗旨是“保障因工作遭受事故伤害或者患职业病的职工获得医疗救治和经济补偿，促进工伤预防和职业康复，分散用人单位的工伤风险”。而第 16 条规定，职工故意犯罪的、醉酒或者吸毒的、自残或者自杀的，不得认定为工伤或者视同工伤。显然，第 16 条的目的是保护职工的生命健康和社会的公共秩序等，与整部法律的立法目的是不同的。

上述四种法律解释方法之间，有无先后关系？这是一个聚讼纷纷的问题。《最高人民法院关于印发〈审理行政案件适用法律

① 参见上海龙野机电有限公司不服江苏省质监局行政处罚案，国家法官学院、中国人民大学法学院编：《中国审判案例要览》(2007 年行政审判案例卷)，中国人民大学出版社、人民法院出版社 2008 年版，第 399～400 页。

规范问题的座谈会纪要〉的通知》(法〔2004〕96号)指出:"人民法院对于所适用的法律规范，一般按照其通常语义进行解释;有专业上的特殊涵义的，该涵义优先;语义不清楚或者有歧义的，可以根据上下文和立法宗旨、目的和原则等确定其涵义。"在杨某峰诉无锡市劳动和社会保障局工伤认定行政纠纷案中，江苏省无锡市中级人民法院也指出:

> 文义解释是正确理解法律条文的首选方法。《工伤保险条例》第十七条第二款规定的"事故伤害发生之日"，从字面含义上看，"事故"是对于"伤害"的修饰和限制，即这里的"伤害"是基于工伤事故而发生的，伤害结果与工伤事故之间存在因果关系。据此理解，"事故伤害发生之日"就是指伤害结果发生之日，而不是事故发生之日。①

至于其他方法之间的关系，则要视具体案件而定。

(二) 法律漏洞的补充

在法律规范的含义确定之后，法律规范可能仍不完整，该规范的没有规定，不该规范的却有规范。这时，就出现了法律漏洞。所谓法律漏洞，是指"实证法(即在可能文义范围之内的法律以及习惯法)中以有效的整体法秩序为标准的违反计划之不完整性，或者:如果法秩序在整体上要求某一规整，但在可能文义

① 杨某峰诉无锡市劳动和社会保障局工伤认定行政纠纷案，《最高人民法院公报》2008年第1期，第44页。

界限内的法律以及习惯法却并未包含，那么就存在漏洞”。[①]

法律解释和法律漏洞的补充之间并无截然的区分。通说认为，狭义的法律解释界限在于可能的字义范围，超越该界限，但仍在立法者原本的计划、目的范围内的法的续造，在性质上是填补法律漏洞，是法律内的法的续造；如果超越这种界限，但仍在整体法秩序的基本原则范围内，则属于超越法律的法的续造。[②]

在我国，法律适用者是否有权补充法律漏洞？这里不作探讨。实务中，法院、行政机关均在一定程度上从事着法律漏洞的补充工作。补充法律漏洞的方法大致有以下四种。

1. 类推适用[③]

一般认为，类推或类推适用，是就法律未作规定的事项，比附援引与其性质相类似的规定加以适用。[④] 它是将已有的法律规范比照适用到尚缺乏法律规范的案件中。[⑤] 类推适用针对的对象

① ［德］克劳斯-威廉·卡纳里斯：《法律漏洞的确定：法官在法律外续造法之前提与界限的方法论研究》，杨旭译，北京大学出版社 2023 年第 2 版，第 24 页。

② 参见［德］卡尔·拉伦茨：《法学方法论》，陈爱娥译，商务印书馆 2003 年版，第 246 页。

③ 关于类推适用，另可详细参见本书第 8 章一（三）的说明。

④ 参见杨仁寿：《法学方法论》，中国政法大学出版社 1999 年版，第 146 页。对于法认识论上的类推内涵，参见［德］亚图·考夫曼：《类推与“事物本质”：兼论类型理论》，吴从周译，学林文化事业有限公司 1999 年版，第 85 页。

⑤ 它不同于事实认定的推定。例如，有的法院在事实部分上通过“如此类推”加以认定［广州市番禺区市桥街沙圩一村民委员会等与广州市番禺区人民政府市桥街道办事处行政处理决定纠纷上诉案，参见广东省广州市中级人民法院（2010）穗中法少行终字第 28 号行政判决书，2010 年 9 月 13 日］。这里的“类推”实质就是事实的推定，而非法律类推。另外，个别行政法规明确规定了“类推适用”，例如，《对外合作开采海洋石油资源条例》（2013 年修订）第 16 条规定：“本条例第三条……的规定，对向石油作业提供服务的外国承包者，类推适用。”这是一种立法的准用，是一种立法者使立法表述更为简洁化的立法技术，而不是法律适用者的类推适用。

是公开的漏洞，即应规范而未规范。类推的过程看似从个别到个别、从特殊到特殊，但实质是个别→一般→个别。

类推的基础在于，两个构成要件在与法律评价有关的重要观点上彼此类似，因此，基于正义的要求，同类事物应作相同的评价和处理。[①] 在行政法规范中，存在甲领域的规则，而缺乏乙领域的规则，但两者之间存在着相似性，且其间的差异性又不足以排斥给予同等评价，那么，基于平等对待的宪法原则，应将甲领域的规则适用于乙领域。这就是个别类推。个别类推（法律类推），就是指将针对一个构成要件的规则转用于类似的案件事实上，整体类推（法的类推）是指将由多数法律规定得出的一般法律原则转用于类似的案件事实上。也就是将其他法领域中的所有个别规定的共通的法律理由一般化，然后在与行政法的诸多原理不冲突的情况下将其适用到行政法领域，给行政主体科以义务。这就是整体类推。

与类推适用相近的是推论，包括正面的推论（正推）和反面的推论（反推）。有学者将其纳入解释的范畴，[②] 应为不妥。根据《唐律疏议·名例》："诸断罪而无正条，其应出罪者，则举重以明轻；其应入罪者，则举轻以明重。"其适用前提是"无正条"，这显然已超出解释的界限。

2. 目的性扩张

所谓目的性扩张，是指根据法律目的对法律规定作出超过其

---

① 参见［德］卡尔·拉伦茨：《法学方法论》，陈爱娥译，商务印书馆2003年版，第258、260～263页。

② 参见王利明：《法律解释学》，中国人民大学出版社2011年版，第104～120页。

文义所能涵盖的解释。之所以要进行目的性扩张，是因为立法所选取的类型过于具体化，不足以实现立法目的。目的性扩张针对的对象也是公开的漏洞。目的性扩张的过程是一个从一般到特殊的过程。目的性扩张“在作用上与类推适用则极为相近”,① 两者都是将已有的一项规定适用于依其字义并未包含的其他案件事实中，但两者之间也存在细小的差异。第一，是否考虑立法目的不同。类推适用主要是从平等原则出发作出类似处理，而目的性扩张则是从客观目的出发的。第二，适用过程不同。在类推适用中，只要存在相似性，就可以将既有的价值判断直接运用于待决案件；而在目的性扩张中，法律适用者要对法律的字面含义进行扩展，从而确定适用于待决案件的结论。第三，法律适用者的裁量权不同。类推适用不能直接对文义本身进行改造，但目的性扩张则要对文义本身进行扩张。②

例如，2019 年《药品管理法》第 129 条规定，“违反本法规定，药品上市许可持有人、药品生产企业、药品经营企业或者医疗机构未从药品上市许可持有人或者具有药品生产、经营资格的企业购进药品的，责令改正，没收违法购进的药品和违法所得，并处违法购进药品货值金额二倍以上十倍以下的罚款；情节严重的，并处货值金额十倍以上三十倍以下的罚款，吊销药品批准证明文件、药品生产许可证、药品经营许可证或者医疗机构执业许可证；货值金额不足五万元的，按五万元计算”。某药店从无药

① ［德］卡尔·拉伦茨：《法学方法论》，陈爱娥译，商务印书馆 2003 年版，第 274 页。

② 参见王利明：《法律解释学》，中国人民大学出版社 2011 年版，第 235～236 页。

品经营许可证经营药品的个体药贩甲某处购进一批药品，货值金额 300 元。但《药品管理法》第 129 条的规定适用于从无证企业购进药品的情况，并不包括从无证个人处购进药品的情况。不过，原国家食品药品监督管理局《关于适用〈药品管理法〉第八十条[①]的意见》（国食药监法函〔2005〕59 号）指出：对从无药品生产许可证、药品经营许可证的单位或者个人等非法渠道购进药品的，应按《药品管理法》第 80 条规定予以处罚。应当说，《药品管理法》的规定目的在于惩罚从非法渠道购进药品的行为。不对从无证经营的个人处购进药品者加以处罚，与《药品管理法》的规定目的不相吻合。无论是从无证经营的企业还是个人那里购进药品，其行为性质都是一样的，均应按照《药品管理法》第 129 条处罚。从无证经营的个人处购进药品行为不在《药品管理法》第 129 条文义涵盖的范围之内，将《药品管理法》第 129 条扩张适用于此，即为目的性扩张。

3. 目的性限缩

所谓目的性限缩，是指根据法律目的将法律规定文义所能涵盖的内容排除在外。之所以要目的性限缩，是因为文义过宽而适用范围过大。目的性限缩针对的对象是隐藏的漏洞，即有一般规定而无例外规定。目的性限缩的过程也是一个从一般到特殊的过程。目的性限缩与限缩解释的差别在于，限缩的程度是否损及文

---

① 2001 年《药品管理法》第 80 条规定：药品经营企业从无药品经营许可证的企业购进药品的，责令改正，没收违法购进的药品，并处违法购进药品货值金额 2 倍以上 5 倍以下的罚款；有违法所得的，没收违法所得；情节严重的，吊销药品经营许可证。

义的核心：如未损及，就是限缩解释，限缩解释是把文义限缩后的规范适用到案件中，是解释方法的一种；而目的性限缩则是将法律文义所涵盖的案件类型依据规范目的而排除该规范的适用，是一种填补漏洞的方法。

举例而言，在一起表兄妹绝育后申请结婚登记的案件中，河南省漯河市郾城区人民法院经审理后认为：2001 年《婚姻法》规定了直系血亲和三代以内的旁系血亲禁止结婚，[①] 该规定属于强制性规范，不允许随意变通适用；原告两人是表兄妹关系，属于《婚姻法》规定的三代以内旁系血亲，应禁止结婚；即使做了绝育手术，仍应当适用《婚姻法》的有关规定，而不能变通法律。该法院遂判决驳回原告的诉讼请求。[②] 虽当事人系表兄妹，但两人为了结婚，女方自愿做绝育手术，并表示婚后不生育。这可谓绝育亦不绝情，而法院的判决却似无情。应当看到，《婚姻法》第 7 条禁止性规定的目的在于优生。规范的目的是规范制定和适用的出发点，目的不复存在，规范便形同虚设。“当法律目的消失时，法律自身也消失。”[③] 在本案中，《婚姻法》第 7 条的禁止性规范的目的已不复存在。《婚姻法》第 7 条第 1 项的规定一方面忽视了婚姻与生育之间可能的分离，另一方面因其立法目的而可能形成常人与残疾人之间的不合理差别。前者尚可谓法律漏洞，自始就

① 《民法典》第 1048 条同样规定：“直系血亲或者三代以内的旁系血亲禁止结婚。”

② 参见刘广超、张昊：《表兄妹为结婚起诉民政局　法院判决：做了绝育手术，表兄妹也不能结婚》，《大河报》2008 年 11 月 12 日，第 10 版。

③ ［德］伯恩·魏德士：《法理学》，丁小春、吴越译，法律出版社 2003 年版，第 374 页。

产生的无意识的漏洞；后者则形成了婚姻法的条款与宪法之间的冲突。对于法律漏洞，尚可通过目的性限缩等办法进行填补；而对于违宪问题，则需要进行可能的合宪性限定解释，根据冲突规则宣布无效等办法解决。对于本案，可对《婚姻法》第 7 条第 1 项作目的性限缩，即禁止三代以内的旁系血亲结婚，目的在于防止生育残疾的儿童。如果不生育，则可以结婚。而目的性限缩的结果，也恰好使在本案中适用该条款不违反宪法。[①]

4. 创制性补充

当法律适用者对所要处理的案件依据法的理念，斟酌其蕴含的事理，认为有加以规范的必要，但在实定法上即使通过类推、目的性扩张等也不能找到它的规范依据时，这时就有必要根据法的理念和事理，试拟规范。这就是创制性补充。[②] 但在成文法国家里，法律适用者创制性补充，应当具有法律的授权。例如，《民法典》第 10 条规定，“处理民事纠纷，应当依照法律；法律没有规定的，可以适用习惯，但是不得违背公序良俗”。于是，法律适用者就有权在法理之外适用习惯来填补漏洞。这在行政法中鲜有其例。

当然，还有一些是法律适用者无法解决、不能填补的漏洞，对此只能通过立法或修法来处理。

---

① 详细分析可参见王贵松：《优生法制与婚姻自由》，载韩大元主编：《中国宪法事例研究》（四），法律出版社 2010 年版，第 127～132 页。另可参见王贵松：《我国优生法制的合宪性调整》，《法商研究》2011 年第 2 期，第 34 页以下。

② 参见黄茂荣：《法学方法与现代民法》，自刊行，2021 年增订 7 版，第 840 页。

四、行政法规范的竞合与冲突

前文已触及行政法规范的竞合与冲突问题，这种现象在行政法领域是常见的。在行政法中，往往只有解决了行政法规范的竞合和冲突问题，才能确定一个较为可靠的可供适用的法律规范。

（一）行政法规范的竞合

所谓竞合，是指相互重合或者有交集。法律规范、行政法规范的竞合是法律要件部分的竞合，而非法律效果的竞合，即同一案件事实可以被多个行政法规范的法律要件所指涉。这在传统的法理学中，一般被称为“法条竞合”，准确地说应该是规范竞合，因为法律规范和法条之间并不一定等同。

规范竞合可以分为择一的竞合和并存的竞合两种，前者是指在相互竞合的法律规范中只能选择其中一个适用，后者是指两个法律规范虽然发生竞合，但可共同适用于同一个案件中。只有择一的竞合才存在法律冲突的问题。并存的竞合往往发生于两个法律规范的性质、要求等不同的情形中。

（二）行政法规范的冲突类型

行政法规范因为数量大、层级多，而且立法者种类多、层级多，发生冲突的可能性远远大于民事法、刑事法规范。既然冲突近乎不可避免，那么，为了解决冲突，便需要对冲突进行类型化，进而适用不同的冲突规则。

1. 层级冲突与同级冲突

根据相互冲突的法规范位阶，行政法规范的冲突可以分为层级冲突和同级冲突。上位法与下位法之间的冲突，就是层级冲突；而处于同一位阶的法规范之间的冲突，就是同级冲突。在我国，按照《宪法》和《立法法》的规定，法的位阶是大致清晰的：宪法高于法律，法律高于行政法规，行政法规高于地方性法规、部门规章和地方政府规章，地方性法规高于本级和下级地方政府规章。

2. 积极冲突与消极冲突

在我国的司法实践中，法院认定的法律冲突大致有两种：其一是积极冲突，也就是存在着两种规范之间的冲突。对于积极冲突，法院的判断标准主要有两个：第一个是“不一致”，① 例如，《最高人民法院关于人民法院审理行政案件对地方性法规的规定与法律和行政法规不一致的应当执行法律和行政法规的规定的复函》（法函〔1993〕16 号，1993 年 3 月 11 日）指出：“《中华人民共和国渔业法》第三十条规定：‘未按本法规定取得捕捞许可证擅自进行捕捞的，没收渔获物和违法所得，可以并处罚款；情节严重的，并可以没收渔具。’这一条未规定可以没收渔船。《福建省实施〈中华人民共和国渔业法〉办法》第三十四条规定，未取

---

① 有学者总结了实定法上九种“不一致”的表现。参见杨小君：《行政法律规范的冲突》，《国家行政学院学报》2006 年第 3 期，第 57 页以下。

得捕捞许可证擅自进行捕捞或者伪造捕捞许可证进行捕捞，情节严重的，可以没收渔船。这是与渔业法的规定不一致的。”① 第二个是“超出”上位法规定的“范围”，例如《最高人民法院对〈关于秦大树不服重庆市涪陵区林业局行政处罚争议再审一案如何适用法律的请示〉的答复》（〔2001〕行他字第 7 号，2003 年 6 月 23 日）：“根据《中华人民共和国行政处罚法》第十一条第二款关于‘法律、行政法规对违法行为已经作出行政处罚规定，地方性法规需要作出具体规定的，必须在法律、行政法规规定的给予行政处罚的行为、种类和幅度的范围内规定’的规定，《重庆市林业行政处罚条例》第二十二条第一款第（一）项关于没收无规定林产品运输证的林产品的规定，超出了《中华人民共和国森林法》规定的没收的范围。人民法院在审理有关行政案件时，应当适用上位法的规定。”② 这里还需要指出的是，法院在认定法律冲突的时候，从来没有认定过哪部立法与宪法相抵触。

其二是消极冲突，也就是缺乏法律依据的情形。例如，《最高人民法院行政审判庭关于〈呼和浩特市废旧金属管理暂行规定〉的效力问题的答复》（〔1996〕行他字第 23 号，1996 年 9 月 23 日）指出：“《呼和浩特市废旧金属管理暂行规定》中关于废旧金属出省区运输必须办理准运证，非法外运的由公安机关没收的规定是没有法律法规依据的。人民法院在审理此类案件中应以国

① 最高人民法院行政审判庭编：《最高人民法院最新行政诉讼司法解释汇编》，人民法院出版社 2006 年版，第 475 页。目前，《渔业法》的规定已被修改。

② 最高人民法院行政审判庭编：《最高人民法院最新行政诉讼司法解释汇编》，人民法院出版社 2006 年版，第 521 页。

务院有关规定为依据。”① 之所以作出这样的认定，是因为暗藏的一个规则，那就是某些地方政府规章是要以法律法规为依据的，这种认定的可以看成是一种消极冲突。

现实中，法院有时还通过法律解释避免认定法律冲突。例如，《建筑安装工程承包合同条例》（1983 年，已失效）在第 13 条中规定：“工程未经验收，发包方提前使用或擅自动用，由此而发生的质量或其他问题，由发包方承担责任。”在审理案件时，最高人民法院对于该条规定的适用有两种意见。一种意见认为：不论质量问题是否由使用的原因造成，发包方提前使用或擅自使用未经验收的工程的，就应承担全部责任。因为验收后使用是有关法律法规的强制性规定。另一种意见认为：条例规定的“由此”应该理解为“因此”，即如果工程质量问题系因施工而造成，仍应由施工方承担责任。如果一味要求提前使用或擅自动用一方承担不属于其所造成的质量责任，则与《民法通则》（已失效）规定的公平原则和过错责任原则相悖。最高人民法院在征求原国务院法制办的意见后采用了后一种解释。② 这样就避免了对行政法规与法律之间冲突的认定。在发生交通事故的处理上，对于公安部《道路交通事故处理程序规定》（1992 年，已失效）第 28 条（暂扣交通事故责任者的车辆）与国务院《道路交通事故处理办法》（1991 年，已失效）第 13 条（暂时扣留交通事故车辆）的冲

① 最高人民法院行政审判庭编：《最高人民法院最新行政诉讼司法解释汇编》，人民法院出版社 2006 年版，第 615 页。

② 参见国法函〔2003〕249 号，2003 年 11 月 24 日，本书编写组：《法律法规询问与答复》，中国法制出版社 2006 年版，第 377～379 页。

突，最高人民法院行政审判庭认为应当适用后者。[①] 不过，最高人民法院原法官主张可对“交通事故责任者的车辆”作目的性限缩，解释成“交通事故车辆”。这样就可以避免上位法与下位法相抵触。[②] 未认定为法律冲突的，自然就无须适用冲突规则。

（三）行政法规范的冲突规则

对于法律冲突，《宪法》规定的冲突规则仅为上位法优于下位法一项，《立法法》规定的冲突规则除此之外还有新法优于旧法、特别法优于一般法。但实践中法院所适用的冲突规则主要有以下几条：[③]

1. 上位法优于下位法

上位法优于下位法，是最经常适用的冲突规则。[④] 现实中，它曾经适用于地方性法规与法律、行政法规的冲突、国务院文件与法律的冲突、地方政府规章与行政法规的冲突、部门规章与行政法规的冲突、地方性法规与行政法规之间的冲突等。

对于基本法律与一般法律之间是否存在上下位阶的关系，学

---

① 参见《最高人民法院行政审判庭关于公安部〈道路交通事故处理程序规定〉第二十八条与国务院〈道路交通事故处理办法〉第十三条如何适用问题的复函》（［1996］法行字第19号，1997年3月7日）。

② 参见孔祥俊：《论法官在法律规范冲突中的选择适用权》，《法律适用》2004年第4期，第8页。

③ 需要说明的是，虽然法不溯及既往常常适用，但它并非法律冲突的解决原则，而是一般的法律适用原则。

④ 《最高人民法院关于印发〈关于审理行政案件适用法律规范问题的座谈会纪要〉的通知》（法〔2004〕96号，2004年5月18日）中总结了十一种“下位法不符合上位法”的情形，但在法律适用上则很少说明出来。

界聚讼纷纷。[1] 在朱某明诉昆明市公安局交通警察支队一大队公安交通行政处罚案中，云南省昆明市官渡区人民法院一审认为：《道路交通安全法》中关于对道路交通安全违法行为予以行政处罚的规定相对于《行政处罚法》的规定属特别法，依据法律冲突的适用规则，一般法与特别法相冲突时，应适用特别法，遂判决维持交警一人执法所作出的处罚决定书。[2] 朱某明认为两法不是特别法与一般法的关系，而是上位法与下位法的关系，故以一审判决适用法律的审查认定错误为由提起上诉。昆明市中级人民法院二审认为：全国人大与全国人大常委会都是法律的制定主体，均为行使最高立法权的国家立法机构；全国人大常委会是全国人大的常设机关，在全国人大闭会期间，可经常性地行使国家最高层次的立法权，两个国家最高立法机构所制定的法律不应存在位阶上的“层级冲突”，即不会产生“上位法”与“下位法”之间冲突的问题。[3] 应当指出的是，全国人大与全国人大常委会是不是两个最高立法机关，两者所制定的法律是否存在位阶上的“层级冲突”，这些问题在宪法上并不明确。根据《宪法》第67

---

① 参见韩大元：《全国人大常委会新法能否优于全国人大旧法》，《法学》2008年第10期，第3页以下。

② 参见朱某明诉昆明市公安局交通警察支队一大队公安交通行政处罚案，云南省昆明市官渡区人民法院（2005）官行初字第79号行政判决书，2005年5月27日；韩大元主编：《中国宪法事例研究》（三），法律出版社2009年版，第197页。

③ 参见朱某明诉昆明市公安局交通警察支队一大队公安交通行政处罚案，云南省昆明市中级人民法院（2005）昆行终字第124号行政判决书，2005年9月8日；韩大元主编：《中国宪法事例研究》（三），法律出版社2009年版，第202页。有学者认为，法院无权对基本法律与一般法律之间的效力进行认定。参见韩大元主编：《中国宪法事例研究》（三），法律出版社2009年版，序言第7页。

条第2、3项的规定，全国人大常委会制定和修改除应当由全国人大制定的法律以外的其他法律；在全国人大闭会期间，对全国人大制定的法律进行部分补充和修改，但是不得同该法律的基本原则相抵触。从理论上说，能较为明确地推导出的结论是，全国人大制定的法律的基本原则高于全国人大常委会制定的法律。

2. 新法优于旧法

面对同级冲突，新法优于旧法也是经常得到适用的冲突规则。《立法法》第103条规定，同一机关制定的“新的规定与旧的规定不一致的，适用新的规定”。

3. 特别法优于一般法

特别法优于一般法也是针对同级冲突的规则。例如，《最高人民法院行政审判庭关于对违法收取电费的行为应由物价行政管理部门监督管理的答复》（行他〔1999〕第6号，1999年11月17日）指出：“遵循特别法规定优于普通法规定的原则，对违法收取电费的行为，根据《电力法》第66条的规定，应由物价行政管理部门监督管理。”① 在廖某荣诉重庆市公安局交通管理局第二支队道路交通管理处罚决定案（以下简称廖某荣案）中，重庆市渝中区人民法院指出：

> 行政处罚法制定于1996年，此后的2003年10月28日，第十届全国人民代表大会常务委员会第五次会议通过

① 最高人民法院行政审判庭编：《最高人民法院最新行政诉讼司法解释汇编》，人民法院出版社2006年版，第633页。

> 了道路交通安全法。道路交通安全法……是处理道路交通安全问题的专门法律。为了落实道路交通安全法，国务院于 2004 年 4 月 28 日颁布了《中华人民共和国道路交通安全法实施条例》，公安部也于 2004 年 4 月 30 日发布了《道路交通安全违法行为处理程序规定》。一切因道路交通安全管理产生的社会关系，应当纳入上述法律、行政法规和规章的调整范畴。①

这一判决适用了两项冲突规则，即新法优于旧法和特别法优于一般法。但将《道路交通安全法实施条例》（行政法规）和《道路交通安全违法行为处理程序规定》（部门规章）的规定也上升为《行政处罚法》（法律）的特别法，显然是不妥当的，法律的特别法只能是法律。

这一规则适用的难处在于，一般与特别关系的认定。在两个规范不同且构成要件重合（$T_1 \cap T_2 = T_1$）时，T_1 构成 T_2 的特别法。例如，《教育法》与《高等教育法》《义务教育法》《民办教育促进法》的关系，显然后三者均为《教育法》的特别法。《教育法》（2021 年）第 9 条第 1 款规定，“中华人民共和国公民有受教育的权利和义务”。《高等教育法》（2018 年）第 9 条第 1 款规定，“公民依法享有接受高等教育的权利”。接受高等教育只是公民的权利，而非义务。

两个规范不同且构成要件有交集（$T_1 \cap T_2 \in T_1$、$T_1 \cap T_2 \in$

① 廖某荣诉重庆市公安局交通管理局第二支队道路交通管理处罚决定案，《最高人民法院公报》2007 年第 1 期，第 41 页。

T_2）时，谁是谁的特别法，则必须看在哪一个层面上构成。关于《义务教育法》和《民办教育促进法》，只有在民办教育机构从事义务教育时，两者才有交集。这时，《民办教育促进法》在民办教育机构从事义务教育的领域内构成《义务教育法》的特别法。再如，在董某华不服北京市大兴区劳动和社会保障局非工伤认定案中，涉及《道路交通安全法》与《治安管理处罚法》的关系认定。2007 年 9 月 20 日，周某华驾驶无号牌二轮摩托车上班时，对面大货车违章逆行将其连人带车撞倒，致使摩托车起火，周某华当场死亡。周某华之妻董某华申请工伤认定，但得到的是非工伤认定结论通知书。董某华不服，申请行政复议，行政复议决定为维持。董某华不服诉至法院。一审、二审法院均判决被告败诉。其主要理由在于，虽然驾驶无号牌车辆，根据《治安管理处罚条例》的规定，属于违反治安管理行为，但《治安管理处罚法》删除了这一规定，因而，在《治安管理处罚法》《道路交通安全法》均未规定驾驶无号牌车辆属于违反治安管理行为的情况下，将其认定为违反治安管理行为，缺乏法律依据。[①] 法院从历史解释的角度出发，将驾驶无号牌车辆行为不再视为违反治安管理行为，行为的性质因立法的改变而发生变更。但有无其他解释的可能性，法院选取这种解释的理由和目的何在、能否推广，均值得考虑。其实，《治安管理处罚法》（2005 年）第 4 条第 1 款规定，“在中华人民共和国领域内发生的违反治安管理行为，除法

① 参见董某华不服北京市大兴区劳动和社会保障局非工伤认定案，国家法官学院、中国人民大学法学院编：《中国审判案例要览》（2009 年行政审判案例卷），中国人民大学出版社、人民法院出版社 2010 年版，第 358、360 页。

律有特别规定的外，适用本法”。《治安管理处罚法》的草案说明也明确指出：“消防法、道路交通安全法、居民身份证法等法律相对应的违法行为及处罚已有系统规定的，草案不再重复规定。”[①] 可见，违反道路交通规则的行为的性质并未发生改变，《道路交通安全法》在道路交通的处罚上仍然构成《治安管理处罚法》的特别法。当然，周某华在该起事故中并非因违反治安管理而死亡，而系因遭受他人负全责的交通事故而死亡，故而不能按照《工伤保险条例》（2004 年）第 16 条第 1 项的规定（职工因犯罪或者违反治安管理而伤亡的，不得认定为工伤或者视同工伤），作出非工伤认定。[②]

因为行政法领域繁多、规范林立、利害关系错综复杂，不同的法律对于同一事项可能均有规定，一般法与特别法的关系就较为复杂而难以判断。例如，1993 年《反不正当竞争法》第 24 条规定：“经营者利用广告或者其他方法，对商品作引人误解的虚假宣传的，监督检查部门应当责令停止违法行为，消除影响，可以根据情节处以一万元以上二十万元以下的罚款。广告的经营者，在明知或者应知的情况下，代理、设计、制作、发布虚假广告的，监督检查部门应当责令停止违法行为，没收违法所得，并依法处以罚款。”而 1994 年《广告法》第 37 条规定：“违反本法

---

① 田期玉：《关于〈中华人民共和国治安管理处罚法（草案）〉的说明》，《全国人民代表大会常务委员会公报》2005 年第 6 号，第 454 页。

② 2010 年修改的《工伤保险条例》第 14 条第 6 项更是明确规定，职工在上下班途中，受到非本人主要责任的交通事故或者城市轨道交通、客运轮渡、火车事故伤害的，应当认定为工伤。

规定，利用广告对商品或者服务作虚假宣传的，由广告监督管理机关责令广告主停止发布、并以等额广告费用在相应范围内公开更正消除影响，并处广告费用一倍以上五倍以下的罚款；对负有责任的广告经营者、广告发布者没收广告费用，并处广告费用一倍以上五倍以下的罚款；情节严重的，依法停止其广告业务。构成犯罪的，依法追究刑事责任。”2015 年《广告法》修改，加大了处罚力度（参见第 55 条）。

两部法律对虚假广告均有处罚规定，但有较大不同。两者是一般法与特别法的关系吗？如果《反不正当竞争法》中规定的是某种类型的广告（例如医疗广告、烟草广告等），则其显然在虚假广告处罚上构成《广告法》的特别法。但《反不正当竞争法》规范的领域与《广告法》规范的领域并无多大不同，所以，这时便难以认定谁是谁的特别法。这两部法律分别制定于 1993 年、1994 年，按照新法优于旧法的规则，在虚假广告处罚上，似可适用《广告法》的规定，但实践中对此较为迷惑。2017 年《反不正当竞争法》修订，其中第 20 条规定，“经营者违反本法第八条规定对其商品作虚假或者引人误解的商业宣传，或者通过组织虚假交易等方式帮助其他经营者进行虚假或者引人误解的商业宣传的，由监督检查部门责令停止违法行为，处二十万元以上一百万元以下的罚款；情节严重的，处一百万元以上二百万元以下的罚款，可以吊销营业执照。经营者违反本法第八条规定，属于发布虚假广告的，依照《中华人民共和国广告法》的规定处罚。”如此，就区分了虚假宣传和虚假广告，对于后者直接适用广告法。2025 年《反不正当竞争法》再次修订，新法第 25 条只是调整了处罚幅度，对其他则予以保留。另外，《消费者权益保护法》（2013 年修正）第 56 条第 1 款第 6 项也规定了虚假宣传的处罚，它规定经营者“除承担相应的民事责任外，其他有关法律、法规对处罚机关和处罚方式有规定的，依照法律、法规的规定执行；法律、法规未作规定的，由工商行政管理部门或者其他有关行政部门责令改正，可以根据情节单处或者并处警告、没收违法所得、处以违法所得一倍以上十倍以下的罚款，没有违法所得的，处以五十万元以下的罚款；情节严重的，责令停业整顿、吊销营业执照”。它不仅使用了引用性法条，避免了法律冲突，还作出了兜底规定，防止法律漏洞的出现。如果各自规定虚假广告的处罚，将无法辨别相互的关系。

对于新的一般规定与旧的特别规定，《立法法》第 105 条规定了“不能确定如何适用时”的裁决机制：法律的冲突由全国人大常委会裁决，行政法规的冲突由国务院裁决。裁决机制适用的前提是“不能确定如何适用时”。例如，《行政复议法》第 20 条第 1 款规定：“公民、法人或者其他组织认为行政行为侵犯其合法权益的，可以自知道或者应当知道该行政行为之日起六十日内提出行政复议申请；但是法律规定的申请期限超过六十日的除外。”而之前的《公民出境入境管理法》（已失效）规定的申诉期限为 15 天。虽然两者属于新的一般规定与旧的特别规定，但《行政复议法》明确规定“法律规定的申请期限超过六十日的除外”。其立法目的明显在于，对现有的立法进行整顿，朝着放宽复议申请期限的方向发展。故而，对出入境管理决定不服的复议申请期限应为 60 日。

4. 属地优先规则

上述三项冲突规则并无异议，《立法法》也有明确规定，稍有问题的是第四项冲突规则，即属地优先规则。这一规则也是针对同一位阶法律的冲突规则，但并不多见。2003 年《最高人民法院关于道路运输市场管理的地方性法规与部门规章规定不一致的法律适用问题的答复》（〔2003〕行他字第 4 号，2003 年 8 月 15 日，已失效）涉及地方性法规与部门规章之间的冲突，它指出："在国家尚未制定道路运输市场管理的法律或者行政法规之前，人民法院在审理有关道路运输市场管理的行政案件时，可以优先选择适用本省根据本地具体情况和实际需要制定的有关道路运输市场管理的地方性法规。"[①] 属地优先规则并非《宪法》《立法法》所明确规定的冲突规则。2000 年《立法法》第 86 条第 1 款第 2 项一方面规定地方性法规与部门规章的冲突属于法院报请裁决的酌定情形，即"不能确定如何适用时"，才报请国务院提出意见；另一方面规定了地方性法规与部门规章冲突的具体裁决机制，即国务院认为应当适用地方性法规的，应当适用地方性法规，认为应当适用部门规章的，应当提请全国人大常委会裁决。最高人民法院在作出这一批复之前，于 2003 年 5 月 21 日征询了全国人大常委会法工委（而非国务院）的意见。全国人大常委会法工委结合《行政诉讼法》中地方性法规的"依据"地位和部门规章的"参照"地位，以及《立法法》第 86 条第 1 款第 2 项的规定，指

① 最高人民法院行政审判庭编：《最高人民法院最新行政诉讼司法解释汇编》，人民法院出版社 2006 年版，第 538 页。

出：法院认为应当适用地方性法规的，适用地方性法规。[①] 最高人民法院据此作出了上述批复。值得注意的是，这一批复既未明确说明征询全国人大常委会法工委的意见，亦未遵循全国人大常委会法工委的推理路径，而是指出了一项冲突规则，即属地优先规则。正是依据这一规则，最高人民法院作出了“确定如何适用”的决定。虽然说法院的结论是妥当的，但运用属地优先规则得出结论要比全国人大常委会法工委的推理路径略逊一筹，后者的推理路径属于法律体系内部的推论，而最高人民法院的推论欠缺实定法的依据。

5. 其他冲突规则

《立法法》第 102 条规定：“部门规章之间、部门规章与地方政府规章之间具有同等效力，在各自的权限范围内施行。”问题在于，何谓权限范围内。按照《立法法》第 106 条第 1 款第 3 项的规定，不能确定如何适用时，由国务院裁决。

同样，《立法法》第 101 条规定：“自治条例和单行条例依法对法律、行政法规、地方性法规作变通规定的，在本自治地方适用自治条例和单行条例的规定。”“经济特区法规根据授权对法律、行政法规、地方性法规作变通规定的，在本经济特区适用经济特区法规的规定。”按照《立法法》第 106 条第 2 款的规定，不能确定如何适用时，由全国人大常委会裁决。

2005 年《珠海经济特区道路交通安全管理条例》第 7 条规

① 参见全国人大常委会法制工作委员会编：《法律询问答复（2000—2005）》，中国民主法制出版社 2006 年版，第 81～82 页。

定："下列非机动车不予注册登记，禁止在道路上行驶：（一）电动自行车；（二）人力三轮车。""经济特区外的电动自行车不得进入经济特区内行驶。"① 这就是"珠海立法封杀电动自行车事件"，其合法性存在很大争议。《道路交通安全法》第 119 条第 4 项规定："'非机动车'，是指以人力或者畜力驱动，上道路行驶的交通工具，以及虽有动力装置驱动但设计最高时速、空车质量、外形尺寸符合有关国家标准的残疾人机动轮椅车、电动自行车等交通工具。"第 58 条明确规定："残疾人机动轮椅车、电动自行车在非机动车道内行驶时，最高时速不得超过十五公里。"易言之，电动自行车按照法律的规定可以在道路上通行，只是速度有所限制而已。珠海市人大常委会有无权限在特区内变通全国人大常委会的法律，便成为问题的关键。从《道路交通安全法》自身的定位来说，道路交通问题不属于经济问题，其调整的是自由通行权和他人合法权益的关系。该法第 1 条明确表明："为了维护道路交通秩序，预防和减少交通事故，保护人身安全，保护公民、法人和其他组织的财产安全及其他合法权益，提高通行效率，制定本法。"虽然其第 4 条第 1 款规定，"各级人民政府应当保障道路交通安全管理工作与经济建设和社会发展相适应"，但这并不表明政府可以禁止法律上允许的交通工具。而根据 1996 年《全国人民代表大会关于授权汕头市和珠海市人民代表大会及其常务委员会、人民政府分别制定法规和规章在各自的经济特区

① 2011 年修改为第 10 条，增加了"助力自行车""其他有动力驱动装置的非机动车"等两项内容作为禁止事项。

实施的决定》，经济特区的立法权应当服务于经济特区的实际需要。根据 1980 年全国人大常委会批准的《广东省经济特区条例》关于“特区鼓励外国公民、华侨、港澳同胞及其公司、企业（以下简称客商），投资设厂或者与我方合资设厂，兴办企业和其他事业，并依法保护其资产、应得利润和其他合法权益”之规定（第 1 条），经济特区的“特”仅仅在于纯粹的经济事务。经济特区的立法权也仅限于经济事务。[①] 故而，珠海经济特区立法禁止电动自行车属于违法，违反该规定的，不应当受到处罚。

① 关于本案的详细分析，可参见姜明安：《珠海立法禁止电动自行车上路是否合法?》，载姜明安：《法治的求索与呐喊》（案析与访谈卷），中国人民大学出版社 2012 年版，第 335～337 页。

第4章　法律事实的认定

在通常的司法三段论中，确定了可适用的大前提法律规范之后，尚需认定法律事实，此后才能确定案件的法律效果。法律事实的认定一般是行政复议、行政诉讼等行政救济法的问题，但在行政法上还是行政活动法的问题。

一、法律事实的界定

在法律事实的界定上，行政法与其他部门法、法理学的界定并无不同，这里权且从一般理论出发，在行政法稍有特色的地方再作阐述。

（一）法律事实的概念

在理论上，对法律事实的定义大致有以下几种形式。第一，法律事实是指法律规定的，能够引起法律关系产生、变更和消灭的情况和现象。[1] 第二，法律事实是指能在当事人之间引起法律关系的发生、变更和消灭的现象。[2] 第三，法律事实是指审判人员根据掌握的证据，依照法律的规定而认定的事实。这三种表述的差别在于，第一个定义强调了法律事实是由法律规定的，第二个定义强调了法律事实能在当事人之间发挥功用，第三个定义则强调了法律事实是由审判人员认定的，但将法律事实局限于诉讼在行政法上显然是不妥当的。

法律事实应以法律的存在为前提，否则无所谓法律事实。生活事实不等于法律事实，生活事实必须在法律上有意义，才能成为法律事实，例如，爱情、友情、社交生活等，都不能成为法律事实。法律事实与客观真实之间也未必等同，只有那些能通过证据证明的事实，才能成为法律事实。法律事实也不等于法律要件，法律事实首先是事实，而非规范；它具有具体性，而非抽象存在；它必须基于法律评价而存在，不能属于法外空间或在法律上没有意义。

（二）法律事实的类型

按照不同的标准，法律事实可以有不同的分类。不同类型的法律事实在行政法上的意义是不同的。

1. 行为和事件

按照是否依当事人的意志而转移，法律事实可以分为行为

---

① 参见张文显主编：《法理学》，高等教育出版社、北京大学出版社 2003 年第 2 版，第 140 页。

② 参见李步云主编：《法理学》，经济科学出版社 2000 年版，第 205 页。

和事件（参见图 4-1）。事件是不因人的主观意志而转移的法律事实。事件又可以被分为社会事件和自然事件，例如社会暴动是一种社会事件，自然死亡则是一种自然事件。行为则是指因人的主观意志而转移的法律事实。行为按照是否以发生法律效果为目的，又可以被分为法律行为和事实行为。法律行为又可以按照主体的标准，被分为单方法律行为与双方法律行为，前者如行政许可、行政处罚，后者如行政协议。单方法律行为可以由行政主体作出，双方法律行为则须由行政主体与私人达成合意。

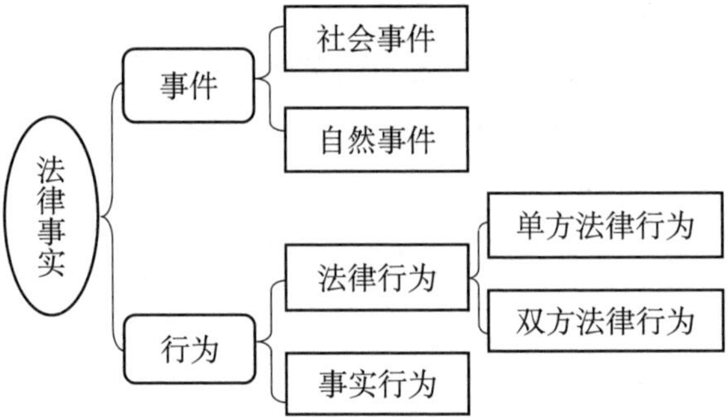

图 4-1　事件与行为的区分

2. 立法事实与裁决事实

按照法律事实的功能不同，法律事实可以分为立法事实和裁决事实（参见图 4-2）。裁决事实（adjudicative facts）是指法律适用者为了解决纠纷所使用的法律事实。裁决事实又可以根据主体的不同，分为行政事实和司法事实，即行政机关和司法机关所使用的法律事实。日常所理解的法律事实主要是裁决事实中的司法事实。

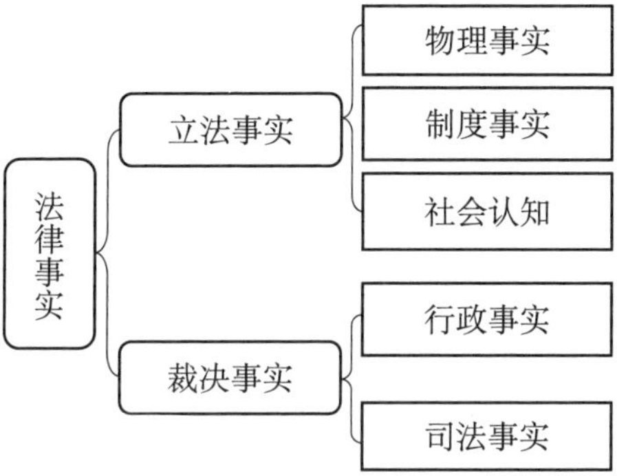

图 4-2　立法事实与裁决事实的区分

立法事实（legislative facts）是指不局限于特定个人或少数人而带有普遍性的、与立法过程和结论相关的事实。它是制定法律规则的基础。[①] 探讨立法事实的目的在于把握立法事实与立法结果之间的关系。[②] 立法事实可能表现为物理事实、制度事实以及社会认知。从作用的角度来说，立法事实有：（1）立法目的方面的事实（是否有事实支持立法目的）；（2）立法的手段与目的之关系方面的事实（立法的规制手段是否有助于实现立法目的？立法的规制手段全面实施的概率有多大？除立法所采取的规制手段外，是否存在能够达到同一立法目的的其他手段？与能够达到同一立法目的的其他手段相比，立法所采取的规制手段对权利或自由的侵害程度增大抑或减小）；（3）作为法益衡量之前提的事实（与其他更为缓和的规制手段相比，立法所采取的规制手段对

① 参见于立深：《行政立法性事实研究》，《法商研究》2008 年第 6 期，第 28 页。

② 参见凌维慈：《宪法诉讼中的立法事实审查——以美国法为例》，《浙江社会科学》2006 年第 6 期，第 74～75 页。

立法目的的额外促进作用有多大？与其他更为缓和的规制手段相比，立法所采取的规制手段对权利或自由的额外限制程度有多大）。[1]

举例来说，《大气污染防治法》（2000 年）第 33 条第 1 款规定："在用机动车不符合制造当时的在用机动车污染物排放标准的，不得上路行驶。"全国人大常委会法工委认为：之所以没有设定处罚，是因为引起机动车排放超标的情况比较复杂，并非都是车主的违法、过错行为，不宜规定对车主给予罚款等行政处罚；罚款等处罚也不能有效解决机动车排放超标问题。关键是为防治机动车超标排放对环境的污染，应当禁止超标排放的机动车上路行驶。为此，对于禁止超标排放的机动车上路行驶的措施，地方性法规可以作出具体规定。但依照《行政处罚法》（1996 年）第 11 条第 2 款的规定，地方性法规不得增设对机动车超标排放的罚款等行政处罚。[2] 地方性法规规定暂扣驾照是符合法律规定"不得上路行驶"的意旨的，但增加罚款的规定，并不能直接实现"不得上路行驶"的目的，且不符合法律的立法事实。

---

① 参见陈鹏：《合宪性审查中的立法事实认定》，《法学家》2016 年第 6 期，第 6 页。

② 参见《关于大气污染防治法等有关问题的询问答复》，《中国人大》2005 年第 16 期，第 51 页。顺便提及的是，《大气污染防治法》2015 年修订时，新增第 113 条，规定："违反本法规定，机动车驾驶人驾驶排放检验不合格的机动车上道路行驶的，由公安机关交通管理部门依法予以处罚。"

二、案件事实的认定

我们碰到一个案件，首先看到的是案件事实，而非案件背后的法条。但案件背后的法条对案件事实的认定具有重要的作用。

（一）案件事实的构成与描述

案件事实是生活事实的一种，它实质上是在两个层面或先后两个过程上而言的：其一是未经加工的案件事实，即客观真实存在的全景，可被称为全景式案件事实；其二是被描述的案件事实，经过描述的案件事实与全景式案件事实往往是有出入的，它只选取其中的某些点，被整理分析再进行介绍描述，而不会连无关的背景也杂乱无章地一并描述。被描述的案件事实可被称为特写式案件事实。

简单地说，特写式案件事实是由 7 个 W 构成的，即 when（何时）、where（何地）、who（何人）、whom（对谁）、what（何事）、how（如何）、why（为何）。描述清楚这 7 个 W，就可以大致说明案情。但并不是什么案件都需要完整地描述这 7 个 W，应根据案件的情况进行取舍。

描述案件事实的方法大致有三种：第一是历史描述，即按照案件的来龙去脉，逐一描述到案件的最后状态；第二是法律关系描述，即按照案件当事人的法律关系，择其相关要点，来描述案件事实；第三是请求权基础的描述，即为了行使某种请求权，根据其法律基础的要求，陈述满足其要件的案件事实。第二、三种方法已经涉及法条的应用，换言之，特写式地描述案件事实与法律事实之间已在逐步靠近。

（二）要件事实与案件事实的确定

为什么行政机关只调取某些证据去证明部分事实，或者说只是特写式地描述、证明案件事实呢？到底应该在哪些事实上进行特写式描述证明，才能满足法律适用的需要呢？

1. 要件事实论

通常而言，法律适用者会首先确定案件的争议点是什么，要解决这个争议需要证明哪些事实。而这些又要回到法条上。在碰到案件之后，法律适用者经初步梳理案情，凭借自己的经验，便能迅速地找到可能适用的法条（要么按照案件的性质去查找，例如火灾事故、交通事故、食品安全事件等，要么按照案件当事人的身份或类别去查找，例如医师、飞行员、公务员，未成年人等）。为了适用该法条，需要证明哪些事实，才能满足该法律规范的构成要件，进而确定案件的法律效果。这就是要件事实论的主张。所谓要件事实，是指法条构成要件中所记述的事实。

举例来说，在食物中毒事件中，某诊所给病人治疗后未上报卫生部门，后来食物中毒范围进一步扩大。《食品安全法》（2021年修正）第104条第1款规定：“医疗机构发现其接收的病人属于食源性疾病病人或者疑似病人的，应当按照规定及时将相关信息向所在地县级人民政府卫生行政部门报告。县级人民政府卫生行政部门认为与食品安全有关的，应当及时通报同级食品安全监督管理部门。”本案需要查明的事实有：哪一家诊所在何时收治病人？病因是什么？诊所是否知道该病因？要求报告的时间是多长？自诊断至案发时实际没有报告的时间有多长？如果证明误诊，则可能是适用《医疗事故处理条例》的问题了。

要件事实论有助于确定有待证明的事实。但问题在于：这与先有结论后去取证的做法有什么差别？如何防止先决定后取证，防止曲解法条、操纵事实？实务中，通常都是先有结论，再去描述事实，论证案件。这也正是法律经验的用武之地。但在要件事实论中，这种结论只是初步的，是随时都可以根据新发现的证据被推翻的。而在先裁决后取证的做法中，结论是确定的、不会改变的。但应该看到，这两种做法的心理过程是内在的，外在表现都是有了某些证据而确定某个事实。要防止后一种做法，要件事实论主张，就案件事实的证据公开辩论、相互质证，公开认定的过程。证据公开之后，经过辩论质证，就很难隐匿其他对主张者不利的证据。法律适用者在作出认定时，也必须充分说明采纳的理由。如此，经受了种种监督和考验之后，案件事实就很难被操纵了。

要件事实论的论证过程大致如下：

● 从案件出发，确定有待适用的法律规范

➢ 请求原因事实——要件甲事实（原告）

➢ 抗辩事实（被告）

——（1）非要件甲事实

（2）要件甲不适用，而要适用要件乙

➢ 再抗辩事实（原告）

…………

所谓请求原因事实，是指直接给诉讼标的提供基础的必要的充分事实。抗辩事实是指为了排斥请求原因事实发生法律效果的必要而充分的事实。再抗辩事实是指为了排斥抗辩事实发生法律效果的本质性事实。[①]

原告提出请求原因事实，主张适用要件甲。被告则提出抗辩事实，一种方法是请求原因事实本身不成立，另一种方法是请求原因事实固然成立，但要件甲在本案中不应适用，而应适用要件乙，乙是甲原则的例外。然后原告再提出再抗辩事实，被告再进行反驳。如此往复，在各自尽到主张责任之后，如果事实真伪仍然处于不明状态，则由承担举证责任者承担败诉的风险。而举证责任则要根据举证的公平、举证的难度来分配。按照《行政诉讼法》第 34 条的规定，由被告对作出的行政行为承担举证责任。故而，最后如果真伪不明，则应由被告承担行政诉讼败诉的风险。[②]

2. 主要事实的确定

《行政复议法》第 64 条第 1 款第 1 项规定，行政行为“主要事实不清、证据不足”的，行政复议机关决定撤销。而《行政诉讼法》第 70 条第 1 项还规定行政行为“主要证据不足的”，人民

---

① 伊藤滋「要件事実論の汎用性を示す要件事実論と基礎法学との協働に関する一考察」伊藤滋夫編著『要件事実論と基礎法学』（日本评論社 2010 年）3 頁参照。

② 相关探讨，可参见王贵松：《行政诉讼举证责任的再分配》，《法制与社会发展》2024 年第 6 期，第 95 页以下。

法院作出撤销判决。既然有主要事实，那就有次要事实；既然有主要证据，那就有次要证据。主要与次要的差别，便是判断行政行为合法性的关键所在。例如，在上海味利皇食品有限公司不服上海市卫生局卫生监督通报案中，上海市黄浦区人民法院认为：

> 被告根据初步的调查结果，认定原告生产的无糖月饼引起食物中毒的主要事实证据充分，为了维护消费者的合法权益，防止食物中毒危害扩大，被告按照《食品卫生法》的有关规定作出的通报行为，符合法定职权和程序。至于通报中反映的部分控制措施失实问题，并不影响通报行为的整体合法性。[①]

有学者认为，“行政机关认定一定的事实必须有必要的证据。所谓‘必要’，就是必不可少的，缺少了就不能认定相应事实。这种认定事实必不可少的证据就是‘主要证据’”。[②] 但究竟什么是必不可少的？其判断标准是什么？这仍然要回到要件事实论上来。

主要事实又被称为直接事实，是指在判断出现权利发生、变更或消灭的法律效果中直接且必要的事实，换言之，是与作为法条构成要件被列举的事实（要件事实）相对应的事实。[③] 证明主

---

① 上海味利皇食品有限公司不服上海市卫生局卫生监督通报案，国家法官学院、中国人民大学法学院编：《中国审判案例要览》（2000 年商事审判暨行政审判案例卷），中国人民大学出版社 2002 年版，第 514 页。

② 姜明安：《行政诉讼法》，法律出版社 2021 年第 4 版，第 338 页。

③ 参见［日］高桥宏志：《民事诉讼法：制度与理论的深层分析》，林剑锋译，法律出版社 2003 年版，第 340 页。

要事实的证据就是主要证据。与主要事实相对的是次要事实，即不影响案件定性，而只对案件的法律效果产生影响的事实。

这里需要注意主要事实和要件事实的关系。作为法律条文构成要件被列举的事实（要件事实）有的是抽象化的事实（在被表述为“事实”的场合），还有的则不是事实，而是一个评价性概念（规范性概念）。在法律条文中构成要件所记述的事实为要件事实（由于其中也有可能不是真正意义上的事实，正确地说，应当被称为“构成要件要素”或者“构成要件标识”），而使要件事实得以充实的具体事实则是主要事实，因此，在表述上也存在着“要件事实”与“主要事实”的明确区别。而且，关于“某要件事实（构成要件要素）所对应的是什么样的主要事实”之问题的考虑则属于法律解释上的问题，或者是事实与法律适用（涵摄）中的解释问题，因此，在性质上属于法解释领域的范畴，而不是事实认定领域的问题。①

（三）案件事实的审查与认定

在主要事实（直接事实）之外，还存在着间接事实和辅助事实。所谓间接事实，也被称为凭证（证据），是指借助经验法则及逻辑法则的作用，在推定主要事实过程中发挥作用的事实。例如，“突然资金周转不灵”的事实是可以用于推定“金钱的授受”这一主要事实的间接事实。所谓辅助事实，是指用于明确证据能

---

① 参见［日］高桥宏志：《民事诉讼法：制度与理论的深层分析》，林剑锋译，法律出版社 2003 年版，第 342～343 页。

力或证据力（证明能力）的事实。例如，当存在着某证人经常说谎或证人是当事人的朋友或亲戚等事实时，该证人证言的证明力就必然会降低，而这些事实就是典型的辅助事实。[①] 在案件事实的审查与认定上，间接事实和辅助事实都有重要的作用。

1. 证据的证实

证据，无疑是法律适用的关键所在。按照证据法学的原理，证据应当具有合法性、关联性和客观性。根据《行政诉讼法》第 33 条第 2 款的规定，“以上证据经法庭审查属实，才能作为认定案件事实的根据”。在尹某琰诉卢氏县公安局 110 报警不作为行政赔偿案中，法院认为，原告尹某琰主张的损失数额，有合法的依据，被告卢氏县公安局虽然对具体数额表示怀疑，但由于没有提供相关的具体证据予以否认，因此，对尹某琰主张的财产损失数额应予以认定。[②] 在合法性方面，前述廖某荣案中，交警一人执法成为案件的一大争点。违反法定程序收集的证据，那就是非法证据，不能作为定案根据。

2. 推定

推定并不是通过证据直接证明或验证的，而是通过一定的经验和规则对某一事实是否存在所作的判断。根据是否存在法律依据，有法律上的推定和事实上的推定两种类型。

法律上的推定或法律推定，是法律以已知的事实推出某一未

---

① 参见［日］高桥宏志：《民事诉讼法：制度与理论的深层分析》，林剑锋译，法律出版社 2003 年版，第 340 页。

② 参见尹某琰诉卢氏县公安局 110 报警不作为行政赔偿案，《最高人民法院公报》2003 年第 2 期，第 36 页。

知事实的存在。例如，2018 年《行诉法解释》第 34 条规定，根据《行政诉讼法》第 36 条第 1 款的规定，被告申请延期提供证据的，应当在收到起诉状副本之日起 15 日内以书面方式向人民法院提出。人民法院准许延期提供的，被告应当在正当事由消除后 15 日内提供证据。逾期提供的，视为被诉行政行为没有相应的证据。[①] 在点头隆胜石材厂不服福鼎市人民政府行政扶优扶强措施案中，法院指出，本案被告福鼎市人民政府收到起诉状副本后，在法定期限内仅提交了答辩状，没有提供制定鼎政办〔2001〕14 号文件的事实根据和法律依据，不能证明该文件是合法的，依法应予撤销。[②]

事实上的推定，或事实推定，是指根据经验法则从某一已知事实推断另一未知事实的存在。法律上的推定较少，但事实上的推定却较为常见，在证据之外，常常还需要事实的推理论证。在桐梓县农资公司（以下简称农资公司）诉桐梓县技术监督局（以下简称技术监督局）行政处罚抗诉案中，农资公司于 1989 年 10 月从湖北省黄梅县沙岭化工厂购进复混肥 360 吨（第三批到货 180 吨）。生产单位随该批复混肥仅出具了一张盖有“仅对化验样品负责”字样的检验报告单。该单上注明取样袋数为 20 袋，无批次和吨数，无检验人员签名。复混肥在销售时，有人反映质量有问题。农资公司即取样检测，结论为总养分含 12.6%（国标总

---

① 参见《最高人民法院关于执行〈中华人民共和国行政诉讼法〉若干问题的解释》[（法释〔2000〕8 号），以下简称 2000 年《行诉法解释》] 第 26 条第 2 款。

② 参见点头隆胜石材厂不服福鼎市人民政府行政扶优扶强措施案，《最高人民法院公报》2001 年第 6 期，第 212～213 页。

养分≥25%)。1989年10月20日，工商局、农资公司和黄梅县沙岭化工厂共同对查封的50吨复混肥抽样，但参加抽样的人员均没有取得市场商品监督员的资格证，抽样后也没有填写抽样联单。遵义地区产品质量监督检验所出具“仅对来样负责”的产品质量检验报告单，样品检测结果为总养分含25.50%。10月25日，工商局确认符合部颁标准，通知农资公司继续销售。11月18日，技术监督局根据举报派人对尚未销售的28.35吨复混肥进行抽样，检测结果为总养分含7.3%。技术监督局遂口头通知停止销售。因检测结果不一致，1990年1月22日，桐梓县严厉惩处经销伪劣商品责任者工作领导小组、技术监督局、工商局、农资公司、花秋供销社等单位联合对农资公司调往花秋供销社的尚未销售的6.72吨该批复混肥进行了抽样，检验结果为总养分含7.13%，结论为劣质复混肥。技术监督局遂对农资公司的180吨劣质复混肥作出行政处罚。

这一认定思路从6.72吨推导到180吨，固然可以从抽检的原理和技术规范上排除个别结论，而认定整个180吨复混肥为劣质复混肥，但仍缺乏若干必要的补充说明。其一，该180吨复混肥是同一个批次生产的，如果不属于同一个批次，那其原料成分可能是不一致的。贵州省高级人民法院再审时补充了这一信息，“技术监督局确认已销售的151.5吨复混肥与被抽查检测为劣质的复混肥是同一批次产品，证据是充分的”。其二，该复混肥在保存过程中不会因时间的流逝而大幅度丢失养分（1989年10月至1990年1月，养分是必然要流失的，否则施肥一次便一劳永逸了)。其三，该复混肥保存方法适当，没有发生雨淋等致使养分大量流失的情况。至少在补充说明了这些情况之后，由 6.72 吨推导到 180 吨才是合理的认定。

而最高人民法院则认为：

> 《工业产品质量责任条例》第七条、第九条、第十四条和国务院转发的国家技术监督局《关于严厉惩处经销伪劣商品责任者意见的通知》第三条规定：不合格的产品不准出厂和销售。经销复混肥必须有检验合格证。检验合格证上应注明生产厂名称、产品名称、批号、产品质量、生产日期及标准号，并须检验人员签名，加盖检验机关公章。经销无检验合格证的商品，视为伪劣商品。原审被上诉人农资公司购进的第三批 180 吨复混肥，只有一张盖有“仅对化验样品负责”字样的检验报告单，且未注明批号、吨数，也没有检验负责人的签字，属无效检验合格单，因此，该批复混肥应视为无检验合格证的劣质产品。不仅如此，该批复混肥经多次检验均不合格。①

上述认定思路是有很大差别的。最高人民法院首先从规范上作出评价，确定应当遵守的法律规范（经销无检验合格证的商品，视为伪劣商品）在案件中没有得到遵守，故而应视其为劣质商品；其次根据案件检验情况作出补充论证。当然，检验的补充论证仍然不免存在贵州省高级人民法院的问题。

3. 证明标准

所谓证明标准，是指证明的主体对案件事实及其他待证事实

---

① 桐梓县农资公司诉桐梓县技术监督局行政处罚抗诉案，《最高人民法院公报》1995 年第 4 期，第 129～130 页。

的证明所应达到的程度。这里来看看廖某荣案。① 廖某荣诉称：交警二支队的一名交通警察拦住正常行车的原告，说原告驾车违章掉头。原告当即申辩“没有违章掉头，你一个人躲在树林后面看不清楚”，但该警察不听申辩，当场制作 516 号处罚决定书，决定对原告处以罚款 200 元。原告提供的证据有两个：（1）交通违章缴款单，用以证明原告虽不服 516 号处罚决定，但仍依法缴纳了 200 元罚款；（2）行政复议决定书，用以证明原告在法定时间内提起行政诉讼。显然第一份证据只是证明了罚款事实的存在，第二份证据只是在证明起诉期限问题。真正证明是否违反禁令行车事实的证据是原告作为当事人的陈述。如此，在原、被告之间就形成了一对一的证据。而法院最终认定的证据只有被告提交的一份。如何认定证据的证明力，就成为法院判决的关键所在。对此，重庆市渝中区人民法院认为：

> 对廖某荣是否在此处违反禁令左转弯，虽然只有陶某坤一人的陈述证实，但(A)只要陶某坤是依法执行公务的人员，(B)其陈述的客观真实性得到证实，(C)且没有证据证明陶某坤与廖某荣之间存在利害关系，(D)陶某坤一人的陈述就是证明廖某荣有违反禁令左转弯行为的优势证据，应当作为认定事实的根据。②（字母序号系笔者所加。）

对于优势证据的认定，法院的逻辑是：(A)+(B)+(C)=D。法院判决中的(B)该如何证明呢？是从(A)中证明，还是(A)和

① 该案载于《最高人民法院公报》2007 年第 1 期，第 39～42 页。

② 《最高人民法院公报》2007 年第 1 期，第 41 页。

(B)根本就是一句话？从《最高人民法院公报》归纳的“裁判摘要”来看，其完整的表述是“交通警察对违法行为所作陈述如果没有相反证据否定其客观真实性”。[①] 换言之，(B)是需要证明的，而且不是由(A)来证明的。但本案中，明显是存在相反证据的，即原告的陈述。故而，法院实质的逻辑是：(A)＋(C)＞原告的陈述。

按照《最高人民法院关于行政诉讼证据若干问题的规定》(法释〔2002〕21号，以下简称为《行诉证据规定》）第56条第4项的规定，提供证据的人或者证人与当事人是否具有利害关系，是用来审查证据的真实性的。但(C)本身又是如何证明的呢？显然，陶某坤的陈述是事后收集的，而且是在被告被诉之后收集的。这时，陶某坤就很难说与原告之间没有利害关系，因为其作为执行公务的人员，自然要维护被诉行政处罚的合法性。故而，这里所要证明的其实是执法人员在案件之前与原告之间没有个人利害关系。对此姑且不论，(C)也只是证明被告证据真实性的必要条件之一，而非充分条件。换言之，从陶某坤和原告之间没有利害关系，并不能推导出陶某坤的陈述就是真实的。

法院认为陶某坤的陈述属于优势证据，换言之，陶某坤的陈述具有更强的证明力。从法院的推理来看，“(A)＋(C)＞原告的

---

① 《最高人民法院公报》2007年第1期，第39页。此后的法院判决多受到公报上刊载的这一判词的影响。例如，在张某波与沈阳市公安局交通警察支队沈河区大队道路交通行政处罚纠纷上诉案中，一审法院指出：“对原告是否在此处违反禁令跨越该右侧单黄实线，虽然只有洪某野一人的陈述证实，但洪某野是依法执行公务的人员，其陈述客观真实，且原告自认与洪某野没有利害关系，洪某野的陈述就是证明原告有违反禁令跨越单黄实线行为的优势证据，应当作为认定事实的根据。”这一认定亦为二审法院所认可［参见辽宁省沈阳市中级人民法院（2008）沈行终字第148号行政判决书，2008年5月30日］。

陈述”仅仅是因为陶某坤系依法执行公务的人员。对于为什么执行公务的人员提供的证据就更具优势，法院并没有作出说明。有学者认为，“与公文文书具有优势证据地位的原理类似，交通警察陶某坤作为依法以交警二支队名义履行行政处罚权的执法人员，他就当场行政处罚事实所作的当事人陈述，或可被视为优势证据”。[①] 但论证执法人员的陈述具有优势地位是有难度的。一般而言，鉴于公务员代表国家公信力，公务员受过培训以及公务员撒谎的后果重于一般人，公务员的陈述可以具有一定优势地位。但作出这种认定的前提是公务员与具体的案件无关。而行政处罚行为系由执法人员作出，再由执法人员口头陈述证明行政处罚行为的合法性，这有悖于自然公正的原则。故而，在这种简易程序的案件中，或许行政处罚决定书本身所记载的事实可以作为证据被使用，而且这种证据的载体是行政处罚决定书，是公文文书。执法人员的陈述只是对行政处罚决定书的进一步解释说明而已。根据《行诉证据规定》第 63 条第 1 项的规定，国家机关以及其他职能部门依职权制作的公文文书优于其他书证。因此，行政处罚决定书所记载的事实应具有优势证据的地位。但是，这只是推定，如有反证，自可推翻。反证的情形有很多，例如相关路口有电子监控有关单位却拒绝提供录像、交警有罚没指标、[②] 交警与

① 宋华琳：《当场行政处罚中的证明标准及法律适用——“廖宗荣诉重庆市公安局交通管理局第二支队道路交通管理行政处罚决定案”评析》，载季卫东主编：《交大法学》（第 1 卷），上海交通大学出版社 2011 年版，第 266 页。

② 虽然《道路交通安全法》第 86 条明确禁止这种做法，但现实中是屡禁不止。本案中作出行政处罚的时间为月末的 7 月 26 日，似有捕风捉影的可能。

被处罚人有个人的利害关系等。

故而，法院对优势证据的如此认定虽确系一种创造，补充了证据规则的不足，但尚可进一步缜密化。这里可以将《最高人民法院公报》归纳的裁判摘要作如下改造：

> 依法根据简易程序作出的行政处罚决定书对违法行为所作的记载，如果没有相反的可佐证的证据否定其客观真实性，且没有证据证明执法的交通警察与违法行为人之间存在个人的利害关系，行政处罚决定书对违法行为所作的记载应当作为证明违法行为存在的优势证据。

行政处罚决定书对违法行为所作的记载被推定为证明违法行为存在的优势证据，是否意味着行政处罚决定书就可以成为定案根据呢？毕竟行政处罚决定书所记载的事实只是很可能真实而已。在这种情况下，法院要根据这些证据作出裁判，证明标准的选取便成为最终作出认定的关键。在理论上，关于行政诉讼的证明标准有诸多说辞，少数学者直接否定证明标准的存在，[①] 多数学者则承认证明标准，根据情形将其划分为三个梯度，即排除合理怀疑标准、明显优势证据标准（清楚而有说服力的证明标准）和优势证据标准。[②] 没有证明标准的存在，像本案这种一对一证

---

① 参见张卫平：《证明标准建构的乌托邦》，《法学研究》2003 年第 4 期，第 64～68 页。《行诉证据规定》在起草讨论时尚有专门规定，但最终版本却删除了，或许就是因为存在争议，研究并不充分的缘故。

② 参见甘文：《行政诉讼证据司法解释之评论——理由、观点与问题》，中国法制出版社 2003 年版，第 173～181 页。关于国外行政诉讼证明标准的简介，可参见高秦伟：《论行政诉讼的证明标准》，《证据科学》2008 年第 4 期，第 397～400 页。

据的案件就无法裁判了。本案中，法院选取了“优势证据”的表述，或许意在选取优势证据标准吧。但如此标准是否有实定法的根据呢？

《道路交通安全法》对于证据调取的要求仅体现于第 87 条第 2 款中，即“应当依据事实和本法的有关规定对道路交通安全违法行为予以处罚”，对于事实要被证明到何种程度，并无规定。而《行政处罚法》作为行政处罚的一般法，对于调查取证的要求是有规定的。1996 年《行政处罚法》第 30 条对于行政处罚决定提出的一般要求是，“依法应当给予行政处罚的，行政机关必须查明事实；违法事实不清的，不得给予行政处罚”。其标准是事实清楚。对于怎样才属于“查明”了事实，1996 年《行政处罚法》在简易程序和一般程序中又分别作出规定。对于简易程序，第 33 条规定的标准是“违法事实确凿”；对于一般程序，第 36 条规定“必须全面、客观、公正地调查，收集有关证据”。虽然简易程序要求的是“违法事实确凿”，但没有要求进行“全面、客观、公正地调查”，这说明这里的“确凿性”并非确凿无疑，而是清楚明了、一见即明，其证明的程度要低于普通程序的要求。在道路交通案件中，依据简易程序作出的处罚是警告和 200 元以下的罚款。[①] 相对而言，对被处罚人的侵害是比较轻微的。故而，对于这样的行政处罚决定，在法律已经对其证明程度作出区分的情况下，法院选取优势证据的证明标准，具有合理性。

① 参见《道路交通安全法》第 107 条第 1 款。

三、判断与法律事实的认定

案件事实的认定和法律事实的认定看上去似乎是两个阶段，即先确定案件事实，后看其是否符合法定的构成要件，但实质过程却并非如此。

（一）法律事实认定的过程

已如前述，案件事实的认定过程是这样的：先是有具体的生活事实，出现了一定的纷争，然后寻找相应的法条，确认并描述案件的事实。这个过程中已经有了一次法律的适用。“作为陈述的案件事实之终局形成，取决于可能适用于该事件之法规范的选择，而这项选择却又一方面取决于判断者已知的情境，另一方面取决于他对于——案件事实所属的——规范整体之认识如何。”①

在确定案件事实之后，要对其作出评判，看其是否符合法律要件的构成要素，如果符合，该案件事实就被认定为法律事实。从案件事实到法律事实的认定过程，实质上存在一个解释的循环，但这一循环却并非原地打转，而是诠释学上的循环。

案件事实是一个能够用证据证明的客观事实，属于实然的存

① ［德］卡尔·拉伦茨：《法学方法论》，陈爱娥译，商务印书馆2003年版，第164页。

在，而法律事实是一个价值或规范的判断，属于应然的评价。要跨越从实然到应然的鸿沟，需要说理论证的搭桥，需要判断和解释的沟通。

（二）必要的判断

在判断案件事实是否符合法律要件的构成要素时，判断者需要作出各种不同种类的断定。法律适用的重心不在最终的涵摄，而在于就案件事实的个别部分，判断其是否符合法律要件中的各种构成要素。①

1. 以感知为基础的判断

关于事实的陈述，通常以感知为基础。个别的感知可以和日常经验相结合，形成一定的观念形象。例如，超重、超载等，都是看到一定的社会现象（车胎被压瘪了，客车上塞满了人）后，再根据日常的经验感知，认定其属于超重或超载。这种感知是可以被证明的。

2. 以对行为的解释为基础的判断

感知只能接触到人类行为的外观部分，而大多数人类行为是有目的取向的作为。之所以能理解这些作为是基于我们由自己或由他人而得的经验，根据这种经验，可以对行为的通常目的作出注解，让他人理解这种行为。以先前经验为基础的解释，是相当重要的。

① 参见拉伦茨对此的研究，［德］卡尔·拉伦茨：《法学方法论》，陈爱娥译，商务印书馆 2003 年版，第 165～177 页。

3. 借助社会经验而取得的判断

判断特定事实是否为法律构成要件所指称的事实，还需要借助社会经验。在应有的状态和实际的状态出现不同时，我们或许称之为“缩水”“瑕疵”。但值得注意的是，社会经验或“一般经验法则”通常只是勾勒出轮廓，并不能保证确实、可靠的判断。一个是要确认经验仍然存在，仍然正确，另一个是可能存在判断余地。

4. 价值判断

如果欠缺可用的经验法则，判断者则必须比较衡量各种事实，依据法律规定的标准去评断各种事实的重要性，即要进行价值判断。例如，同样的违章建筑，拆甲不拆乙，显然不公平，构成显失公正。

5. 留给法律适用者的判断余地

有待判断的事实可能正好发生在许多相似却又各自有不同判断的事件的边界上。当法律不以确定一定数量的方式来划定界限时，法律就欠缺精确的界限而留有中间地带，在此中间地带作出这种或那种裁判，均无不可。例如，白天与夜间、树木与森林、一般过失与重大过失、成绩及格与不及格之间便难以划定精确的界限。

在行政法理论上，常常将事实问题与法律问题进行区分，进而区分法院的审查强度。因行政机关对事实问题较有经验，故应尊重行政机关的事实认定；因法院对法律适用更有经验，故应对行政机关的法律适用进行严格审查。但这种观点或许更多的是建立在有关事实问题与法律问题的英美法系传统上：事实问题由陪审团来判断，而法律问题则由法官来审查。[①] 在大陆法系中，往往不具有这种区分的制度基础。而且，正如前文所述，法律事实当中不仅有事实问题，也有法律问题，两者交织在一起。在我国行政审判实践中，法院以“主要证据不足”为由撤销原行政行为的，占据了一半，有超过 1/5 的撤销判决以此为唯一理由。[②] 这在很大程度上也反驳了这一学术主张。

（三）法律行为的解释

在行政行为的形式中，单方的行政决定和双方的行政协议均为法律行为，两者都可能存在意思表示的解释问题，两者的解释具有相似性。[③] 这里仅以行政决定的解释加以说明。

1. 行政决定的解释

相对而言，在法律事实中，法律事件的认定是简单的，而法律行为的认定则较为复杂，因为法律行为不仅有外在的事实，更有内在的意思表示。有时，需要对该意思表示作出解释，才能确定该法律行为的具体内容。其过程就是这样的：

Ⅰ. 出现一定的行为或争议；

Ⅱ. 行政机关作出处理（确定法律效果的意思表示，即行政决定）；

---

① 参见王名扬：《美国行政法》（下），中国法制出版社 1995 年版，第 682 页。美国法上通常运用实质性证据标准对事实问题进行审查，参见前揭书，第 683～685 页。

② 参见何海波：《行政诉讼法》，法律出版社 2022 年第 3 版，第 419 页。

③ 行政协议的解释，可参见指导案例 76 号“萍乡市亚鹏房地产开发有限公司诉萍乡市国土资源局不履行行政协议案”。

Ⅲ. 因行政决定的内容不明确，行政机关又对行政决定进行解释（解释性行为，释明、补充）。

无论是法院还是私人，所要面对的行为除行政决定之外，还包括对该行政决定的解释。当然，行政决定可能因为内容不明确，而被认定为违法。这里所谓对行政决定的解释是一种广义的解释，大致采两种方式：其一是解释行政决定，其二是补充行政决定。

（1）解释行政决定。

解释行政决定与解释法律、解释其他法律行为存在一定的差异。它区别于法律解释，它不是在解释法律规范，而是在解释行政决定：法律规范是抽象的，而行政决定却是具体的；法律规范是一般性的，而行政决定却是与个案的当事人相连的。它也区别于对合同的解释，它不是在探寻双方当事人的意图，而只是在解释行政主体一方的行为。它还区别于遗嘱解释，遗嘱解释是在立遗嘱者已经去世时由其他有权者对遗嘱进行解释，而行政决定往往由行政主体自身来解释，而且行政主体自身不会消亡，除非国家消亡。

在行政决定中意思表示的解释上，常有意思主义、表示主义和折中主义三种立场。意思主义是指在从表示行为合理推测出来的效果意思与内心真实的效果意思不一致时，遵从内心的效果意思。表示主义则是指不论意思表示者的真实意思如何，仅遵从由表示行为合理推测出来的效果意思。折中主义则是要区分不同的情形，在前两种立场上寻求协调。在行政法上，原则上应实行表示主义。其原因在于：其一，行政决定系由行政主体作出，组织体的主观意志不易推测；其二，这是保护私人正当合理的信赖的需要。

在解释的方法上，行政决定的解释与法律解释并无多大的差异，常常也借鉴法律解释中的文义解释、体系解释、目的解释等方法来解释。

（2）补充行政决定。

在行政决定所表现出来的意志通过狭义的解释尚无法明确时，这时可能就需要补充行政决定。例如，某行政机关作出1 500罚款，却没有写上货币单位，但在中国的语境之下，通常都是人民币“元”。故而，行政机关进行补充，将“1 500 罚款”改为“1 500 元罚款”。应当说，这是解释所无法完成的工作，却又在民众普遍能接受的范围之内。故而，这种行政决定的补充仍然可以被置于广义的行政决定解释之下，且并未改变行政决定本身，亦非独立的行政决定。补充行政决定针对的是行政决定的明显错误，这种错误表现为无须其他方式就可以发现行政决定预期目的与表明的目的之间存在明显矛盾，这种错误常见的有误写、误算、表述不明、机械故障等几种类型。①

当然，这里还存在一个能否补充的问题。例如，《行政许可法》第 38 条第 2 款规定，“行政机关依法作出不予行政许可的书面决定的，应当说明理由”。如果行政机关作出不予行政许可的决定却未说明理由，能否补充说明呢？在我国的地方立法上，存

① 参见姜明安主编：《行政法与行政诉讼法》，北京大学出版社、高等教育出版社 2024 年第 8 版，第 211 页（叶必丰执笔）。

在允许事后补充的做法。例如，《江苏省行政程序条例》第 64 条第 1 款第 1 项规定，“未说明理由，当事人、利害关系人对事后补充说明理由没有异议的”，“行政决定应当予以补正或者更正”。但是，从法律上看，应当说明而未说明理由，属于程序上的违法。按照《行政诉讼法》第 74 条第 1 款第 2 项的规定，这至少会被判决确认违法。[①]

2. 行政决定解释的司法审查

行政决定的解释，是行政决定与对其解释的结合。如此，在行政诉讼中，私人应该告什么？法院应该审什么？法院应该根据什么来审？

在一起土地权属争议的案件中，2004 年 12 月，柳河县政府分别向三道沟村及龙山村就两村在刘成沟相邻的土地发放了集体土地所有权证，后两村因土地边界问题发生纠纷。2008 年 4 月 15 日柳河县政府依据两村土地登记内容作出了“关于五道沟镇三道沟村与龙山村土地所有权界线的说明”（以下简称“说明”）。吉林省通化市中级人民法院认为：柳河县政府具有处理本案土地争议的法定职权，柳河县政府根据当事人申请，依照土地登记档案，委托专业人员对两村土地边界进行现场测绘和确定，应属履行了法定职责。“说明”认定事实清楚，适用法律正确。遂判决维持“说明”。

但吉林省高级人民法院撤销了一审判决，驳回一审原告三道

① 参见王贵松：《论行政裁量理由的说明》，《现代法学》2016 年第 5 期，第 44～45 页。

沟村村民委员会的起诉。其理由在于：

> 根据柳河县政府所提供的证据（两册土地登记簿）及其对《说明》形成过程和制作目的所作的叙述，应当认定《说明》是对土地登记簿中文字注记的界址点位和权属界线的技术解析，是对已有土地登记内容的释明，其效力从属于土地登记簿。因此《说明》不是一个独立的对外直接发生法律效力的具体行政行为，其本身不具有可诉性。[①]

有学者认为“这一裁定是值得商榷的”。[②] 其理由在于，行政决定的解释本身构成一个独立的行政行为，可以被起诉和审查。[③]

在行政决定的解释并未改变行政决定的内容，而只是在对其内容作进一步说明时，该解释并未改变当事人的权利义务，解释自身不产生法律效果，发生法律效果的只是原来的行政决定，行政决定的解释行为不符合行政决定的成立要件，不构成行政决定，自然不能成为行政诉讼的审查对象。故而，私人只能就原行政决定而不能就行政决定的解释提起行政诉讼。私人如果对行政决定本身没有争议，而只是对行政决定的解释不服，仍然要以行政决定为对象提起行政诉讼，诉讼理由是行政决定的解释内容不合理。法院在审查时，也应当审查行政决定自身的合法性，但可以审查解释是否合乎行政决定应有的内涵，以此作为判断行政决

---

① 柳河县五道沟镇三道沟村村民委员会诉柳河县人民政府《关于五道沟镇三道沟村与龙山村土地所有权界线的说明》案，吉林省高级人民法院（2008）吉行终字第41号行政裁定书，2008 年 11 月 14 日。

② 何海波：《行政诉讼法》，法律出版社 2022 年第 3 版，第 175 页。

③ 参见何海波：《具体行政行为的解释》，《行政法学研究》2007 年第 4 期，第 9 页。

定合法性的根据，在作出裁判时也应以行政决定为对象。在行政决定的解释超出了行政决定所能涵盖的范围时，可以将行政决定的解释视为新的行政决定，私人可以诉请撤销该解释，并请求法院责令行政机关作出合理的解释。法院这时就可以单独审理行政决定的解释，进而撤销该解释。

第 5 章　法律效果的确定

所谓法律效果，是指从法律上影响相对人的权利和义务，即设定或剥夺相对人的权利，设定或免除相对人的义务，或变更相对人的权利义务。法律效果的确定，既是法律适用的最后一步，也是法律适用的目的所在。

一、法律要件的适用

在确定法律效果之前，先来总结一下法律要件的适用。法律要件适用之后，才是法律效果的确定。

（一）规范与事实的关系

法律规范与案件事实之间的差别是明显的，前者是应然的评价，后者是实然的存在。在学术史上，关于实然与应然的关系存在三种基本观点。第一，实然与应然是一致的（“一元方法论”）。

传统的唯心主义自然法学说、托马斯·阿奎那、新托马斯主义者、黑格尔持如此立场。第二，实然与应然是不一致的（“二元方法论”)。康德、新康德主义者（如凯尔森、拉德布鲁赫)、法实证主义者（贝格鲍姆、索姆洛）持如此立场。第三，实然与应然是等值的，相互关联（“对立方法”)。黑格尔主义者（舍恩菲尔德、宾德、拉伦茨)、阿图尔·考夫曼、温弗里德·哈斯默尔、拉德布鲁赫（后期）等持如此立场。① 在这三种基本观点中，在现代有较大影响的是后两种。秉持各自立场，二者在法律适用的模式和方法上都有所差别。在二元方法论中，关系只会在实然与实然之间、应然与应然之间发生。

例如，《治安管理处罚法》第62条第3款规定：盗用、冒用个人、组织的身份、名义或者以其他虚假身份招摇撞骗的，处5日以下拘留或者1 000元以下罚款。当张三谎称是武当山的和尚进行化缘时，如果秉持方法论上的二元论——应然与实然的绝对对立，那么，在法条上的“以其他虚假身份招摇撞骗”与张三的行为之间是永远无法画等号的。

“应然与实然在结构上纠缠在一起，实然之中包含着应然的成份，应然之中包含着实然的成份。”② 普遍存在而广为接受的实然中就存在着一个当为的应然要求，不如此作为就形同异类；应然如果得不到广泛的遵守，那也只不过是一纸空文。规范与事实之间的关联在于：规范是对事实的评价。考夫曼指出：“如同制

---

① 参见［德］阿图尔·考夫曼、温弗里德·哈斯默尔主编：《当代法哲学和法律理论导论》，郑永流译，法律出版社2002年版，第135页。

② 郑永流：《法律判断形成的模式》，《法学研究》2004年第1期，第145页。

定法只能考虑到拟规范之可能的生活事实而具体化，法也只能考虑到拟判决之现实的生活事实而实在化。规范作为一种应然，根本无法从自身产生真实的法，它必须加入存在。只有在规范与具体的生活事实、当为与存在，相互对应时才能产生真实的法。或者简言之：法是当为与存在的对应。”①

（二）法律要件的适用过程

本书第 4 章“法律事实的认定”中实际上已经涉及了法律要件的适用，但还只是法律要件中个别构成要素的适用。整个法律要件的适用过程与其类似，这里再从总体上予以归纳。

1. 涵摄与等置之争

在法学方法论中，案件事实与法律要件之间处于何种关系，存在着两种模式之争。传统理论认为，将某个具体案件置于法律的事实构成之下，即将小前提置于大前提之下，或把小概念置于大概念之下，形成判断，得出结论。依据一个法律规范对一个案件进行推论，这就是“推论模式”，它似可用传统概念“涵摄”（Subsumtion）来表示。而恩吉施则在传统概念之外，增加了等置的内容，且重在等置。将其用于同类案件中，也就是将某个具体案件纳入法律概念，即由法律规范的抽象事实构成所标明的案件类别中，目的是解决不能直接将某个具体案件置于法律的事实构成之下时如何形成法律判断的问题。而考夫曼则在恩吉施主张的基础上，提出了他所主张的“等置模式”。②

---

① ［德］亚图·考夫曼：《类推与“事物本质”——兼论类型理论》，吴从周译，学林文化事业有限公司 1999 年版，第 41 页。

② ［德］卡尔·恩吉施：《法律思维导论》，郑永流译，法律出版社 2004 年版，第 60 页译者注。

一般所理解的涵摄过程是这样的：

∵完整的法条

案件事实属于构成要件的情形之一

∴法律效果

涵摄的实质是规范与事实之间具有相同点。而所谓等置，即等同处置。等同处置，其实质在于在规范与事实之间寻找相似点，故而根据平等原则要作出类似处理。推论模式在等置模式下仍有适用的空间，只不过被限制到最低限度了。

2. 规范与事实之间的顾盼流连

对于法律要件适用的过程，恩吉施有一句脍炙人口的描绘："在大前提与生活事实之间来回顾盼"。[①] 展开来说就是：规范向着事实具体化，事实向着规范抽象化，逻辑的归纳和演绎不断交互，寻找规范与事实之间的相似点。

案件事实是一个实然的存在，而法律要件是一个应然的可能，两者之间如何才能对应起来呢？一个相对简单的案子是"夫妻看黄碟案"。警察没有搜查证进入张某的诊所，是不是法律上说的侵入公民的住宅？我们需要通过解释在法律大前提与案件的判决之间，插入使推论容易作出的东西。[②] 案件中张某的诊所在夜间被用来居住，而法律要件中的住宅可以被具体化为可以居住的房子，可以居住的房子又可以被分解为白天用来生活的房子和

---

① ［德］卡尔·恩吉施：《法律思维导论》，郑永流译，法律出版社2004年版，第72页。

② 参见［德］卡尔·恩吉施：《法律思维导论》，郑永流译，法律出版社2004年版，第78页。

夜间用来居住的房子，这样，“诊所”与法律要件中的“住宅”就可以通过“夜间被用来居住”等诸多中介找到相似性，因而等置了。

再举一个相对复杂一点的案子。某司机涂改了车牌，被交警发现。在处理时双方发生了争议：涉牌时适用《道路交通安全法》还是适用《治安管理处罚法》？各地做法不一，有的地方处以罚款，有的地方则施以行政拘留。

2021 年《道路交通安全法》第 95 条第 2 款、第 90 条规定：故意遮挡、污损或者不按规定安装机动车号牌的，处警告或者 20 元以上 200 元以下罚款。该法另有规定的，依照规定处罚。第 96 条第 1 款规定：伪造、变造或者使用伪造、变造的机动车登记证书、号牌、行驶证、驾驶证的，由公安机关交通管理部门予以收缴，扣留该机动车，处 15 日以下拘留并处 2 000 元以上 5 000 元以下罚款；构成犯罪的，依法追究刑事责任。

而 2025 年《治安管理处罚法》第 63 条规定，有下列行为之一的，处 10 日以上 15 日以下拘留，可以并处 5 000 元以下罚款；情节较轻的，处 5 日以上 10 日以下拘留，可以并处 3 000 元以下罚款：(1) 伪造、变造或者买卖国家机关、人民团体、企业、事业单位或者其他组织的公文、证件、证明文件、印章的……(5) 伪造、变造船舶户牌，买卖或者使用伪造、变造的船舶户牌，或者涂改船舶发动机号码的。

案件事实十分清楚，但适用法条时遇到了一定麻烦，最大的问题在于机动车号牌的定性。解决了这一争议焦点之后，涂改车牌行为的性质，《道路交通安全法》与《治安管理处罚法》的关系是否要认定等问题，也会迎刃而解。

争点之一：车牌是“号牌”，还是“国家机关、人民团体、企业、事业单位或者其他组织的公文、证件、证明文件、印章”？

显然，车牌属于号牌的一种。在“国家机关、人民团体、企业、事业单位或者其他组织的公文、证件、证明文件、印章”中，与号牌相关的是国家机关的证件。应当说，国家机关的证件是一个不确定法律概念，从保护证件公信力的目的来说，国家机关的证件除国家机关自身的证件之外，还应包括国家机关颁发的证件，例如身份证。这是一个法条的具体化过程。根据 1998 年 5 月最高人民法院、最高人民检察院、公安部和国家工商行政管理局联合发布的《关于依法查处盗窃、抢劫机动车案件的规定》，“伪造、变造、买卖机动车牌证及机动车入户、过户、验证的有关证明文件的，依照刑法第二百八十条第一款的规定处罚”，即伪造、变造、买卖国家机关证件罪。但 2007 年 5 月 11 日施行的《最高人民法院、最高人民检察院关于办理与盗窃、抢劫、诈骗、抢夺机动车相关刑事案件具体应用法律若干问题的解释》第 2 条则仅将行驶证、登记证书列为伪造、变造、买卖国家机关证件罪的保护对象，未对机动车号牌作出规定。

那么，涂改车牌的目的又是什么？其目的在于逃避追查，转嫁责任，妨碍公安机关调查，它与车牌的特定化证明功能有关。这是一个事实的抽象化过程。

争点之二：涂改是属于“遮挡、污损或者不按规定安装”，还是属于伪造、变造？

遮挡、污损或者不按规定安装，并不改变车牌自身，而是在车牌之外采取了措施。而伪造是将非车牌改造成车牌，变造是将此车牌改造成彼车牌。涂改车牌是在车牌上进行的，属于变造车牌的行为，故而，应适用《道路交通安全法》第 96 条的规定，同时亦可适用《治安管理处罚法》第 63 条的规定。

争点之三：《道路交通安全法》与《治安管理处罚法》的关系的认定。

认定两者关系的前提在于两者有竞合关系，否则不存在一般法与特别法的关系认定。在《道路交通安全法》第 96 条和《治安管理处罚法》第 63 条之间确实存在着竞合，而变造车牌相对于变造国家机关的证件而言，更为明确具体，可为特别规定，故而应适用《道路交通安全法》第 96 条。另外，《道路交通安全法》系于 2004 年开始实施，在 2007 年、2011 年、2021 年也被修改过，而《治安管理处罚法》则自 2006 年开始实施，并于 2012 年和 2025 年两次修改。这时就很难说是新的一般规定与旧的特别规定如何适用的问题。而且，根据比例原则，涂改车牌的危害通常还达不到行政拘留的地步。

二、逻辑论证与法律效果的确定

应当说，规范上的法律效果不等于个案中的法律效果。规范上的法律效果只是一个应然的可能，只有经过行政行为确定之后，才能转化为特定私人所享有的法律效果。在规范上法律效果有裁量空间时更是如此。如果行政机关对某人作出“处五日以上十日以下拘留，可以并处五百元以下罚款”的决定，该决定将因行政行为内容的不明确而违法，进而被撤销。而处5日拘留，并处200元罚款的决定，绝非行政机关拍脑袋随意作出的，而是要经过逻辑论证等手段方可获致。

（一）司法三段论与法律效果的确定

按照亚里士多德三段论的形式，将小前提带入大前提，就可得出结论。但法律效果的确定却往往比三段论逻辑复杂得多，即便在司法三段论中，也有诸多规则和界限需要把握。

1. 司法三段论的运用

司法三段论模式可简单地表示如下：

大前提：抽象的一般的法律规范

小前提：具体的案件事实

结　论：法律的判断

但任何案件的法律效果都不可能经由一次三段论的运用而最终确定，需要在法律要件的适用和法律效果的确定中加入若干中间因素。

举例而言，甲在路边用炭火烤羊肉串，交通管理部门对其处以100元罚款。如何得出这一法律效果呢？

∵《公路法》第46、77条规定：任何单位和个人在公路上及公路用地范围内摆摊设点，造成公路路面损坏、污染或者影响公路畅通的，由交通主管部门责令停止违法行为，可以处5 000元以下的罚款。

∵ 甲在路边用炭火烤羊肉串

∵ 该地段属于公路用地

…………

（∵）∴ 甲是在公路用地上摆摊设点污染环境

∴交通管理部门有权责令其停止违法行为，并可以处 5 000 元以下的罚款

∵ 甲造成污染的情形不严重

∴ 交通管理部门责令其停止，并罚款 100 元

2. 司法三段论的界限

传统的定言三段论以概念为考察单位，在处理能力上存在几个原理性的界限：第一，将单称命题（甲是 P）当作全称命题（凡 S 是 P）来对待；第二，可以处理个体所具有的“性质”，而难以适当地处理个体间成立的“关系”；第三，作为推论大前提的法律规范很难是全称命题。在现代逻辑学上，已经容易解决前两个问题，但对第三个难题仍然难以处理。[①]

构成大前提的法条必须是完整的法条，法律要件的要素特征必须完全地被列举，拟被涵摄的法律事实必须具备系争法律构成要件及其要素的一切特征。[②] 即便如此，将案件事实带入法律要件，尚需进行必要的判断。这种判断却是司法三段论自身所无法实现的。法律判断“本质上是基于正义感综合性、概括性的价值

① 高橋文彦「要件事実論と法論理学——法的三段論法を超える法的推論モデルについて」伊藤滋夫編著『要件事実論と基礎法学』（日本評論社 2010 年）141～147 頁参照。

② 参见黄茂荣：《法学方法与现代民法》，自刊行，2021 年增订 7 版，第 288 页。

判断。要适当而准确地作出这样的判断，与法社会学、法哲学等基础法学之间的互动就必不可少”。[1]

（二）论证模式与法律效果的确定

将逻辑方法应用于法律效果的确定中，有助于加强结论自身的可接受性，但它不能确保结论的正确性，因为逻辑本身是一个客观的工具，其大前提的确定、小前提的证成均非逻辑自身所能完成的，当然，这也并非逻辑所要完成的任务。在法律效果的确定上，在逻辑之外，或者在逻辑的基础上，除哈贝马斯的商谈模式、阿列克西的程序性法律论证模式等之外，还有更为基础的图尔敏论证模式（参见图 5－1）。

哲学家图尔敏（Stephen Toulmin）对非形式逻辑的卓越贡献在于建立了一种论证理论，对逻辑数学化提出了挑战。他抛弃了传统的前提、结论和假设的说法，代之以新的论证元素。论证的第一步是提出一个特定的主张（claim，C），第二步是提出该主张的理由或根据（data，D），作为该主张的基础而提出的理由就相当于法律中的证据。虽然该主张有了某些理由，但它仍会受到一些人的质疑，主张者需要提出一个完全不同种类的命题：一个规则、原则或其推论出的许可（inference-license），图尔敏称之为保证（warrant，W）。这些保证有些像法律规则或法律原则。这三步组成了一个论证的简易形式。如果该保证的可接受性受到质疑，就

---

① 河村浩「要件事実論と基礎法学・科学的アプローチ——裁判官の視点から」伊藤滋夫編著『要件事実論と基礎法学』（日本評論社 2010 年）141～147 頁参照。

需要对该保证提出佐证（backing，B），该佐证将表明保证建立在什么权威或来源之上。有时要加一个列举例外情况的抗辩或反驳（rebuttal，R）。在一些案件中，如果必须明确应用在所涉及案例上的保证范围，一个程式限定（qualified，Q）是必要的。①

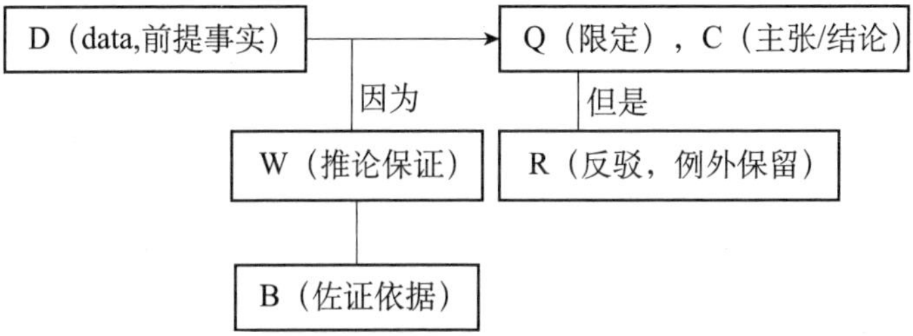

图 5－1 图尔敏论证模式

这一论证模式已非传统的三段论，它可以将逻辑之外的知识、经验和判断清楚地展现出来。将图尔敏论证模式适用于法律论证中，W 推论保证即相当于法律规范，B 佐证依据即相当于法律和判例等。

三、行政裁量与法律效果的确定

法律效果的确定从过程上看是运用逻辑、论证的手段达致的，从实体来看，却是通过行政裁量来实现的。在案件事实定性

① 参见［荷］伊芙琳・T. 菲特丽丝：《法律论证原理——司法裁决之证立理论概览》，张其山、焦宝乾、夏贞鹏译，商务印书馆 2005 年版，第 39～40 页。

之后，适用了法律要件，解决了法律效果能否确定的前提问题，行政机关还要进一步考察要件事实之外的其他因素，行使裁量权，确定法律效果。

(一) 效果裁量的类型

如前所述，行政主体适用法律的过程大致是这样的。首先，查找证据，确定事实。行政主体只有依据经过质证的证据才能确定事实，其结果要么是某一事实，要么不是某一事实，而不存在选择的余地。故而，并不存在行政裁量。在具体的案件中，行政主体对行政相对人的确定没有选择裁量的余地。[①] 其次，寻找到相应的法律，并解释法律。法律规范的构成要件多由不确定法律概念构成。行政主体虽可以通过对相关法律条文进行引证、法律解释、征诸社会一般观念等方法将不确定法律概念具体化，但对其不确定性或多义性是不能被否认的。行政主体在具体化这些不确定法律概念的问题上享有一定的自由。行政主体对法律概念的解释，虽然部分是一种认识和判断，使自己的认识符合法律的要求，但也有一部分是意志和选择，需要对模糊的中间领域进行填补，它与对法律效果的选择并没有本质的不同，故而，我们可以称之为裁量。再次，将已经确定的事实带入法律，看其是否符合法律要件。究竟要对案件事实作出怎样的法律评价，这往往需要

① 在现代三面性乃至多极性行政法律关系中，对利害关系人的确定则存在一定的裁量余地，毕竟关于利害关系的确定标准、远近程度，是可以有不同认识的。当然，利害关系人的确定可能主要还是在程序的裁量上，即到底通知谁参与某种行政程序，而不是对事实认定裁量。

丰富的经验和大量的专门知识。所谓专业技术性裁量，多数存在于此间。法律要件的判断到此结束。最后，就是如何处理的问题。行政主体可以根据判断的结果，作出是否采取措施的决定。如果决定采取措施，则需要进一步确定采取何种措施、何时采取，又要通过何种程序采取这种措施。其中，实体上的问题集中于决定裁量和选择裁量。

1. 决定裁量

行政主体在等置过程完成之后，就需要确定法律效果。在法律规范中常常有着“可以”式规定，即行政主体“可以”作出某处理决定。① 行政主体是否要作出处理，这涉及法律的授权，法律授权行政主体根据具体情形进行选择，虽然这种选择有时候也受到很大的限制，应该说，这里存在着行政裁量。在理论上，我们一般称之为“决定裁量”、“行动裁量”或“决策裁量”。如果法律规范规定，存在某某情形“应当”如何处理，则不存在决定裁量。有时候，法律既没有规定“可以”，也没有规定“应当”，例如《治安管理处罚法》第 26 条规定“有下列行为之一的，处警告或者五百元以下罚款”，但这里一般应理解为羁束性的“应当”，没有决定裁量的空间。

2. 选择裁量

在决定作出处理之后，行政在所要采取的措施上也存在着裁量。法律可能规定着这样那样的处理措施（例如前引《治安管理处罚法》第 26 条规定的“警告或者五百元以下罚款”），有时也

① 例如，《治安管理处罚法》第 14 条规定盲人违反治安管理的，可以从轻处罚，该法类似的规定中共有 52 个“可以”；《行政许可法》中的“可以”有 32 个。

会使用不确定法律概念加以限定（例如《人民警察法》第 17 条第 2 款规定的“可以采取必要手段”），有时甚至没有规定任何有所限制的措施（所谓“空白授权”），究竟采取哪种措施，立法者也是授权行政主体根据具体案件进行选择。在理论上，我们一般称之为“选择裁量”或“措施裁量”。这种裁量首先要进行补充法律要件的限缩，然后才能选择。例如，几百人哄抢超市，警方派出两名警察维持秩序显然是不足的，警方除决定出警之外还应加入出多少警力方可平息骚乱的考量。

对于法律效果的确定，是否采取措施，采取何种措施，只有具备丰富经验和深厚专业知识的主体才能作出合理的决定。立法者根本无法一一以明确的方式加以规定，而只能将其委托给行政主体根据具体的案件进行裁量。这也是不可能将行政裁量基准统统法律化的原因。当然，赋予行政主体以裁量权的同时，立法者也可能通过法律来对裁量的权限、程序、目的等作出规定，以规范裁量权的适当行使。

（二）法律要件的补充

尽管行政机关享有效果裁量的权限，但也并非可以随意裁量，裁量必须是合乎目的的。行政机关必须考虑案件事实定性之外的其他事实，再根据比例原则和平等对待等法律原则、先例或习惯等规则、裁量基准等限缩自己的裁量权，寻求较为确定而可靠的裁量决定；在此基础上，仍然不能得出唯一妥适的决定的，则由行政机关自由裁量。例如，根据《医师法》第 55 条第 5 项的规定，医师违反法律、法规、规章或者执业规范，造成医疗事故或者其他严重后果，由县级以上人民政府卫生健康主管部门责令改正，给予警告；情节严重的，责令暂停 6 个月以上 1 年以下执业活动直至吊销医师执业证书。究竟是给予警告还是责令暂停执业，是暂停 6 个月还是暂停 1 年，抑或是吊销医师执业证书，看上去是由卫生健康主管部门自由决定的，但合理的行政不应如此。从警告、暂停 6 个月到 1 年乃至吊证，在惩罚力度上是有差别的。到底要选取哪一种处罚，实际上还要看医师违法的事实和情节。比较理想的做法是，卫生健康主管部门根据以往的经验，制定出处罚的裁量基准，明确何种情况下应该施以何种处罚。这也是在通过补充法律要件来确定大致的法律效果。但此后的具体案件中的法律效果，则还是需要行政裁量，在诸如 6 个月至 7 个月一档中多 1 天或少 1 天，一般不会发生滥用裁量权的问题，除非因违反先例而违反平等对待原则。

1. 补充法律要件的必要性

近年来，我国各地行政机关普遍制定了行政处罚的“裁量基准”或“统一裁量指导意见”，2021 年修改的《行政处罚法》第 34 条规定，“行政机关可以依法制定行政处罚裁量基准，规范行使行政处罚裁量权。行政处罚裁量基准应当向社会公布”。2022 年，国务院办公厅专门发布《关于进一步规范行政裁量权基准制定和管理工作的意见》（国办发〔2022〕27 号），对行政裁量基准提出要求。裁量基准一方面对法律要件中不确定法律概念进行类型化解释，另一方面也包括对不同法律效果的具体细化。它以行政规范性文件的形式规定了行政裁量在不同情形下的考虑因素，对原先较为宽泛的裁量幅度区分了不同情形分别予以规定。这一做法或许也表明，行政机关是在通过补充要件来缩小裁量的空间。

为什么行政机关要补充要件而不是随心所欲选择法律效果呢？这是因为行政机关负有根据宪法上的平等原则行使行政权的职责，相同的情况应该得到相同的处理，行政机关没有合理的理由即不得给予相同的私人以不同的对待。同时，行政机关也要受到比例原则的拘束，只能根据正当的目的和合适的手段处理一定案件，而不能畸轻畸重恣意武断。实践中的行政裁量基准就是要将这些不同的情况和相应的处理明文化，形成自我拘束的机制，指导行政公务人员具体裁量，使其裁量公平化、合理化。当然，应该承认一点，规则（基准）就是规则（基准），法律要件永远不可能等同于案件事实，规范上的法律效果也不等于案件中确定的法律效果。规则的有限与案件的无穷之间存在着无法弥合的缝隙，法律效果上的裁量客观上是会存在的。即使行政机关通过不断的试验和经验的积累，无数次地细化裁量基准，也难以穷尽一切裁量情形，故而，效果裁量是无法消灭的。在第一次裁量之后，从理论上说，通过平等对待原则的作用，第二次在处理同样案件时的裁量实际上已经为第一次的裁量所决定了，这时原来的裁量空间已经在法律规范和平等对待原则的作用下被缩减，乃至被唯一确定。但这也只是从理论上说的，现实中对这种先例的判断就带有一定的不确定性。

2. 补充法律要件的方式

从宪法上的平等原则和比例原则等对行政权的拘束出发，行政机关在确定法律效果的过程中首先要补充法律要件，这种补充可能是明示的（例如有裁量基准），也可能是默示的（例如明确说明的理由）。但从良好行政的角度来说，行政机关应当说明自己实际补充的要件，以便做到以理服人，也便于接受监督。常见的补充法律要件的方式有以下两种：

（1）如果存在事实甲的情形，行政机关可以采取措施 A、B。

→如果存在事实甲且出现事实乙，行政机关可采取措施 A。

这是很多行政实务中订立行政裁量基准的做法，其目的在于进一步限制自身的裁量权，确保公正地对待私人。

（2）如果存在事实甲的情形，行政机关可以采取措施。

→如果存在事实甲的情形，而且 a. 危及的是人的生命，b. 危险迫切，c. 知道危险的存在并有措施可以制止……则行政机关必须采取措施。

对于可以式规定如何裁量才符合法律要求，实际上是需要根据案件的实际情形补充法律要件来确定的。例如，法律规范虽然规定的是“可以”，但根据具体情形（主要是发生行政裁量收缩的情形），可能会将其解释为“应当”，本来的决定裁量被压缩为零，变成羁束，法律效果于是被确定。[①] 用规范来表示就是，将“如果存在事实甲的情形，行政机关可以采取措施”转换为“如果存在事实甲的情形，而且 a. 危及的是人的生命，b. 危险迫切，c. 知道危险的存在并有措施可以制止……则行政机关必须采取措施”。

补充之后确定法律效果的过程并未完结，仍然需要行政机关凭借自身的经验和政策考量作出适当的选择，才能最终确定某个案的法律效果。

① 关于行政裁量收缩论的介绍，可参见王贵松：《行政裁量的构造与审查》，中国人民大学出版社 2016 年版，第四章。

第 6 章　行政法适用的正义保障

在《孟子·离娄上》第十七章中有一段精彩的对话：

> 淳于髡曰：男女授受不亲，礼与？
>
> 孟子曰：礼也。
>
> 曰：嫂溺，则援之以手乎？
>
> 曰：嫂溺不援，是豺狼也。男女授受不亲，礼也；嫂溺援之以手者，权也。
>
> 曰：今天下溺矣，夫子之不援，何也？
>
> 曰：天下溺，援之以道，嫂溺，援之以手。子欲手援天下乎？

这里阐明了“礼”与“权”或者说“经”与“权”的关系。经是通常的规则，权是权宜变通的办法。“经权说”历来有诸多争论，如何用好经与权而不违于道，对行政法适用的技艺亦富有启发意义。

一、方法问题：兹事体大

行政法的适用方法看似个案中的小问题，却包含着重要的法理。不同的人可能选取不同的适用方法，进而得出不同的结论，但这能否在行政法上得到证成，能否在事实上行得通，能否真正得到执行，则是颇有疑问的。方法问题，兹事体大。

（一）方法的选择是法律观问题

方法论的背后隐含着法律适用者的法律观。法律适用者眼里的“法”，决定了他在适用时会选择什么样的方法，遵守什么样的界限。

1. 制定法

法律适用者面对的法大致有三种：其一是制定法，其二是习惯法，其三是自然法或法理。能作为适用依据的仅仅为制定法，还是包括习惯法、自然法或法理在内？如果什么样的法都能作为适用依据，那么法律适用权的界限也就被去除了大半，几乎就不存在类推、目的性扩张、目的性限缩等问题了。法律适用依据应仅限于制定法。理由在于：第一，制定法中体现出立法者与执行者的分离要求。这是近代宪法的基本要求之一。习惯法、自然法乃至法理均不存在制定的问题，实践中往往是由法律适用者来确认的。第二，在行政法中，制定法要么是全国人大及其常委会的法律、地方人大及其常委会的地方性法规，要么是国务院的行政法规、有立法权的行政机关制定的行政规章。制定法要根据《立法法》、《行政法规制定程序条例》和《规章制定程序条例》等规定的法定程序来制定。经过起草、审议和通过的一系列程序，制定法的质量也有了保障。法律和地方性法规首先体现的是民主，行政法规和规章首先体现的是技术和理性。

这里尚有三点需要说明。第一，虽然法律适用者应适用制定法，但这不等于说习惯法、自然法等在法律适用中没有意义；在解释制定法时，可以借助习惯法等来进一步说明。第二，即便是制定法，也不必然拘束法律适用者。制定法本身应当符合宪法，符合基本权利的根本规范。法律适用者要在整个法律体系中来适用某一个法条，他可能运用冲突规则等选择这一法条而排斥另一法条的适用。第三，对于制定法与自然法之间的关系，应当认为自然法不在制定法之外，不在制定法之上，而在制定法之中。自然法在制定法之外，意味着制定法与自然法无关，制定法可以无视自然法的存在。自然法在制定法之上，意味着制定法要受到自然法的拘束，但也可能会形成自然法破坏现行法秩序的局面。自然法应当在制定法之中，它对制定法发生拘束效力，两者融为一体，对制定法的解释应当符合自然法的要求，自然法要求的实现也必须借助制定法。

2. 由规则和原则构成的制定法

虽然将裁判依据限定于制定法，但对制定法的理解也因人而异：是仅仅为制定法中的规则，还是能进一步包括法的原则和目的？通说认为，制定法除包括法律规则外，还应当包括法律原则。法律规则是对法律原则的具体化，包含着法律原则的要求，但毕竟不同于法律原则。法律原则更为抽象，延展度更大，能承载正义和理性之间的过渡。因人类理性的有限性和社会生活的变动不居，法律规则在具体化法律原则时，有可能不尽完善，甚至可能偏离法律原则的要求。

（二）方法的选择是宪法问题

方法的选择并非任由法律适用者裁量，诚如德国法学家魏德士指出，“方法问题是宪法问题”。[①]

1. 法律适用与权力分工

无论是行政机关还是法院，一切法律适用者均应以法律为前提，受到法律的约束，并无造法的权限。我国《宪法》第 131 条规定：“人民法院依照法律规定独立行使审判权。”法律适用者不能披着解释的外衣篡夺立法权。宪法设定了不同的机关和职能，相互之间即不可随意取代、僭越。在现有法律无法解决问题时，法律适用者应当寻求通过立法或修法的途径去解决，而非操弄法学方法，去制造所谓正义。法律是实现正义的一种方式，而且是首要的方式，不过也不能指望法律适用解决一切正义问题。

在行政法上，不仅有行政机关、法院相对于立法机关的从属性，还有一点特别之处在于，某些行政机关本身有立法权，可以

① ［德］伯恩·魏德士：《法理学》，丁小春、吴越译，法律出版社 2003 年版，第 315 页。亦可参见［德］伯恩·魏德士：《方法问题即宪法问题?》，汪西兴译，《南大法学》2024 年第 3 期，第 167 页以下。

制定行政法规、部门规章或地方政府规章。易言之，某些行政机关既有法律适用权，又有行政立法权。但行政立法有其界限存在，不能超越上位法。在上位法之下，行政立法更多的是在具体化上位法，使其更适合现实，更易于操作。在行政立法没有自主创制空间的领域中，行政机关也不可以立法之名行造法之实。当然，即便是行政立法，也要遵循依法律立法，并且不得违反法律。

法律体现着民主，执行法律让法律适用行为具有了民主正当性。如何确保法律适用者受法律的拘束，就成为选择方法必须考虑的问题。

2. 平等对待与法的安定性

《宪法》第 33 条第 2 款规定："中华人民共和国公民在法律面前一律平等。"法律适用者同样受平等原则拘束，要做到同案同判、同种情况同种处理，确保公民的平等权实现。

法的安定性是法治国家原则的必要内容。一定程度上，法的安定性是平等原则的当然要求，因为平等原则不仅要求法律适用者在同一案件中对同种情况作出同种处理，还要求法律适用者做到前后一致。为此，法律适用者应当公开法律适用的步骤，就案件的争议点展开说理论证。这不仅是法律监督、拘束法律适用权的需要，也是促进法律执行的需要。一方面，方法的选取受到一定的制约，论证的过程因为监督的存在而更为合理，法律适用的结论也将更为可靠，这是法安定性的一大保障。另一方面，对法律的充分说理论证，有助于人们对法律的理解，进而自觉地执行法律，扩大对法律的共识，促进法的安定性。

二、输入正义的方法：行政法原则的适用

按照德国法学家拉德布鲁赫的观点，正义、合目的性、法的安定性为法的三大理念。但他将正义和合目的性作为法律的第二大任务，而将所有人共同认可的法的安定性，即秩序和安宁作为法律的第一大任务。[①] 正义固然重要，但一般不能以正义为名破坏法的安定性。行政法的适用要追求正义，但正义的追求不以破坏整体秩序为代价。行政法原则或许就是这中间的纽带。

（一）行政法原则的功用

行政法原则“储存”诸多公平、正义和民主的价值，属于行政法的根本规范。概括而言，行政法原则存在于行政法之中，可以打开规范的天窗，接纳正义的阳光。同时，因为行政法原则属于行政法的组成部分，适用行政法原则也不会破坏法的秩序。我们可以通过行政法原则，获得更广泛的共识，获得行政法体系的正义性和融贯性。

按照法律化的程度，行政法原则大致可以分为两类。有一些原则已经以条文的形式在法律上被成文化地表现出来，可称之为

① 参见［德］G. 拉德布鲁赫：《法哲学》，王朴译，法律出版社 2005 年版，第 74 页。

法律原则。法律原则是可以直接适用的。有一些原则尚未以条文的形式在法律上被明确规定，但内含于法律中，可称之为法的原则。德国学者拉伦茨称前者为“法条形式的原则”，称后者为“开放式”原则。当然，两者之间是流动的，而没有生硬的区分。①

行政事项繁杂，变化万千，不可能全部囊括于成文法之中。一般法原则是法的原则的一种，这里着重指在行政法中尚未被成文化而在行政法或其他实定法中得到普遍认可的法的原则。诚实信用原则、信赖保护原则、比例原则等均是如此。行政法上的一般原则，可以具有替代制定法的功能，可以补充或者调和制定法的欠缺。“一般法律原则具有超越法域和超越文化的性质，可以作为各种法律制度共同的最低道德标准和规范基础。”② 值得指出的是，一般法原则并不是自然法，但也不完全是实定法的内容。它实际上企图走出自然法和实定法争论的两难，开辟第三条道路。③ 自然法的正义追求被实证化，但是又没有完全实证化，内含于整个法秩序之中，却又若隐若现。它在实定法与自然法或者正义之间架起了一座桥梁。一般法原则在法律适用上是有其重要作用的。但是，一般情况下，它是不能直接适用的原则，它“只能在寻找适用法的过程中运用，且只能在实证化了的法律原则的

① 参见［德］卡尔·拉伦茨：《法学方法论》，陈爱娥译，商务印书馆 2003 年版，第 353 页。

② ［德］汉斯·J. 沃尔夫、奥托·巴霍夫、罗尔夫·施托贝尔：《行政法》（第 1 卷），高家伟译，商务印书馆 2002 年版，第 254 页。

③ 参见［德］考夫曼：《法律哲学》，刘幸义等译，法律出版社 2004 年版，第 66 页。

解释空间的框架中运用”。[①] 法院是否可以单独适用一般法原则？是否会因过于抽象、内容贫乏而无法作出正确的具体裁决？这些是值得考量的。一般法原则的应用更多的还是在法律推理方面，为法院引入法律的正义提供说理论证。

（二）行政法的规则与原则的冲突

在整个行政法律体系之中，法律原则可以由个案归纳而来，也可以是法的价值的具体化，其地位低于法律目的和价值，而高于法律规则，法律规则是法律原则的具体化。“法律原则是规则和价值观念的汇合点。”[②] 法律原则在法律价值的指导下对法律规则加以调整，为法律规则提供某种基础或根源性的、综合性的、指导性的价值准则。也正因为如此，有学者认为，法律原则可以成为法律体系建构的基础，是形成法律体系的一种方法。[③] 行政法原则的效力自然高于具体的法律规则。在法律体系中，也要发挥出法律原则的作用。如果法律规则违反了行政法原则，或者两条法律规则相互冲突，就需要以某个行政法原则为准绳加以调整和选择。而如何将作为法律原则的行政法原则加以适用，则还是一个值得研究的问题。

当然，从理论上来说，法律原则和法律规则的冲突是很难成

---

① ［德］N. 霍恩：《法律科学与法哲学导论》，罗莉译，法律出版社 2005 年版，第 310 页。

② ［英］尼尔·麦考密克、［奥］奥塔·魏因贝格尔：《制度法论》，周叶谦译，中国政法大学出版社 2004 年版，第 90 页。

③ 参见黄茂荣：《法学方法与现代民法》，自刊行，2021 年增订 7 版，第 480 页。

立的。因为法律规则必定对应着某一法律原则，违反某一条规则，也就违反了依法律行政原则。这时，只需要认定其违反该法律规则，依据依法律行政原则予以撤销即可。真正的法律原则和法律规则冲突，是指符合某一项规则，或者缺乏相应的规则，但违反另一项法律原则。所谓法律原则和法律规则的冲突由此就转化为某法律原则与依法律行政原则之间的冲突问题。但现实中，常常出现用法律原则否定法律规则的做法。这种做法有时有简化论证之嫌，但有时因某些论证较为简单，被一眼望穿而无须写明，进而又有一定的合理性。有时适用法律原则的目的仅仅在于补充、加强论证。

由于法律原则的内容相当抽象，它必须具体化，才能作为其他法律规定的解释或补充的基础。它一般不能直接适用于个案，而必须要先以构成要件加以确定、规范化，并借助法律或司法裁判的具体化，才能成为裁判的基准。[①] 法律原则和法律规则是有其差别的。法律规则具体设定了法律要件和法律后果，而法律原则只是提供一个盖然性的指导。在适用上，一般说来，首先适用具体、明确的法律规则，这是符合人们认识事物的经验的。而且，法律规则的制定具有立法程序的保障，比个案中对原则的宽泛裁量更合乎民主和理性。当法律有具体的规则时，也说明立法者有具体的指引，法律适用者不能不首先考虑这种具体的指引。这也是立法权对裁量权的一种限制要求。具体化法律原则的方式可能有很多种，立法者已经制定了法律规则，从而也就作出了自己的

① 参见黄茂荣：《法学方法与现代民法》，自刊行，2021 年增订 7 版，第 563 页。

安排和选择，法律适用者一般应予尊重，因这是其权力合法性的来源。法律适用者只有在适用法律规则产生疑问时，才能上溯到法律原则来考察法律规则的正当性问题。

到底在什么情况下应当适用法律原则呢？有学者作了一个很好的总结：第一个条件是“穷尽规则”。穷尽法律规则，方可适用法律原则。第二个条件是“实现个案正义”。法律原则不得径行适用，除非旨在实现个案正义。第三个条件是“更强理由”。若无更强理由，不适用法律原则。基于某一原则所提供的理由，其强度必须达到足以排除支持此规则的形式原则，尤其是确定性和权威性。①

在方林富炒货店诉西湖区市监局、杭州市市监局工商行政处罚及行政复议案中，方林富炒货店在店铺里使用了“最高级”的宣传用语，被西湖区市监局处以 20 万元罚款。2018 年《广告法》第 57 条第 1 项规定，发布被禁止的广告的，“由市场监督管理部门责令停止发布广告，对广告主处二十万元以上一百万元以下的罚款”。虽然杭州市市监局以最低线的 20 万元作出罚款，仍然被认为处罚过重。浙江省高级人民法院再审指出：“在对广告违法行为实施行政处罚时，除适用广告法的具体规定确定处罚种类及幅度以外，还应当遵循行政处罚法确定的基本原则和制度，综合全案事实考量是否存在从轻、减轻或者不予行政处罚等情形。”综合全案事实，该法院判决变更被诉行政处罚决定之罚款金额为

① 参见舒国滢：《法律原则适用中的难题何在》，《苏州大学学报（哲学社会科学版）》2004 年第 6 期，第 19 页。

10万元。[①] 这就是用过罚相当原则否定了2018年《广告法》第57条第1项规定的适用。当然，理论上对此也有一定批评。炒货店使用的宣传语是否属于《广告法》规范的广告，应该是首先应予讨论的问题。

司法实践也确认了一条适用规则，即存在具体规则的，应优先适用，否则构成法律适用错误。2002年11月15日发生一起交通事故，藤县公安局交通警察大队作出认定：韦某光对无证驾驶无牌两轮摩托车，造成自身受伤、车辆损坏的事故，自负责任。王某壮驾驶不按规定装载的两轮摩托车，在没有确保安全的情况下通行，违反《道路交通管理条例》（1988年，2004年失效）第7条第2款和第30条第7项的规定，碰到倒在地上的韦某光，造成韦某光左大腿受伤的交通事故，应负后一事故的全部责任。广西梧州市中级人民法院认为：

> 上诉人在作出责任认定时，只适用《道路交通管理条例》，没有适用《道路交通事故处理办法》，属适用法律错误。因为该条例只是解决交通安全、认定当事人有无违规问题，是认定当事人是否违章的依据，属于管理性规范，该规定不能直接得出当事人如何承担事故责任的逻辑结论；而《道路交通事故处理办法》是强行性规范，是直接针对当事人违反条例后如何处理的问题，它才是责任认定和告知当事人有权申请上级公安机关重新作出责任认定的法律依据，上

---

① 参见浙江省高级人民法院（2019）浙行申64号行政裁定书，2020年1月2日。

诉人在交通事故责任认定中没有对其加以适用。[①]

我国法院在司法实践中也开始运用法律原则来审理案件。在行政案件的审判中，法院也曾运用法律原则，而且常常是那种“开放式”的原则。其典型者为正当法律程序原则、诚实信用原则、比例原则等。

1. 法律原则的适用

即使是这种可以直接适用的法律原则，也要受到诸多限制。“有具体法律规则可得适用时，不得适用法律原则，除非适用法律的具体规定会导致明显不公平、不正义的结果，即适用法律‘禁止向一般条款逃逸’”。[②] 这实际上是对法律适用者的一种警惕，防止法律适用者违背立法意旨，滥用其裁量权，毕竟法律原则的裁量空间是非常大的。

在蒙某诉东莞市公安局交通警察支队清溪大队（以下简称清溪交警大队）行政处罚案中，2015 年 3 月 4 日蒙某驾驶摩托车与邢某江驾驶的电动车发生交通事故，两辆肇事车辆同为轻型机动车，均未悬挂号牌。作为驾驶员，蒙某持 C1 驾驶证，邢某江无任何准驾车型驾驶证。清溪交警大队于 2015 年 4 月 7 日作出交通事故认定书，认定蒙某、邢某江负同等责任。2015 年 4 月 13 日清溪交警大队对蒙某作出行政处罚决定书，针对驾驶无号牌机动车的违法行为处罚 200 元并记 12 分，针对驾驶与驾驶证载明的准

① 韦某光诉藤县公安局交通警察大队道路交通事故责任认定案，国家法官学院、中国人民大学法学院编：《中国审判案例要览》（2004 年行政审判案例卷），中国人民大学出版社、人民法院出版社 2005 年版，第 83 页。

② 刘治斌：《论法律原则的可诉性》，《法商研究》2003 年第 4 期，第 11 页。

驾车型不相符车辆的违法行为处罚 1 000 元并记 12 分，两者合并处罚 1 200 元并记 24 分。针对事故的另一肇事者邢某江，同样是无证驾驶无牌机动车，清溪交警大队对邢某江并没有作出行政处罚，清溪交警大队对此给出的理由是：(1) 邢某江的妻子（邢某江所载乘客）受伤住院需要被照顾；(2) 是否处罚邢某江与本案没有关联；(3) 如果需要对邢某江进行处罚，随时可以追加处罚。蒙某不认可清溪交警大队的上述理由，认为邢某江与本案是有关联的。同为交通事故的当事人，双方都违反了交通规则，应同样受到行政处罚，只处罚其中一方有失行政执法公平性。

一审法院认为，清溪交警大队对于蒙某的交通违法行为作出的行政处罚认定事实清楚、证据充分，遂驳回蒙某的诉讼请求。二审法院指出：

> 平等对待原则是行政法平等原则的重要内容，也是贯穿行政执法始终的行为准则。行政机关在行使法律、法规授予的行政执法权时，必须平等对待行政相对人，同样情形同等处理，做到不偏袒、不歧视、不随意。《中华人民共和国行政处罚法》第四条第一款“行政处罚遵循公正、公开的原则”的规定也即上述原则的体现。本案中，蒙某与邢某江是同一交通事故的当事人，两人均为无证（或与准驾车型不符）驾驶无牌机动车，在事故中负同等责任。但清溪交警大队在明知两人存在同类违法行为的情况下，只针对蒙某施以行政处罚，而对邢某江不施行政处罚且无正当合法理由，有违平等对待原则。因此，对蒙某的行政处罚，属于《中华人民共和国行政诉讼法》第七十条第（六）项所列的“明显不

当”情形，依法应予撤销。[①]

在这一案件中，一审法院着重适用了依法律行政原则，二审法院则着重适用了平等对待原则，以平等对待否定了依法律行政。

2. 法的一般原则的适用

法的一般原则或一般法原则如何适用？这是一个现实的问题，在法院不能正常运用法律推理，一解释法律就容易犯错误的情况下更成为问题。应该说，将诚实信用、信赖保护等作为一般法原则来适用，不是一种“造法”行为，而是一个法律适用的技术问题。重点在于一般法原则的证成。“原则上不能抽象叙述，一般法律原则在论证上有何种效力方式，而只能依个别事例来解说”。[②]

在益民公司诉河南省周口市政府等行政行为违法案中，河南省高级人民法院运用了“诚信原则”的一般法原则，而最高人民法院则称其“既违反了法定程序，又损害了益民公司的信赖利益”。[③]

信赖保护原则的适用相对于诚信原则在行政法中的适用，则要简单一点，毕竟它已经实现了部分的法律化，在《行政许可

① 广东省东莞市中级人民法院（2015）东中法行终字第 277 号行政判决书，2015 年 11 月 25 日。需要说明的是，对于行政主体违法的行政处理是不能要求平等对待的，参见涂某诉云阳县双江镇人民政府等移民安置补偿案，重庆市第二中级人民法院（2006）渝二中行终字第 64 号行政判决书，2006 年 9 月 15 日。

② ［德］考夫曼：《法律哲学》，刘幸义等译，法律出版社 2004 年版，第 267 页。

③ 益民公司诉河南省周口市政府等行政行为违法案，《最高人民法院公报》2005 年第 8 期，第 27～28、32 页。

法》中被明确地肯认。如此，适用信赖保护则仅需要作“个别类推”即可。也就是说，首先，将《行政许可法》中关于信赖保护规定的构成要件分析出来；其次，分析待适用的案件，看其适用情形是否与《行政许可法》中信赖保护的适用情形相似，如果确认相似，而且两者的不同之处不足以排斥给予同等评价，则将《行政许可法》中的信赖保护原则适用于类似的案件之中，因为基于平等对待的宪法原则，对于相同的案件应该作出相同的评价。这样，信赖保护原则即可适用于没有法律化的领域。

（三）行政法原则与原则的冲突

在存在明确的法律规则时，行政机关依据该规则作出处理决定，仍然可能产生不公正的结果。在法律规则缺乏解释的空间时，或许只能诉诸行政法原则来寻求正义了。但因为行政机关依据法律规则作出处理决定，其依据在于依法律行政原则，这时的冲突就变成了依法律行政原则与其他原则之间的冲突。行政法原则之间的冲突常见的有平等原则与依法律行政的冲突、信赖保护原则与依法律行政的冲突。

对于法律原则之间的冲突，很难有某一原则必然高于另一原则的明显冲突规则，而只能通过利益衡量去解决冲突。在德国，这种法律原则的相互冲突是运用“个案中的法益衡量”方法去解决。拉伦茨通过总结德国联邦宪法法院的裁判，归纳出法益衡量的具体步骤：首先，依据宪法的价值秩序，是否存在一种法益明显优越于其他法益。相较于其他法益（尤其是财产性利益），人的生命和尊严具有较高的位阶。言论自由和信息自由因对于民主社会具有结构性意义，也具有比其他基本权利更为崇高的地位。其次，在大多数案件中，要么是位阶相同的权利间存在冲突，要么是涉及的权利如此歧异，根本无从抽象比较。这时，法益衡量一方面取决于应受保护法益被影响的程度，另一方面取决于假使某种利益须作出让步，其受害程度如何。最后，尚需适用比例原则、最小侵害或者尽可能微小限制的原则。根据比例原则，为保护某种较为优越的法价值须侵及一种法益时，不得逾越实现目的所必要的限度。[①] 显然，这种个案中的法益衡量仍然在法益大小、受影响的轻重、何谓最小侵害等方面存在着裁量空间。法律原则的适用不可能获得如法律规则那般的确定性。

三、理性与正义的保障：多维度的综合论证

行政法的解释和适用方法主要服务于法律理性的目标。而行政法原则的价值判断则主要服务于法律正义的目标。在行政法的适用中，应当努力同时实现两大目标。但要在个案的法律适用中确保理性和正义，这绝非易事，需要多维度的综合论证。

（一）多种方法的综合运用

如果能够用多种方法达致同一个结果，那么，该结论将具有

① 参见［德］卡尔·拉伦茨：《法学方法论》，陈爱娥译，商务印书馆 2003 年版，第 285 页。

较强的说服力，往往也能同时满足理性和正义的要求。

例如，在韦某某诉泸州市公安局江阳区分局（以下简称江阳区公安分局）行政处罚案中，2004 年 8 月 16 日晚，江阳区公安分局检查某美容美发城时，发现韦某某正在包间内接受女性服务员“乳房按摩”服务。江阳区公安分局认定其有嫖娼行为，对韦某某予以警告并处罚款 4 500 元，要求二人当场缴纳罚款。韦某某缴纳罚款后，不服，申请行政复议，后又诉至法院。四川省泸州市江阳区人民法院认为：认定韦某某接受异性“乳房按摩”服务的行为属嫖娼行为的主要证据不足，致定性不准、适用法律错误，依法应予撤销。但对韦某某接受异性“乳房按摩”服务的行为，应当依法予以处理。四川省泸州市中级人民法院认为，上诉人江阳区公安分局作出的公安行政处罚决定书中认定韦某某嫖娼的主要证据不足，致适用法律错误。

公安机关的依据是《公安部关于对同性之间以钱财为媒介的性行为定性处理问题的批复》（公复字〔2001〕4 号），该批复指出：“根据《中华人民共和国治安管理处罚条例》和全国人大常委会《关于严禁卖淫嫖娼的决定》的规定，不特定的异性之间或者同性之间以金钱、财物为媒介发生不正当性关系的行为，包括口淫、手淫、鸡奸等行为，都属于卖淫嫖娼行为，对行为人应当依法处理。”公安部的批复只是一个规范性文件，其是否具有法律效力，是本案中的法律问题。这涉及对限制人身自由的行政处罚的规定可否运用价值补充的方法进行解释的问题。对此，四川省泸州市中级人民法院主审法官在案后发表了长篇解说，运用多种方法否定了批复的适用。

首先，法官从法律解释的角度对“卖淫嫖娼”作出限定。(1) 文义解释：卖淫嫖娼应当是以金钱财物为代价的性交易，双方有性交的目的和行为。这是中国传统上社会公众对卖淫嫖娼的解释。(2) 系统解释：《治安管理处罚条例》（已失效）第 30 条第 2 款规定，“嫖宿不满十四岁幼女的，依照刑法第一百三十九条的规定，以强奸罪论处”。刑法也规定了组织、引诱、容留、强迫卖淫罪，嫖宿幼女罪，但是，在刑事案件中，组织、引诱、容留、强迫妇女实施上述“乳房按摩”的行为，接受不满 14 岁的幼女“乳房按摩”的行为并不构成上述罪名。因此，法律上的卖淫嫖娼是以双方有性交目的为前提的。(3) 历史解释：全国人大常委会在《关于严禁卖淫嫖娼的决定（草案）的说明》中指出，“新中国成立后，我们在很短的时间内就根除了旧社会遗留下来的丑恶的娼妓制度，但是近年来，在一些地方，卖淫嫖娼活动又蔓延起来”。这说明立法目的是打击与旧社会娼妓制度相同性质的卖淫嫖娼，而不是打击在该规定颁布、实施之后逐步发展起来的以财物为媒介的口淫、手淫等活动。所以法律上卖淫嫖娼必须是异性之间以性交为目的的行为。公安部的批复与法律的规定相冲突，不具有法律的效力。

其次，法官认为，公安机关对卖淫嫖娼的解释，采用的是价值填补的方法。《公安部关于对以营利为目的的手淫、口淫等行为定性处理的批复》（公复字〔1995〕6 号）规定：“卖淫嫖娼是指不特定的男女之间以金钱、财物为媒介发生不正当性关系的行为。卖淫嫖娼行为指的是一个过程，在这一过程中卖淫妇女与嫖客之间的相互勾引、结识、讲价、支付、发生手淫、口淫、性交行为及与此有关的行为都是卖淫嫖娼行为的组成部分，应按卖淫嫖娼查处，处罚轻重可根据情节不同而有所区别。对在歌舞等娱乐场所、桑拿按摩等服务场所查获的，以营利为目的发生手淫、口淫行为，应按卖淫嫖娼对行为人双方予以处罚。”该解释的前半段对卖淫嫖娼的解释与公众的理解是一致的。鉴于娱乐场所没有性交目的的手淫、口淫活动与卖淫嫖娼的社会危害后果相同，应予打击，但又没有相应的法律条文作为依据，存在法律漏洞，应用价值补充的方法加以扩大解释。2001 年为了打击同性之间的手淫、口淫和鸡奸等行为，上述公复字〔2001〕4 号批复又对卖淫嫖娼作出了扩大解释。

最后，法官认为，价值填补的解释方法不能用于解释限制人身自由的行政处罚的行政法规定，否则有违处罚法定原则。1996 年《行政处罚法》第 9 条第 2 款规定：“限制人身自由的行政处罚，只能由法律设定。”法律无明文规定时，行政机关不得使用限制人身自由的行政处罚，所以，这些方面不存在法律漏洞。既然不存在法律漏洞，也就没有价值填补的民法学解释方法的适用余地。《治安管理处罚条例》规定对卖淫嫖娼者可以行政拘留，因此，对卖淫嫖娼不能适用价值填补的方法解释，公安部的公复字〔2001〕4 号批复在行政诉讼中不应当作为参照依据。

综上，公安部的公复字〔2001〕4 号批复与法律相抵触，不具有法律效力。本案中韦某某的行为不属于卖淫嫖娼的行为，处罚决定适用法律错误。①

---

① 参见韦某某诉泸州市公安局江阳区分局行政处罚案，国家法官学院、中国人民大学法学院编：《中国审判案例要览》（2006 年行政审判案例卷），中国人民大学出版社、人民法院出版社 2007 年版，第 9～13 页。

经过种种分析之后，所得出的结论应是妥当的。要想反驳，那也需要经过更强的论证才能实现。

（二）法律效果与社会效果的考量

在前述廖某荣案中，还涉及交警一人执法的程序是否合法的问题。诚然，按照公安部 2004 年《道路交通安全违法行为处理程序规定》第 8 条第 2 款的规定，按照简易程序作出处罚决定的，可以由一名交通警察实施。但这并没有法律的根据，且与《行政处罚法》的规定存在抵触的可能。否定一人执法的合法性，将要遭遇一个更为严重的社会现实。在目前警力有限、交通违法频频发生的情形下，要求两人以上执法，将会给交通执法带来巨大的冲击，进而破坏交通秩序，危及人民的财产和生命安全。应当说，这是法院如此判决很可能造成的直接结果。法院很可能考虑到了这一现实，故而想方设法去寻找一人执法的合法根据。[①] 问题在于：对这种结果要不要考虑？如果要考虑，这种结果导向的思考又该如何进入法院的规范分析之中呢？

最高人民法院《关于审理行政案件适用法律规范问题的座谈会纪要》指出："人民法院在解释和适用法律时，应当妥善处理法律效果与社会效果的关系，既要严格适用法律规定和维护法律

① 2025 年修订的《治安管理处罚法》第 103 条第 1 款和第 108 条第 1 款明确要求，检查、调查时，警察不得少于 2 人。该法第 108 条和第 120 条规定了可以由 1 名警察进行的情形和条件：一是在规范设置、严格管理的执法办案场所进行询问、扣押、辨认的，或者进行调解的；二是适用当场处罚，被处罚人对拟作出治安管理处罚的内容及事实、理由、依据没有异议的。两种情形均应全程同步录音录像。

规定的严肃性，确保法律适用的确定性、统一性和连续性，又要注意与时俱进，注意办案的社会效果，避免刻板僵化地理解和适用法律条文，在法律适用中维护国家利益和社会公共利益。”其前提是严格适用法律规定，在此基础上再注意办案的社会效果。这与结果导向的解释有异曲同工之处。结果导向的解释仍然处于规则所涵盖的范围之内，而非对规则的破坏。它是在多种解释的可能性中权衡各种利害关系，选取那种对社会最为有益、有助于实现效益最大化的解释。

法院考虑如此判决可能造成的后果，设法寻找可支持的法律规范，这种做法本身具有合理性。但是，结果导向解释的前提是必须存在多种解释的可能性，否则法院只能按照既有的解释作出判决。这是结果导向解释的合法性来源。

第三编

行政法的体系对话

行政法旨在规范和控制行政权，在内在目的和价值评价上具有系统性和一致性，具有自身的体系，但这一体系并不是封闭的，而是一个开放的体系，面向未来开放，面向其他法开放。我们需要从整个法律体系中来认识行政法，发现行政法。

本编共三章内容：第 7 章“行政法与宪法的互动”、第 8 章“行政法与民事法的交织”、第 9 章“行政法与刑事法的离合”。一方面，因为行政法历史短浅，规范不足，亟须从其他法中吸收法规范。这里仅选取了宪法、民法、刑法、诉讼法这些最传统的法作为对象来分析。规则能否转借、如何转借，是一个需要探讨的问题。规则已经存在，那么，行政法发现的方法是什么？界限在哪里？另一方面，行政法问题与其他法律问题交错，可能对民法、刑法的适用构成限制，其他法也可能构成对行政法的限制。

对于国家的立法者而言，其固然有一定的学科或部门的意识，但面对社会问题，其需要调动各种手段综合性地应对，“你中有我，我中有你”的现象是常常存在的。反而是法律适用者，特别是司法者，会背负更多的“包袱”。法院分为民事、刑事、行政审判庭，按照不同的诉讼程序，根据不同的实体法规范，分门别类地解决法律问题。这既是专业化的需要，同时也存在“画地为牢”的自我设限问题。如何有效地依法解决争议，并不是一句打破学科壁垒就能轻易回答的。对话（当然，这里只是自我设定的对话），是相互之间的交流、刺激、反思和自省。虽然行政法学还不够成熟发达，对话能力也相对有限，但我们仍希望借助对话，发现新问题，澄清真问题，更好地解决问题。

第7章 行政法与宪法的互动

在现代社会，宪法的价值已无处不及，行政法与宪法之间更有紧密的关联性。此外，现代社会又几乎都处于“行政国家”之中，行政法作为宪法的具体化，对国家权力尤其是行政权的控制规范，对基本权利的保障发挥着重要作用。行政法与宪法之间可以良性互动，相互促进。行政法应当秉承立宪主义的要求，摆正自身的定位，积极推动宪法要求的实现。

一、行政法与宪法的关联

对于行政法与宪法之间的关联性，龚祥瑞曾说：“宪法是行政法的基础，而行政法则是宪法的实施。行政法是宪法的一部分，并且是宪法的动态部分。没有行政法，宪法每每是一些空洞、僵死的纲领和一般原则，而至少不能全部地见诸实践。反之，没有宪法作为基础，则行政法无从产生，或至多不过是一大堆零乱的细则，而缺乏指导思想。”①

（一）宪法之于行政法的意义

在发生史上，宪法先于行政法而诞生。但也正是宪法的诞生为行政法的出现提供了前提。没有宪法，就没有行政法。正是宪法的出现，确立了权力分立，才有了近代意义上的行政。有了行政，才有行政法。申言之，古代并无行政法。正是宪法的出现，确立个人相对于国家的独立地位，才有了个人与政府之间的对峙，才有了个人与行政机关的对簿公堂。行政诉讼制度的确立，是大陆法系行政法诞生的标志。

从另一个角度而言，宪法是行政法的动力源泉。没有宪法的推动，就没有行政法的发展。中国改革开放以来的实践表明，宪法实践越充分，行政法越有前景；宪法止步不前，行政法亦举步维艰，在发展到一定阶段后就会停滞不前。行政法的命运与宪法息息相关。

在我国，宪法为行政法奠定了基础和前提。按照《宪法》的规定，我国实行人民代表大会制度。《宪法》第 3 条规定，国家机构实行民主集中制的原则，国家行政机关由人民代表大会产生，对它负责，受它监督。第 5 条规定，中华人民共和国实行依法治国，建设社会主义法治国家。一切行政法规都不得同宪法相抵触。一切国家机关都必须遵守宪法和法律。一切违反宪法和法律的行为，必须予以追究。任何组织或者个人都不得有超越宪法

① 龚祥瑞：《比较宪法与行政法》，法律出版社 1985 年版，第 5 页。

和法律的特权。《宪法》第三章“国家机构”规定了行政机关的组织产生方式、任期、领导体制、职权职责，其与人大、法院、检察院之间的关系，行政机关内部的关系等。行政法的制度设计和实际运作均应自觉地置于宪法的体系之内，维护宪法的权威，落实宪法的要求，贯彻宪法对行政机关的要求。

《宪法》第 33 条第 3 款规定，“国家尊重和保障人权”。这一规定拘束所有国家权力。行政机关不仅不得侵犯基本权利，还应保障基本权利，促进基本权利的实现。行政机关在解释和适用法律时应当尊重法律对基本权利的调整，而不得违背法律的规定；在干预基本权利时应当具有法律的根据，符合法定的条件和程序。

（二）行政法之于宪法的意义

在行政法上有一句名言：“宪法消逝，行政法长存。”该语出自德国行政法学家奥托·迈耶《德国行政法》第三版的前言。该书的第一版出版于 1895 年，到 1924 年时第三版出版。迈耶在其前言中写道：我不得不再度修订本书。自 1914 年和 1917 年（本书第二版）以来没有什么大变化可以在此书中加以增补。“宪法消逝，行政法长存”，这早已为人们在其他地方注意到。在此，我们只需进行部分修正即可。对那些只是通过战争和战争危机才会形成的行政法规范的丰富材料，在此并不加以考虑。这并不有损于对法学的理解。[①] 奥托·迈耶的这段话是有背景的。1914 年

① 参见［德］奥托·迈耶：《德国行政法》，刘飞译，商务印书馆 2002 年版，序。

发生了第一次世界大战，1918 年德国战败，1919 年帝国时代的俾斯麦宪法被废止，由君主制转为共和制的魏玛宪法成立，但国会无法正常运转，社会仍动荡不安。宪法的转变并没有革新法的原理，也没有给行政法带来多大的影响，俾斯麦宪法时代的行政法教科书可以在魏玛宪法时代不加修改继续沿用。迈耶之语或许意在说明行政法的技术性、中立性和相对独立性，但不能由此导出迈耶毫无宪法观念。《德国行政法》饱含着自由法治国的精神，不可小觑。奥托·迈耶也因此而被尊为“德国行政法学之父”。第二次世界大战之后，德国基本法的制定对行政法的影响十分重大，另一句名言迅速传开，即联邦行政法院院长弗立兹·韦纳（Fritz Werner）所说的“行政法是宪法的具体化”。[①]

有意思的是，奥托·迈耶的名言在东方的日本在某种程度上再次应验。日本在第二次世界大战战败之后，在美国的威逼之下，废止了《大日本帝国宪法》（明治宪法），而制定了《日本国宪法》（昭和宪法），由天皇主权变成了国民主权，由军国主义变成了和平主义，在体制上带来很大的影响，作为行政法一大标志的行政法院亦被废止。但行政法的原理和技术在一段时间里并没有发生多大的变化，虽然行政法院被废止，但普通法院在审理行政案件时仍要遵循特别的行政诉讼程序，不得不先后制定了《行政案件诉讼特例法》《行政案件诉讼法》。

行政法可以凭借自身的技术性，将某些宪法问题转化为法律问题，将宪法的价值通过行政法的技术予以落实。

---

① 陈新民：《公法学札记》，法律出版社 2010 年版，第 14～17 页。

二、宪法对行政法的调控

在法律体系中，《宪法》是“国家的根本法，具有最高的法律效力”（《宪法》“序言”）。它能对行政法的立法和实施进行控制，要求行政法兑现宪法的价值。

（一）宪法与行政立法

行政立法通常被认为包括行政法规、部门规章和地方政府规章三种。行政法规的制定、修改和废止与法律、地方性法规、自治条例、单行条例一样适用《立法法》，而规章的制定、修改和废止依照《立法法》的有关规定执行（参见《立法法》第 2 条）。行政立法在立法学上常常无分别地被对待，在行政法学中却是重要范畴，区别于国家权力机关制定的法律和地方性法规。

1. 行政立法的权限根据

对于行政立法是否要以法律为根据，能否在没有法律根据的情况下直接具体化宪法，换言之，行政立法能否在法律之外制定创制性法规范，存在较大争议。《宪法》第 89 条第 1 项规定：国务院“根据宪法和法律”，“制定行政法规”。现有的研究主要集中于“根据宪法和法律”的内涵。其中的“和”字是作“且”字理解（根据宪法且法律），还是作“或”字理解（根据宪法或根据法律），无论在理论上还是实践中，无论是在制定《立法法》

之前还是之后，均存在重大分歧。

对于如何理解宪法规定的“根据”，存在职权说与依据说两种意见。前者认为，国务院可以根据宪法规定的职权制定行政法规。[①] 后者认为，宪法规定的国务院职权是管理的权限，而非创制规范的权力，国务院制定行政法规应有直接的根据、具体的授权。依据说认为，职权说将导致行政机关拥有无限的立法权，破坏我国的政体。根据宪法和法律的方式要么是根据授权，要么是根据执行宪法和法律的需要。[②] 但也有人批评认为：职权说失之过宽，混淆了立法权与行政权的性质；而依据说失之过窄，不利于调动行政立法的积极性。[③]

2000 年《立法法》的起草参与者认为，考虑到立法的现状，《立法法》采取了所谓折中态度，[④] 但因为肯定了可依职权立法，实质上也就是肯定了职权说。《立法法》规定，行政法规可以就下列事项作出规定：（1）为执行法律的规定需要制定行政法规的

① 参见刘春华：《国务院立法权限若干疑难问题探讨》，《中外法学》1998 年第 5 期，第 94 页；邹奕：《论我国行政法规的宪法基础》，《法学论坛》2012 年第 6 期，第 88～89 页。

② 参见陈斯喜：《论我国立法权限的划分》，《中国法学》1995 年第 1 期，第 5～6 页；许元宪、吴东镐：《论国务院制定行政法规的宪法根据》，《法学家》2005 年第 3 期，第 66～68 页。

③ 参见许安标：《论行政法规的权限范围》，《行政法学研究》2001 年第 2 期，第 32～33 页。另外，许安标之前的观点似支持依据说。参见许安标：《关于中央与地方法权限的划分》，《中国法学》1996 年第 3 期，第 43 页。

④ 参见张春生主编：《中华人民共和国立法法释义》，法律出版社 2000 年版，第 165～166 页。

事项；(2)《宪法》第 89 条规定的国务院行政管理职权的事项。[1]在《立法法》这一条款中，第一项的执行性立法属于共识，第二项的职权性立法则存在一定争议。在法条的理解上，我们应当注意到，这是第 2 款的规定，第 1 款规定着“国务院根据宪法和法律，制定行政法规”，第 1 款的规定构成了第 2 款适用的前提。也就是说，这两款的关系是，国务院根据第 1 款的规定制定行政法规，其具体范围是第 2 款规定的事项。于是，问题仍然要回到对“根据宪法和法律”应当作何理解。那么，我们能否将《立法法》的规定当作《宪法》第 89 条第 1 项“根据宪法和法律”的“法律”呢？亦即《立法法》是否一揽子将《宪法》第 89 条的事项授权国务院制定行政法规？答案是否定的，否则将违反《立法法》第 13 条第 1 款关于“授权决定应当明确授权的目的、事项、范围”的规定，[2] 故而，不能作出使《立法法》自相矛盾的解释。

显然，即便属于国务院自身的职权范围，国务院也无权针对全国人大及其常委会专属法律事项制定行政法规。但立法法上的法律事项范围过窄，而且范围不清。如此，就可能在全国人大与国务院的竞合性立法事项上产生冲突。而《宪法》第 58 条又规定，“全国人民代表大会和全国人民代表大会常务委员会行使国家立法权”。在没有法律时，能承认国务院为实施宪法而直接制定行政法规吗？承认国务院依据宪法授予的职权立法会不会冲击

---

① 《立法法》2000 年版第 56 条第 2 款、2015 年版第 65 条第 2 款、2023 年版第 72 条第 2 款。

② 《立法法》这一条款的本意或许在于控制专门的授权决定，但也应能控制法律中的授权条款。

全国人大及其常委会的立法权？两者如何协调？如何契合国务院的宪法地位？此仍有待学理探究。

根据国家法律法规数据库和国家行政法规库的统计，截至2025年7月1日，国家有效的法律共306件，行政法规共601件。有不少行政法规是没有法律根据的，基本权利领域亦是如此，例如《出版管理条例》《社会团体登记管理条例》《宗教事务条例》《电影管理条例》等尚无法律根据。

即便有法律根据，如果其不属于国务院职权范围，国务院也不得制定行政法规。国务院的职权范围主要是由宪法确定的，例如：对于诉讼费用，《民事诉讼法》（2023年）第121条第3款、《行政诉讼法》第102条均规定，收取诉讼费用的办法另行规定。国务院称根据《民事诉讼法》和《行政诉讼法》的有关规定，制定了《诉讼费用交纳办法》。但是，诉讼费用属于司法制度的一部分，关乎私人行使诉权的可能性，国务院不可以超越职权，强行将其解释为行政事业性收费。

2. 行政立法的备案审查

根据《宪法》第5条第3款规定，一切行政法规都不得同宪法相抵触。《立法法》第110～115条规定了行政法规和规章合宪性、合法性问题的审查程序。《全国人民代表大会常务委员会关于完善和加强备案审查制度的决定》规定了备案审查的主体、程序、标准等。该决定第11条规定，在审查工作中，应当重点审查以下内容：（1）是否符合宪法规定、宪法原则和宪法精神；（2）是否符合党中央的重大决策部署和国家重大改革方向；（3）是否超越权限，减损公民、法人和其他组织权利或者增加其义务；（4）是否违反上位法规定；（5）是否违反法定程序；（6）采取的措施与其目的是否符合比例原则。

近年，婚前医学检查（婚检）问题在时隔多年之后再次引起关注。国务院《婚姻登记条例》规定的办理结婚登记应出具的证明材料中，不包括婚前医学检查证明。有公民对此规定提出审查建议，认为该规定与《母婴保健法》关于结婚登记应当持有婚前医学检查证明的规定不一致。全国人大常委会法工委经审查认为：

> 自 2003 年 10 月《婚姻登记条例》实施以来，婚前医学检查事实上已成为公民的自愿行为；2021 年 1 月实施的民法典规定了婚前重大疾病的告知义务，将一方隐瞒重大疾病作为另一方可以请求撤销婚姻的情形予以规定，没有再将“患有医学上认为不应当结婚的疾病”规定为禁止结婚的情形。我们与国务院有关部门沟通，推动根据民法典精神适时统筹修改完善有关法律法规制度。[①]

这一事例也入选了 2021 年度中国十大宪法事例（中国人民大学公法研究中心组织评选）。但《婚姻登记条例》的相关规定是否合法？到底要不要实行强制性婚检？我们还不能从中清楚地看出答案。其中，全国人大常委会法工委在审查理由部分提到了两个立法事实的变迁。

---

① 沈春耀：《全国人民代表大会常务委员会法制工作委员会关于 2021 年备案审查工作情况的报告——2021 年 12 月 21 日在第十三届全国人民代表大会常务委员会第三十二次会议上》，《全国人民代表大会常务委员会公报》2022 年第 1 号，第 247 页。

第一，《婚姻登记条例》的实施，导致婚检由强制转为“事实上”的自愿。

根据 1994 年《婚姻登记管理条例》（民政部令第 1 号，经国务院批准）第 9 条第 3 款的规定，申请结婚登记的当事人，必须到指定的医疗保健机构进行婚前健康检查。于同年制定的《母婴保健法》第 12 条则规定，“男女双方在结婚登记时，应当持有婚前医学检查证明或者医学鉴定证明”。这是一种强制性婚检。当然，这里所谓“强制”，并非通过直接强制实施检查，而是不自行检查就不予结婚登记。然而，2003 年，国务院制定的《婚姻登记条例》第 6 条规定，办理结婚登记的当事人“患有医学上认为不应当结婚的疾病的”不予登记，但第 5 条并不要求在结婚登记时出具婚检证明材料，甚至都不需要无重大疾病的签字声明。

那么，《婚姻登记条例》是否违反《母婴保健法》的规定呢？由于《婚姻登记条例》在立法目的上不同于《母婴保健法》，可以仅规定婚姻登记的专门事项，故而，其没有规定婚检问题，并未在文字上与《母婴保健法》相抵触（条例无表面的违反法律）。然而，《婚姻登记条例》与《母婴保健法》虽然在规范的明文规定上不存在表面的冲突，但因为民政部门在结婚登记环节不要求出具婚检证明，实际上国家就再没有其他机会介入健康检查事宜。因而，是否婚检就取决于当事人双方的意愿，法律上的强制性婚检就变成了事实上的自愿性婚检，这就使《母婴保健法》的规定名存实亡（条例适用的违反法律）。

第二，《民法典》的规定导致违反者的结婚由无效转为可撤销。

根据 2001 年《婚姻法》第 10 条第 3 项的规定，“婚前患有医学上认为不应当结婚的疾病，婚后尚未治愈的”，婚姻无效。而 2020 年通过的《民法典》第 1053 条规定，“一方患有重大疾病的，应当在结婚登记前如实告知另一方；不如实告知的，另一方可以向人民法院请求撤销婚姻”。“请求撤销婚姻的，应当自知道或者应当知道撤销事由之日起一年内提出。”这就是说，是否撤销婚姻，取决于另一方的意志，而非国家。如果另一方愿意一起承受重大疾病的可能困扰，国家也无法干预。而法律禁止结婚的情形只剩下一项，即“直系血亲或者三代以内的旁系血亲禁止结婚”（《民法典》第 1048 条）。双方有禁止结婚的亲属关系结婚的，婚姻无效。

在这两个立法事实的变迁中，重要的是第二个，《婚姻登记条例》属于行政法规，无法与《母婴保健法》这一法律相抗衡。《民法典》的规定与《母婴保健法》的规定的关系成为强制婚检制去留的关键。

全国人大常委会法工委表示将“根据民法典精神适时统筹修改完善有关法律法规制度”。这可能表明《母婴保健法》与《民法典》并不存在法条上的明确冲突。按照《民法典》第 1053 条的规定，重大疾病在结婚登记中仍是有法律意义的事项。但其规范目的在于，维护诚实守信，不可欺诈。而且，《民法典》规定的“重大疾病”广于原《婚姻法》规定的“医学上认为不应当结婚的疾病”：除了与结婚生育相关的重大疾病，可能还包括其他无关结婚生育，但严重影响生活质量的重大疾病。反观《母婴保健法》，该法第 8 条规定的婚检主要是检查三类疾病（严重遗传性疾病、指定传染病、有关精神病），第 9 条和第 10 条区分了不宜结婚和不宜生育两种情形。《母婴保健法》在第 10 条中还接着规定，“但《中华人民共和国婚姻法》规定禁止结婚的除外”。也就是说，禁止结婚仍要遵守《婚姻法》，即现行《民法典》的规定。《母婴保健法》的立法目的在于“保障母亲和婴儿健康，提高出生人口素质”。而《民法典》的相关规定则是针对结婚行为及其法律效果的规范。两者的目的并不相同，但因为结婚与男女双方的身体健康、生育之间存在关联性，《民法典》与《母婴保健法》之间有关联事项，《母婴保健法》又设置了引用性条款而没有自行规定禁止结婚的事项，所以，两者并不冲突。

一方婚前有重大疾病但未如实告知另一方的结婚行为，从无效转为可撤销，意味着立法者将这个规定从效力性规定转为管理性规定，行政机关的结婚登记变成了一种社会秩序管理，而并不是对于结婚行为的法律效果的控制。法律规范的修改也折射出相应观念的转变：过去是将结婚视为关乎公益的大事，因而，国家就可在涉及公益的关键领域进行控制；但结婚现在被视为男女双方自主的事情，国家的结婚登记就成为一项基本服务。民法典的立场转变，不仅是因为医学的进步，还有婚姻观念的更新。相对于 1982 年宪法而言，民法典反映的是最新的社会共识。根据民法典精神，适时更新宪法上的婚姻自由观，也就是按照民法典精神的方向去解释《宪法》第 49 条所保障的婚姻自由，国家应当更加尊重婚姻的个人自由属性，而不是站在社会本位的立场去认识婚姻自由。这是一种合法律性宪法解释，这也是本案的宪法意义所在。通过新法律的方法来解释宪法条款，比根据某种观点、主张来解释宪法条款，更具有确定性和民主性。

宪法上的婚姻自由在时代变迁之后具有了新的内涵，接下来，国家的相关法制亦应作出相应变革。《母婴保健法》规定的婚检是检查三种疾病。首先是指定传染病。指定传染病自然是需要防治的，而且无论处于人生的何种阶段，都是需要防治的，并不是结婚所特有的问题。在结婚登记前设置检查指定传染病的医学程序，并无足够的独立理由。其次是有关精神病。在现代社会，对对方情况毫无知晓，连对方能不能自主表达结婚意愿都不清楚就登记结婚的情形是罕见的。故而，对有关精神病的结婚前检查，是成本高而收益极低的做法。最后是严重遗传性疾病。婚姻未必与生育挂钩，而且法律上原本规定的就是不宜生育，也就是说，该疾病与结婚本无关联。这与其说是婚检的问题，不如说是产前医学检查（产检）的问题。在结婚登记时设置强制性婚检程序，并无必要。[①]

（二）宪法与行政组织

宪法的一大功能就在于组织国家。现行宪法以一章的篇幅专门规定了“国家机构”，其中包括了与行政法关系密切的“国务院”，但全国人大、法院、检察院等其他国家机构其实也与行政法关系密切，行政法必须置身于整个国家权力结构之中。

---

① 《婚姻登记条例》于 2025 年修订时，其规定仍与 2003 年一样，不要求申请结婚者提交婚检证明。参见《婚姻登记条例》第 8 条。

《宪法》第 86 条第 3 款规定，“国务院的组织由法律规定”；第 95 条第 2 款规定，“地方各级人民代表大会和地方各级人民政府的组织由法律规定”。《立法法》第 11 条第 2 项规定，对“各级……人民政府……的产生、组织和职权”只能制定法律。据此，目前在行政组织上，只有两部法律：其一是 1982 年《国务院组织法》，其二是《地方各级人民代表大会和地方各级人民政府组织法》，严格而言只有半部地方组织法是关于政府组织的。大量的组织规范是由“三定”规定（职能配置、内设机构和人员编制的规定）来表现的，其民主性明显不足，效率性也未能实现。

2024 年修订的《国务院组织法》为了“保证国务院组织法的完整性”，相较于 1982 年的《国务院组织法》有较大幅度的修改扩充，变为 20 个条文 1 937 个字。虽然现在的法律变得较为详尽，但这一部法律规定了所有中央行政机关［包括了最狭义的国务院、国务院办公厅、国务院组成部门、国务院直属机构（含直属特设机构）、办事机构］的组织事项，其规范强度仍是有限的。

在《国务院组织法》的修改过程中，“中国人民银行行长”被列入国务院组成人员之内，这引起一定的合宪性争议。《宪法》第 86 条第 1 款明确规定，国务院由总理、副总理若干人、国务委员若干人、各部部长、各委员会主任、审计长、秘书长组成。其中，并没有“中国人民银行行长”。有的意见提出，《宪法》第 86 条未明确规定中国人民银行行长，建议对修订草案有关规定内容的合宪性问题进行研究。全国人大宪法和法律委员会经同全国人大常委会法工委共同研究后认为：

> 1982 年宪法公布施行后，全国人民代表大会批准的历次国务院机构改革的方案，均将中国人民银行作为国务院组成部门；全国人民代表大会决定任命的国务院组成人员，均包括中国人民银行行长。1995 年，八届全国人大三次会议通过中国人民银行法，其中关于中国人民银行行长任免的规定，与宪法关于国务院各部部长、各委员会主任任免的规定是相同的。在全国人民代表大会闭会期间，全国人大常委会决定对国务院各部部长、各委员会主任的任免，均包括中国人民银行行长。中国人民银行法和上述实践事实上已经确认中国人民银行行长属于国务院组成人员。修订草案在总结多年来宪法实践基础上，与有关法律和决定相一致，明确将中国人民银行行长包括在国务院组成人员范围内，符合实际，符合宪法的规定、原则和精神。[1]

1983 年 9 月，国务院决定中国人民银行专门行使中央银行职能，所以，1982 年宪法在制定时还不可能将中国人民银行行长列入国务院组成人员。而国务院组成人员区别于其他人员之处主要就在于所在部门的设置权限和自身的任免权限，故而，在既有法律规定和实践的基础上，将“中国人民银行行长”明确为国务院组成人员，合乎宪法的内在逻辑，具有合理性。

---

① 沈春耀：《全国人民代表大会宪法和法律委员会关于〈中华人民共和国国务院组织法（修订草案）〉修改情况的汇报——2023 年 12 月 25 日在第十四届全国人民代表大会常务委员会第七次会议上》，《全国人民代表大会常务委员会公报》2024 年第 2 号，第 267 页。

（三）宪法与行政活动

在具体的行政活动中，行政机关不仅应贯彻宪法的要求，更不得违反宪法的要求，在有不同的处理方式时应当选取更符合宪法的方式。

1. 行政许可的合宪性控制

《行政许可法》第 2 条规定，“本法所称行政许可，是指行政机关根据公民、法人或者其他组织的申请，经依法审查，准予其从事特定活动的行为”。这是一个非常宽泛的概念，使行政许可接近事前审查。在法律实施之际，按照《国务院法制办关于行政许可法有关问题的解答》的说法，“行政许可是行政机关对经济和社会事务的管理行为，不包括对民事权利、民事关系的确认。据此，植物新品种权的授予，组织机构代码、商品条码的注册，产权登记，机动车登记，婚姻登记，户籍登记，抵押登记等不是行政许可”。其中，婚姻登记被明确排除出行政许可的范围。如果婚姻登记被认为是行政许可，这将是一件不可思议的事情。能否结婚、能否离婚，竟然需要国家批准，这将与婚姻自由入宪的精神相悖。原先存在包办婚姻、买卖婚姻的现象，婚姻不自由，才需要国家以宪法的方式保障其自由。如果结婚和离婚需要国家许可，这显然违反宪法。当然，这并不意味着国家在结婚和离婚上不能有丝毫介入。例如，一夫一妻、设定法定婚龄等，都有其存在的合理性。

此外，企业的经营范围属于企业的经营自主权范畴，应由企业自身决定。当然，并非所有事项均可由企业自主决定，“公司的经营范围中属于法律、行政法规规定须经批准的项目，应当依法经过批准”（《公司法》第 9 条第 2 款），也就是说，能排除经营范围自由的仅为法律和行政法规。对于一般的经营范围，由公司章程规定，并依法登记。对此历次《公司法》均予以确认。经营范围的登记也不属于行政许可。在经营范围变更方面，《公司法》的规定稍有变化。1993 年制定的《公司法》第 11 条第 3 款规定，“公司应当在登记的经营范围内从事经营活动。公司依照法定程序修改公司章程并经公司登记机关变更登记，可以变更其经营范围”。2005 年修订的《公司法》第 12 条第 1 款规定，“公司可以修改公司章程，改变经营范围，但是应当办理变更登记”。经此修改，变更登记的事后确认性质更为明显。2023 年修订的《公司法》第 9 条第 1 款规定，“公司可以修改公司章程，变更经营范围”。这就进一步加强了公司自主确定经营范围的属性。

2. 行政调查的合宪性控制

信息是行政权行使的前提和保障，行政调查是行政机关获取信息的重要手段。行政调查在调查目的、调查对象、调查手段等方面均须受到一定的合宪性控制。在曹某侠诉邳州市烟草专卖局搜查住宅、限制人身自由行政强制案中，曹某侠住宅及商店涉嫌存有大量非法卷烟，江苏省邳州市烟草专卖局（以下简称烟草局）工作人员依举报线索及数日监控，于 2002 年 4 月 12 日，持烟草管理行政执法证和检查证，在其婆婆在场的情况下，从其住宅中查获 25.7 条卷烟，从商店中查获 12.2 条卷烟，予以扣押。曹某侠被带至烟草局接受调查。曹俊侠以侵害住宅自由、非法限制人身自由为由提起行政诉讼，要求返还所扣卷烟。《烟草专卖法实施条例》(1997年)第49条第2项规定，烟草专卖行政主管部门查处违反《烟草专卖法》和本条例的案件时，可以检查违法案件当事人的经营场所；2001年《江苏省烟草专卖管理办法》第7条第2项规定，“地方各级烟草专卖行政主管部门查处违反烟草专卖法律、法规和规章的案件时”，可以“检查违法案件当事人生产、销售、存储烟草专卖品的场所”。江苏省邳州市人民法院认定：

> 原告住宅已经不仅是居住之地，同时也成为卷烟存储之所……在原告成年家人在场的情况下，持证对原告存储非法卷烟的住宅进行检查，于法有据。被告将原告带至办公室接受调查，应属执法工作的常规范畴，且原告亦无证据证明其间被告存在逼供行为，因而被告的行为构不成非法限制人身自由强制措施。

江苏省徐州市中级人民法院同样认定烟草局的行为并不违反法律，并补充认为，“案发当日，检察机关已立案查处，认定被上诉人未构成非法拘禁。故被上诉人非法限制人身自由行为不成立”。①

本案的关键之一在于，住宅在兼有涉嫌违法存储场所的功能时是否还受到住宅不受侵犯的保护。《宪法》第39条规定，“中华人民共和国公民的住宅不受侵犯。禁止非法搜查或者非法侵入

---

① 曹某侠诉邳州市烟草专卖局搜查住宅、限制人身自由行政强制措施案，国家法官学院、中国人民大学法学院编：《中国审判案例要览》(2004年行政审判案例卷)，中国人民大学出版社、人民法院出版社2005年版，第349～350页。

公民的住宅”。《治安管理处罚法》明确规定了进入住宅的权限和程序。从《烟草专卖法实施条例》《江苏省烟草专卖管理办法》的文义解释来看并无问题，执法人员据此就可以检查卷烟为名进入公民住宅，只要住宅里藏有卷烟。这与宪法对住宅自由的保障是相悖的，本案中不应将存储场所解释为包括住宅在内的一切藏有卷烟的场所。

本案的关键之二在于，为了查明案情，实现调查目的，行政调查权能否包括限制人身自由的内容。本案的案情并未介绍烟草局要求原告至其办公室接受调查时有无采取强制措施。如果原告主动配合烟草局的要求，烟草局自然未违背其意志，不构成对其人身自由的限制。但在原告到达烟草局办公室后，烟草局拒绝其家人探视。检察机关认为不构成非法拘禁，但这是从犯罪的角度进行认定的，并不表明不构成非法限制人身自由。人身自由在宪法上受到极高的保护，《宪法》第 37 条以一条三款的内容，先宣示“人身自由不受侵犯”，再明确逮捕的程序，最后作出禁止非法限制人身自由的规定。2000 年《立法法》第 8 条第 5 项也明确规定，限制人身自由的强制措施只能由法律规定。有行政调查权，不等于有实施调查的各种权限；实施行政强制措施，还必须获得法律和法规的另外授权。

3. 行政处罚的合宪性控制

行政处罚是行政管理的重要手段和常用手段，对私人的财产权和人身权等会产生重大影响。行政处罚不仅要有正当程序的保障，更需在实行上接受宪法和法律的控制。

在成某寻衅滋事案中，北京市人民政府劳动教养管理委员会劳动教养决定书（京劳审字〔2011〕第834号）认定：“2011年3月20日下午，成某伙同任某某（另案处理）在北京市通州区宋庄镇北京当代艺术馆楼顶、地下室等公共场所，裸体进行淫秽表演，引发多人围观，造成现场秩序混乱。成某寻衅滋事一案，事实清楚，证据充分，应予认定。现决定对成某劳动教养1年。决定劳动教养前，先行羁押1日折抵劳动教养期限1日，劳动教养期限自2011年4月24日起至2012年3月23日止。”成某系画家，此前组织过“国际裸体日”等活动。本次艺术展邀请了两百多名艺术圈内的专业观众，未对外开放。当时有现场的观众拍摄，现场秩序并无混乱。艺术家郭珍明表示：成某是一个被大家公认的严肃的艺术家。此次成某参展，就是想通过这个行为来讽刺当代艺术圈里艺术被过度商业化的文化现实。[①]

劳动教养制度在1957年建立之初属于“强制性教育改造”的行政措施，但在后来的演变过程中变成了治安管理的惩戒措施。从案情来看，以寻衅滋事为由对成某劳动教养，依据应当是《劳动教养试行办法》（已失效）第10条第4项，即寻衅滋事扰乱社会治安，不够刑事处分的，收容劳动教养。姑且不论案情是否符合该规定的构成要件，该办法系由公安部制定，经国务院原则同意并转发实施。其法的属性仍应为部门规章。该办法在《国务院关于劳动教养问题的决定》及其补充规定之外另行规定限制人身自由的措施，违反2000年《立法法》第8条的法律规定，当属

① 参见李超：《行为艺术涉性 男子被劳教一年》，《新京报》2011年5月9日，第11版。

无效。2013 年 12 月 28 日，《全国人民代表大会常务委员会关于废止有关劳动教养法律规定的决定》废止了劳动教养制度。2018 年 3 月 19 日，国务院废止了《劳动教养试行办法》。

从法律的层面上来看，2005 年《治安管理处罚法》第 44 条规定的在公共场所故意裸露身体（情节恶劣的，处 5 日以上 10 日以下拘留）、第 69 条第 1 款第 2 项规定的“进行淫秽表演”（处 10 日以上 15 日以下拘留，并处 500 元以上 1 000 元以下罚款），根据案件实际情况，是可能成立的。但从宪法的层面而言，对成某的行为有适用艺术自由的可能性。《宪法》第 47 条规定：“中华人民共和国公民有进行科学研究、文学艺术创作和其他文化活动的自由。”“国家对于从事教育、科学、技术、文学、艺术和其他文化事业的公民的有益于人民的创造性工作，给以鼓励和帮助。”文艺创作本身不拘一格，宪法保障艺术自由。对于有益于人民的创造性工作，国家还要给予鼓励和帮助。艺术的范围，既不应由国家来界定，也不取决于普通民众的认知，应当由艺术家群体来判断。国家否定某行为属于艺术，就要承担论证的负担。[①] 成某系画家，其行为目的在于宣传一定的思想，该行为也在其艺术生涯的自然延长线上。该行为在艺术馆进行，观众亦系专业观众，并无社会秩序问题。综上判断，成某的行为应当受到艺术自由的保护，警察不应以淫秽表演或寻衅滋事为由进行干涉。

---

① 参见杜强强：《宪法上的艺术自由及其限制——以“敏感地带”行为艺术案为切入点》，《法商研究》2013 年第 6 期，第 28 页。

（四）宪法与国家赔偿

《宪法》第41条第3款规定："由于国家机构和国家工作人员侵犯公民权利而受到损失的人，有依照法律规定取得赔偿的权利。"1994年制定《国家赔偿法》对此加以落实，该法于2010年、2012年作出部分修改。《国家赔偿法》第2条规定："国家机关和国家机关工作人员行使职权，有本法规定的侵犯公民、法人和其他组织合法权益的情形，造成损害的，受害人有依照本法取得国家赔偿的权利。本法规定的赔偿义务机关，应当依照本法及时履行赔偿义务。"

从立法表述来看，宪法和国家赔偿法的规定存在着诸多不同：（1）侵权主体不同。宪法规定的是国家机构和国家工作人员，国家赔偿法规定的是国家机关和国家机关工作人员。看上去其只是在国家工作人员与国家机关工作人员之间有一定差别，但最大的差别在于国家赔偿法上的"国家机关"只是"本法规定的赔偿义务机关"而已，不包括国家权力机关、军事机关、监察机关等，而宪法上的"国家机构"则应包括所有的国家机关在内。（2）被侵害的主体不同。宪法规定的是具有公民权利的"人"，因为该条款规定在第二章"公民的基本权利和义务"之中；而国家赔偿法规定的是"公民、法人和其他组织"。当然，这只是形式上的不同，可以作出实质相同的解释。（3）侵害的内容不同。宪法规定的是"权利"，国家赔偿法规定的是"合法权益"；合法的利益按照法律规定也可以作为权利被主张，但国家赔偿法规定的"合法权益"只是该法明确规定的部分合法权益，而且主要是

“人身权”和“财产权”，还能包括人身权受损害时的精神权益。故而，国家赔偿法上的“合法权益”范围小于宪法上的“权利”。(4) 侵权的方式不同。宪法未表明侵权方式，其可包含行使职权和履行职责等；而国家赔偿法规定的是“行使职权”，理论上认为其包括作为与不作为两种形态。(5) 受害人所受不利的性质不同。宪法规定的是“损失”，国家赔偿法规定的是“损害”，这在解释上有较大空间。宪法上的“损失”可以包含“损害”。显然，《国家赔偿法》在具体化《宪法》第41条第3款时有所“缩水”，这应该如何认识，如何救济?

举例而言，2014年6月，平顶山市人民政府在没有取得征地审批手续情况下，将村民翟某环承包地上的桃树铲掉，将两座祖坟推平。法院对于土地及地上附着物的赔偿请求均予认可，但否定了就推平祖坟的精神抚慰金赔偿请求，理由是根据《国家赔偿法》第35条的规定，祖坟被推平造成的精神损害不属于国家赔偿的范围。[①] 法院应是认为，推平祖坟不属于行政机关侵犯人身权的行为，也就没有精神损害抚慰金的问题。但是，祖坟岂只是土地及地上附着物呢?

这里存在几个问题。(1) 国家赔偿法的规定是否符合宪法的规定? 宪法上的“赔偿”是不论原因行为的合法性，但国家赔偿法针对的主要是违法行为；宪法上的侵权主体范围也广于国家赔偿法规定的赔偿主体范围。当然，一种可能的理解是，国家

---

① 参见翟某环诉平顶山市人民政府行政赔偿案，河南省漯河市中级人民法院(2016)豫11行初14号行政赔偿判决书，2016年9月12日。

赔偿法只是部分落实了宪法的规定，国家补偿的问题另行解决。(2) 如果没有法律的规定，又该如何处理赔偿的问题？这里存在两种可能性：其一，存在侵权行为，而法律没有规定赔偿，该法律违反宪法。其二，法律没有规定赔偿，但宪法要求赔偿，即按照宪法的规定，比照国家赔偿法等法律进行赔偿。从合理性和可行性角度而言，第二种做法更为妥当。

(五) 宪法与公物法

公物法作为传统行政法的组成部分，通常属于行政组织法的范畴，但在现代给付行政的理念下也可以置于行政活动法之下。这种转变也与宪法有关。

1. 公物的所有权

公物并非无主物。公物是公法上的物，还是私法上的物？行政主体对公物是否享有所有权？如果享有，享有的是私法上的所有权还是公法上的所有权？关于这些问题在理论上颇有纷争。法国学术界 19 世纪时居支配地位的观点是公物不能作为所有权的标的，20 世纪时居支配地位的理论承认行政主体对公物的所有权。[①] 承认公物所有权的理论，具体而言又分为私所有权说和公所有权说两种。所谓私所有权说，又可以被称为私法上的所有权，其认为对公物所享有的所有权与私法上的所有权别无二致。公物的所有权就是民法上的所有权，只是由于供公共使用的缘故而受到行政法的诸多限制，在公共使用范围内排除私法的适用。

① 参见王名扬：《法国行政法》，中国政法大学出版社 1989 年版，第 312～313 页。

一旦公共使用被废除，行政主体民法上的所有权就全部恢复。公共使用是对所有权所施加的一种外在的限制，是所有权为了公共利益而承担的一种役权。尽管受到外在的限制，公物所有权和一般的所有权的性质并没有区别。法国最高行政法院在 20 世纪初曾经有过这样的观点，但是之后则一般认为公物的所有权是公法上的一种所有权。[①] 公所有权说又可以被称为公法上的所有权，它认为，公物的所有权与私法上的所有权是不同的，是另一种形式的所有权，其观念来源于民法，与民法上的所有权有类似之处，但具有很强的公法属性。法国学者奥里乌认为，"如果说公产是所有权标的，那么这种所有权，尽管具有财产属性，却不得保留私产的全部特点。这是一种必须依赖国家力量的行政所有权，它的特点是由事物的公共用途决定的，使得行政主体有义务将其保管并用于公用"。[②]

无论是持私所有权说还是公所有权说，公物都无法摆脱公物的公共目的性的限制。如果能保证公物的公共目的性，那么承认哪一种所有权说均无大碍。

从立宪主义的立场来看，公物到底是谁的财产，非常明了：只要属于公有公物，那就是全民的财产；属于私有公物，那就是私人的财产。我国《宪法》第 9 条第 1 款规定："矿藏、水流、森林、山岭、草原、荒地、滩涂等自然资源，都属于国家所有，即全民所有；由法律规定属于集体所有的森林和山岭、草原、荒

---

① 参见王名扬：《法国行政法》，中国政法大学出版社 1989 年版，第 315 页。

② ［法］莫里斯·奥里乌：《行政法与公法精要》，龚觅等译，辽海出版社、春风文艺出版社 1999 年版，第 845 页。

地、滩涂除外。”第 10 条第 1 款规定：“城市的土地属于国家所有。”国家只是代替人民来行使所有权而已。将私有公物的所有权界定为私法上的所有权是合适的，只是它要受到公共使用的限制。公有公物的所有权人是全体国民，国家或者一定的行政主体只是代行所有权的权能。行政主体对公有公物所行使的权利是受到很大限制的，将其界定为私法上的所有权有些不妥，因为与私法上的所有权的诸多特征均不符合；将其界定为公法上的所有权也有不妥之处，所有权的概念由此将变得模糊不清。故而，可以认为，国家或行政主体对公物只享有管理权，全体国民对公物享有的才是所有权。国家或一定行政主体的管理权是公法上的权力，全体国民如果能通过某种形式行使其对公物的所有权，则该权利属于私法上的所有权，其使用、收益、处分等权能无一不能行使。但实际上囿于现实，一般均将这种所有权诸多权能的行使交由某一个机关来进行，以确保所有权的安全和高效。例如我国《民法典》第 246 条规定，“法律规定属于国家所有的财产，属于国家所有即全民所有”。“国有财产由国务院代表国家行使所有权。法律另有规定的，依照其规定。”再如《海域使用管理法》第 3 条规定，“海域属于国家所有，国务院代表国家行使海域所有权。任何单位或者个人不得侵占、买卖或者以其他形式非法转让海域”。“单位和个人使用海域，必须依法取得海域使用权。”但这里所谓“代表国家行使所有权”实质应为管理权。

这种界定对明确公物的使用方式（例如能否自由使用）、公物使用人的地位和权利（例如是公权利还是反射性利益）等相关的公物法制度都具有重要意义。

2. 基于宪法权利的特殊使用权

这里不妨先来看看美国的两个判决。在 1897 年的戴维斯诉马萨诸塞州案（以下简称戴维斯案）中，作为公众表达空间的街道、公园和其他公共设施被政府像对待自己的私人财产一样控制着，未经市长许可，法律禁止在公共场所进行任何公开演说。在宪法和其他法律中找不到任何限制这种市政当局权力的根据，相反，法院却认为立法机关有权绝对或有条件地禁止在高速公路或公共场所进行公开演说，并认为，这种权力与私有房屋的物主禁止他人在其房内进行演说的权利并无明显的区别。[①] 在 1939 年的黑格诉工业组织大会一案中，新泽西州的地方立法规定，没有地方官员的允许，禁止在公共街道上、公路上、公园内或公共建筑内举行公众游行或公众集会；为了防止暴乱、骚乱或无秩序的集会，官员可以拒绝允许。法院依据自然法理论，重新考虑了对公众集体表达的空间的利用问题并直接否定了戴维斯案的判决。代表法院多数派的法官罗伯茨（Roberts）宣布："不论街道和公园的所有权归于何处，它们都从无法追忆的年代起就被委托而用于公众使用的目的，它们早在人类有记载的年代以前就被用于集会、在公众中交流思想和讨论公共问题。这种对街道和公共场所的作用从远古时代起，就一直是公民特权、特免、权利和自由的一部分。美国市民借助街道和公园就全国性的问题交流观点的特权可以因全民利益而受到调控；这种权利不是绝对的而是相对的权利，并且其行使必须服从公众安逸和便利，并与和平和良好的

① See Davis v. Massachusetts，167 U. S. 43 (1897).

秩序一致；但这种特权不能在调控的伪装之下受到侵犯或剥夺。”①

按照公物的目的使用公物，属于一般使用，可按照公物管理规程自由使用，无须特别许可。超出了设定公物之目的的范围使用公物，就属于特别使用。特别使用原则上应经公物的管理者许可，管理者也因此享有一定的裁量权。但有时候，使用人特别使用公物，其目的在于行使其基本权利时，则存在着公物的公共目的性与基本权利所昭示的公共目的性之间的冲突问题。公物管理者是否可以基于公物管理的裁量权来限制使用人超出公物目的的使用呢？

基本权利对国家权力具有拘束力，对社会公权力同样具有拘束力。虽然基本权利本身亦存在合理的界限，但是这种界限的明确由宪法自身来完成。对基本权利的限制，一般实行法律保留原则，只能由法律加以限制。公物管理者没有法律的依据，即不得限制基于基本权利而使用公物。公物使用人有可能基于其宪法权利而有权对公物进行特殊的使用，公物在这里就不再为其本来目的服务了，而成为服务于另一更高的公共目的的手段。例如，游行示威是一项基本权利，而游行示威必须要对公路进行使用，这种使用超出公路的一般使用的范畴，但是鉴于其基本权利属性，还是应该予以批准。公物管理者一般不得拒绝，不得施加过分的限制。再如，公众在街头散发传单、进行艺术表演，这是其表达

① Hague v. Committee for Industrial Organization，307 U.S. 496，515～516 (1939).

自由的体现，公物管理者也必须提供公物使用而不能拒绝。关于不使用固定设施或者麦克风在道路上散发或者销售政治性的信息材料，德国以前认为这属于特殊使用，但现在司法界根据德国基本法第5条第1款规定的基本权利（表达自由）认为，这种使用无须办理许可。从德国基本法第5条第1款来看，存在着多种观点：属于无须许可的特殊使用，裁量权压缩为零，政治广告的必要使用，属于一般使用。司法界提出的一个限制是散发政治性信息材料不得使用辅助手段，不得通过引诱性的言辞干扰他人，散发的信息材料不得造成严重污染公路的后果。①

认定这种使用行为是特殊使用还是一般使用，应根据使用方式是否与公物的本来功能和目的相符来判断。只是由于这种使用是基于基本权利的使用，而对公物管理者施加了更多的拘束，使其裁量权受到收缩，不得拒绝这种“特殊”使用，充其量只能根据法律施以某种限制。

三、行政法对宪法的实现

行政法应贯彻宪法的要求，同时也能通过具体的制度和案件落实宪法的要求，但在案件中，法院通过行政法的路径实现的宪

① 参见［德］汉斯·J. 沃尔夫、奥托·巴霍夫、罗尔夫·施托贝尔：《行政法》（第2卷），高家伟译，商务印书馆2002年版，第496～497页。

法终归只是部分的宪法，行政诉讼无法替代宪法诉讼。

（一）宪法案件的行政法处理

因为能引发或处理宪法案件的主体有时是行政机关，故而，宪法案件有可能转化为行政法律问题，而由法院通过行政诉讼的方式加以处理。对下述案件，仅从可能的角度作出分析，看其在政治路线和法律路线上的处理方式有何不同。

有关村民委员会（以下简称村委会）选举的案件中，既有关于选举争议的案件，也有关于选举行为的行政处罚的案件。后者在案件性质上属于行政案件，就其提起的行政诉讼也是处理行政争议的诉讼，只是行政争议的缘起在于选举行为。

实践中，法院会受理基层政府处理村民选举争议的案件，如郭某盈等 11 名村民不服铜川市新区管理委员会（以下简称新区管委会）选举处理决定案。2006 年 2 月 10 日，在正阳路街道办事处的主持下，郭家村按照直接选举（海选）的方式进行村委会换届选举，当场开箱唱票。2 月 15 日，郭某盈等人怀疑有作弊行为，要求查处。新区管委会选举指导小组核查后，认定换届选举大会和选举结果有效。铜川市人民政府经审查复议后亦维持了该处理决定。从选举程序上看换届选举确有违法之嫌，但法院考虑到实体公正，且无证据证明选举舞弊，亦判决维持。[①] 如果仅仅作为行政案件去审查，那么，由基层政府组织选举，替代村民选

① 参见郭某盈等 11 名村民不服铜川市新区管理委员会选举处理决定案，国家法官学院、中国人民大学法学院编：《中国审判案例要览》（2007 年行政审判案例卷），中国人民大学出版社、人民法院出版社 2008 年版，第 490～492 页。

举委员会履行职责，显然违反《村民委员会组织法》第 12 条的规定，法院可判决撤销，但这并不能解决选举的实质纠纷，而且，基层政府作出处理决定的性质又不是行政行为，通过行政诉讼去解决这样的纠纷，也稍有勉强。正如有学者指出的那样，“本文中所说的案例实质是运用行政诉讼的程序处理了本应由宪法诉讼程序解决的违宪案件。由于我国没有宪法诉讼制度，才造成这种奇特的解决方法。它是法院在迫不得已的情况下作出的处理”。①

更为常见的是有关选举行为的行政处理案件，如廖某兴诉南平市延平区广电局案。2000 年 10 月 26 日，廖某兴为竞选村委会主任一职而制作并通过村共用天线系统向全村播放了竞选演说录像带，延平区广电局以其擅自制作电视节目为由，没收“个人竞选演说录像带”，罚款 1 万元。廖某兴于 11 月 27 日向福建省南平市延平区人民法院提起行政诉讼。延平区人民法院认为：《有线电视管理暂行办法》规定，禁止利用共用天线系统播放自制电视节目和录像片。被告未适用上述规定而适用了《广播电视管理条例》的规定，适用法规错误。遂判决撤销处罚决定。南平市中级人民法院认为：廖某兴制作的“竞选演说录像”为广播电视节目，违反了《广播电视管理条例》第 31 条的规定。遂判决撤销一审判决，维持延平区广电局的处罚决定。廖某兴提出申诉。南平市中级人民法院经审查认为：《著作权法实施条例》（1991 年）

① 朱应平：《行政诉讼在解决村民自治纠纷中的利弊及出路》，《行政法学研究》2002 年第 2 期，第 55～56 页。

第 6 条第 4 项规定，广播、电视节目，是指广播电台、电视台通过载有声音、图像的信号传播的节目。原国家新闻出版广电总局法规司《关于对福建局有关电视节目定义请示的复函》指出，广播电视节目只能由广播电台、电视台及经批准设立的广播电视节目制作经营单位制作；广播电台、电视台可以播放由上述单位制作的广播电视节目，乡、镇广播电视站（包括村共用天线闭路电视系统）只能按规定传播广播电视节目，不得播放自制电视节目。故延平区广电局作出的行政处罚合法有据，原判并无不当。遂驳回廖某兴的申诉。[①]

姑且不论村上的闭路电视是否为电视台，进而能否适用《广播电视管理条例》的规定，在二审及申诉中，“竞选演说录像”是否为电视节目是本案的关键所在。村民自治原则受到宪法的保护（参见第 111 条）。为了竞选村委会主任，廖某兴希望借录像带宣传自己的政绩和未来主张。廖某兴的行为是行使宪法权利的竞选行为，不应将其定性为擅自播放电视节目，甚至都不能将其定性为违反选举秩序的行为。《福建省村民委员会选举办法》（2000 年）第 17 条规定，“村民选举委员会应当向选民介绍候选人的情况，也可组织候选人发表治村演说并回答村民询问；选民和候选人可以在村民小组会议、村民代表会议或者村民会议上介绍候选人的情况，但选举日必须停止对候选人的介绍”。虽然廖某兴未经选举委员会组织或批准，即进行宣传演说，或者未在上

① 参见宋小卫：《公民“擅自制播讲演录像”的罚与法——对一起广播电视行政诉讼案的释评》，《国际新闻界》2008 年第 12 期，第 81～83 页。

述三种会议上介绍自己，但是，福建省民政厅印发的《村民委员会选举工作手册》是允许候选人通过闭路电视进行竞选的。[①] 该手册虽然没有法律效力，但能成为廖某兴正当合理信赖的基础，廖某兴的行为可以受到信赖保护原则的保护。而且，自我宣传的方式多种多样，拍摄并播放录像属于有效的宣传方式之一，不应被禁止。在选举宣传行为与播放电视节目的法律规范发生竞合时，应当优先保护上位法，特别是宪法所保护的权利。延平区广电局实质上以行政法上的方式干涉了村委会的选举，法院可以从选举的角度，不适用《广播电视管理条例》的规定，进而为廖某兴的村委会主任选举行为提供适当的法律保护。

此外，还有涉及治安管理处罚的案件，如2017年4月12日，在浙江绍兴举行村委会换届选举前夕，朱某发表竞职演说，并将竞职演说稿分发给本村村民，在QQ群中发送竞职演说稿电子文档，进行拉票活动。警方接到街道办事处的发函后经过调查认为朱某破坏了村级换届选举工作秩序，于是对其作出行政拘留6日的行政处罚。朱某不服，在申请行政复议之后又提起行政诉讼。[②] 法院经审理认为，朱某的拉票活动可以被认定为《治安管理处罚

① 参见《电视竞选村主任 是否合法引争议》，《人民日报·华东新闻》2001年8月17日，第2版。

② 相关的规定有，《村民委员会组织法》第17条第1款规定，以暴力、威胁、欺骗、贿赂、伪造选票、虚报选举票数等不正当手段当选村民委员会成员的，当选无效。《浙江省村民委员会选举办法》第40条第1款列举了破坏选举的行为：(1) 以暴力、威胁、欺骗、贿赂、伪造选票、虚报选举票数等不正当手段，妨害村民行使选举权、被选举权，破坏村民委员会选举的；(2) 砸毁票箱、撕毁选票、冲击选举会场的；(3) 对检举村民委员会选举中的违法行为或者提出罢免要求的村民进行打击、报复的；(4) 其他破坏、妨害选举的行为。

法》（2012 年）第 23 条第 1 款第 5 项规定的“破坏依法进行的选举秩序的”行为。绍兴市公安局上虞区分局结合本案实际，对申请人作出行政拘留 6 日的处罚，没有超出《治安管理处罚法》第 23 条规定的范围。于是判决驳回朱某的诉讼请求。

（二）行政诉讼实现宪法的方式和限度

在行政诉讼中，法院通过对某些案件的审理来实现宪法的要求，这些案件类型主要有：(1) 涉及基本权利的案件，因为国家权力最有可能经常侵犯基本权利的就是行政机关，故而有可能通过行政诉讼加以审查。(2) 行政立法违宪的案件，行政立法也可能违宪（当然，更多时候违反法律），法院可以进行某种程度的审查，不予适用。(3) 行政机关组织、职权违宪的案件，法院可以超越职权、滥用职权为由加以审查。

法院的审查是有其局限性的，其不仅对法规、规章的审查权有限，亦无权解释宪法。故而，在现今的体制下，法院如欲促进宪法的实施，应当讲究“技巧”：淡化对宪法的解释，仅对法规、规章进行审查但不作效力的判断。在具体的案件中，法院有义务对法律作合宪性解释，这是宪法间接发挥作用的方式，但也能解决诸多现实问题，能在整个法律体系中确保价值标准的一致性。

有的学者曾乐观地作出判断：宪法的“行政法化”。行政法可以部分实现宪法的功能，但行政法有自身的局限性，根本不可能完全替代宪法机制。在我国，在社会主义制度之下实行人民代表大会制度，国家权力结构由此确定和展开，行政法发挥作用的机制也只能在此框架下展开。

宪法问题需要有宪法争议解决机制，行政法上的机制未必适用。在国外，宪法诉讼有如下一些类型（在我国会有不同的回答）。（1）违宪法律。在我国这只能由全国人大及其常委会来作出判断，法院并无这种权限。（2）弹劾。在我国，按照宪法和组织法的规定可以实行罢免、责令引咎辞职等，但不会由法院来审查弹劾案件。（3）政党解散。在我国，“中国共产党领导是中国特色社会主义最本质的特征”，“中国共产党领导的多党合作和政治协商制度将长期存在和发展”，不会出现政党解散的案件。（4）机关争议。在我国，一般实行协商解决，或者由上级机关裁决；极其偶尔，会出现个别的机关权限争议的行政诉讼。（5）选举诉讼。在我国，目前只有选民名单案件诉讼，而且是由民事诉讼法作出规定，并没有当选无效等诉讼类型。（6）宪法诉愿。在我国，在行政诉讼、民事诉讼以及刑事诉讼中，宪法并不能成为审判的依据，即使发现案件中的法规范或行为有违反宪法的问题，也只能依照法定程序逐层上报提出质疑，交由有权部门解释裁决。（7）违宪判决。在我国，法院作出的判决通常不会出现违宪的问题；即使出现，也只能通过法院再审的方式解决。

过高估计行政诉讼的作用，既不符合法院的宪法地位，也会遭遇种种制度的瓶颈。在现阶段，法院依照《行政诉讼法》等法律切实审理行政案件，解决行政争议，保障私人的合法权益，才是根本任务。至于发挥行政诉讼的政治功能、一般监督功能等，都是不切实际的想法。

第8章 行政法与民事法的交织

在现代社会，行政法与民事法的关系日趋复杂，在中国向社会主义市场经济体制改革攻坚时期更是如此。两者既有区别，也有融合；两者不仅在法律概念上相互假借，在调整领域上相互交错，甚至在规则上也相互准用；行政法可以对民事活动进行限制，民法也可以限制行政权的行使；行政法与民事法还可以相互补充，协助对方目标的实现。

一、民法规范在行政法中的适用

民法历史悠久，概念、规则、体系发达完善，2020年更有中国自己的民法典诞生。中国行政法至今不过百余年光景，诸多领域还存在着漏洞。然而，在具体的行政案件中，如果缺乏行政法规范，亦即存在行政法的规范漏洞，法律适用者是拒绝作出决定或裁判，还是借用包括民法规范在内的一切可用规范来解决案件呢？这是一个值得关注的问题。[①]

（一）行政法适用民法规范的问题

民法规范在行政法中的适用，在我国的法学理论上虽然鲜有专题性探讨，但司法实践中不乏其例，例如，《工伤保险条例》（2003 年制定，2010 年修订）第 17 条第 2 款规定，“工伤职工或者其直系亲属、工会组织在事故伤害发生之日或者被诊断、鉴定为职业病之日起 1 年内，可以直接向用人单位所在地统筹地区社会保险行政部门提出工伤认定申请”。对于这 1 年时间如何计算，在杨某峰与无锡市劳动和社会保障局工伤认定纠纷上诉案（以下简称杨某峰案）中，鉴于铁屑生锈之后造成伤害的潜伏性，江苏省无锡市南长区人民法院和江苏省无锡市中级人民法院均确认事故发生之日与伤害结果发生之日之间可以分离，[②] 故而将“事故伤害发生之日”解释为“包括事故引发的伤害发生之日”。至于是否以知道或应当知道伤害发生为标准起算，亦即时效的起算点问题，江苏省无锡市中级人民法院二审指出：

> 《工伤保险条例》……时效规定，与《民法通则》第一百三十六条关于“身体受到伤害要求赔偿”的诉讼时效是一致的。而《民法通则》第一百三十七条规定：诉讼时效期间

① 详细分析，可参见王贵松：《民法规范在行政法中的适用》，《法学家》2012 年第 4 期，第 40～53 页。

② 事故发生之时必然有伤害发生（这也是被告的主张），但不一定发生在法律上有意义的伤害。故而所谓与事故不同时发生的伤害，准确地说，应该是指在法律上有意义的伤害。

从知道或者应当知道权利被侵害时起计算。《最高人民法院关于贯彻执行〈中华人民共和国民法通则〉若干问题的意见(试行)》(以下简称《民法通则意见》)第一百六十八条规定:人身损害赔偿的诉讼时效期间,伤害明显的,从受伤害之日起算;伤害当时未曾发现,后经检查确诊并能证明是由侵害引起的,从伤势确诊之日起算。职工在生产劳动过程中发生的人身伤害,亦属于《民法通则》这一民事基本法律规定的公民民事权利受到侵害的情形,工伤职工请求赔偿的,应当适用《民法通则》和《民法通则意见》中有关诉讼时效期间起算的规定。劳动保障部门在确定工伤认定申请时限的起算点时,也应与有关法律法规的规定一致。[①](着重号系引者所加,下同)

二审法院在行政判决中适用了《民法通则》及其司法解释,论证了为什么时效要从知道或应当知道权利被侵害之时起算,补充了一审法院不充分的说理。[②] 但这一判决书被选登在《最高人民法院公报》时,最高人民法院将其改写成如下表述:

工伤认定申请时效虽然与民事诉讼时效不同,但在判断

① 杨某峰与无锡市劳动和社会保障局工伤认定纠纷上诉案,最高人民法院中国应用法学研究所编:《人民法院案例选》(2008年第3辑),人民法院出版社2009年版,第460页。

② 主审法官在解说词中指出,"审理本案的法官在对'事故伤害发生之日'做出'不限于事故发生之日,还应包括事故引发的伤害发生之日'的解释时,也采用了类推的法律解释方法"。最高人民法院中国应用法学研究所编:《人民法院案例选》(2008年第3辑),人民法院出版社2009年版,第463页。但它是类推适用抑或直接适用,仍可争论。这一判决的解说词没有出现在判决书中,也显示了法官对类推适用的隐忧。

> 时效起算时间时，应当参照上述关于民事诉讼时效起算时间的规定。劳动保障部门在确定工伤认定申请时效的起算时间时，应当以工伤事故伤害结果实际发生的时间为标准。[①]

这说明最高人民法院对江苏省无锡市中级人民法院的认定是不予认可的：两个时效是不同的，也不是直接适用民事诉讼时效，而是参照适用。两者的分歧源于何处？为什么能够将民法规范适用到行政法领域，民法规范又该如何适用？能否将这一做法推广，又能推广应用于何种情形？法院自身并未作出说明，这就成为学术研究的重要课题之一。

总的来说，在解决行政争议，出现法律漏洞时，如果民法规范能够提供相应的法律依据，法律适用者不仅有必要适用，甚至还有义务适用民法规范。之所以说有必要，是因为存在纠纷解决的必要性与行政法规范的供给不足的矛盾，需要适用民法等其他法律规范。行政法因其所调整的行政关系复杂多变而不可能做到事无巨细地规定无遗，更何况立法者的认识也是有局限性的，因而，行政法个别领域很可能缺乏规范，这也是一个不争的事实。既然行政法很可能存在漏洞，而客观存在的行政争议需要得到有序的法律解决，那么法律适用者就需要借助其他法的规定来填补漏洞，解决纠纷。行政法与民法具有一定的共通性，行政法适用民法规范，并不违反民主与法治原则。

---

① 杨某峰与无锡市劳动和社会保障局工伤认定纠纷上诉案，《最高人民法院公报》2008 年第 1 期，第 45 页。

（二）民法规范在行政法中的直接适用

在强调行政法与民法的共通性的同时，自然不可忽视两者在价值取向、评断标准等方面的差异。究竟什么样的民法规范能够适用于行政法中？这些规范又能怎样适用于行政法中？这是两个与适用正当性紧密相连的问题。

1. 直接适用的具体类型

首先从我国的审判实践来看看究竟在现实层面上直接适用了哪些民法规范，之后再来总结其直接适用的基本规则。

（1）一般法原则的直接适用。

一般法原则，是指在整个或多数法律领域通用的法原则。诚实信用原则就是其适例之一，并在行政法上逐渐为我国法院所承认。在益民公司诉河南省周口市人民政府等行政行为违法案中，河南省高级人民法院运用了“诚信原则”：

> 根据建设部272号文关于公用事业应通过招标实行特许经营的规定，益民公司原有的燃气经营权应予废止，同时在根据公共利益的需要不撤销被诉行政行为，由亿星公司负责周口市天然气管网经营的情况下，益民公司也不能再继续经营管道燃气或天然气管网。在此情况下，益民公司原来基于有关行政机关授予的燃气经营权而进行的工程建设和其他资产投入将形成益民公司的损失。对此，市政府及有关职能部门负有一定的责任。在益民公司的燃气经营权被终止，其资金投入成为损失的情况下，市政府应根据**政府诚信原则**对益

民公司施工的燃气工程采取相应的补救措施予以处理。[①]

然而，诚信原则或诚信义务从何而来？这是行政法的法律所没有规定的。明确规定“诚实信用”的是《民法通则》第 4 条和《合同法》第 6 条（《民法典》第 7 条），并且作为民法基本原则来规定。但法院直接用以拘束行政机关，换句话说，我国某些法院虽然没有明确阐明，但也承认诚信原则的一般法律效力，认为可以直接适用于行政法。但除诚实信用原则之外，偶尔还能看到禁止权利滥用原则的适用。

（2）一般法律制度的直接适用。

一般法律制度是指一般性的通用于不同领域的法律制度。其实质是秉持共同的法理。在杨某华诉合川市人民政府土地行政批复案中，重庆市高级人民法院适用了不当得利的法理，并指出：

> 被上诉人杨某华在拆迁前的房屋属于划拨占地，产权调换后的房屋占地也应为划拨，若要变为出让占地，被拆迁人应缴纳一定的土地出让金，否则被拆迁人不当得利。合川市人民政府以划拨方式作为拆迁还建房用地，并没有损害被上诉人杨某华的利益，只是防止了其不当得利……虽然《城市房屋拆迁管理条例》没有明确规定划拨用地可作拆迁还建房用地，但用划拨地修拆迁还建房符合该条例对土地不予补偿的精神，因此，应当认定上诉人合川市人民政府作出的（2002）76 号《批复》，批准第三人合川市华宇房地产开发有

① 益民公司诉河南省周口市人民政府等行政行为违法案，《最高人民法院公报》2005 年第 8 期，第 27～28 页。

限公司以划拨方式取得1873平方米国有土地使用权符合1991年《城市房屋拆迁管理条例》的精神，与《土地管理法》并不抵触，具有正当合理性。①

明确规定“不当得利”的是《民法通则》第92条，即“没有合法根据，取得不当利益，造成他人损失的，应当将取得的不当利益返还受损失的人”。② 本案中，法院并没有直接引用《民法通则》的规定，而只是将其作为一般法理来判断其中的权利义务关系。

在前述的杨某峰案中，无锡市中级人民法院在工伤认定的行政争议中直接适用了民法上诉讼时效的起算规定。在国外，除不当得利、紧急避险之外，直接适用的类似制度还有取得时效、消灭时效、债务抵销等。在行政合同、公共设施的使用关系等领域，也常常直接适用民法的规定。③

（3）法律技术性规定的直接适用。

我国法院在行政裁判中还常常适用民法关于期间的计算规则（参见《民法典》第200～203条）。这属于法律技术性规定，通常可以直接适用，即使在行政领域，它也几乎没有特殊之处。另外，法院还在当事人身份、年龄、行为能力、住所等的认定上，常常直接适用民法的规定。

---

① 重庆市高级人民法院（2005）渝高法行终字第41号行政判决书，2005年3月24日。重庆市高级人民法院编：《重庆审判案例精选》（第1集），法律出版社2006年版，第429页。

② 《民法典》第122条的规定与此大致相同：“因他人没有法律根据，取得不当利益，受损失的人有权请求其返还不当利益。”

③ 石井昇『行政法と私法』（ぎょうせい1998年）114頁以下参照。

不同法律部门之间的共通性是不容抹杀的，而且民法的产生远远早于行政法，其规定相对成熟完满，在行政法独立时，民法的有一些规定因被视为共通的规定，而没有再次被规定在行政法中。在发生行政争议时，这些规定当然可以直接适用于行政法。当然，这里需要进一步说明的是，直接适用一般法原则和一般法律制度、法律技术性规定是有差别的，从一般法原则无法直接得出具体的权利义务，故而其只能充当判断基准，一般法律制度和法律技术性规定则可以成为裁判规范。

2. 直接适用的基本规则

行政法中固然可以直接适用某些民法规范，但应当遵循一定的适用规则，否则也易于造成法律适用者的恣意。具体而言，第一，直接适用民法规范的前提在于行政法欠缺相应的规定，换言之，行政法存在漏洞。举例来说，行政诉讼的起诉期限能否直接适用诉讼时效的计算规则。1989 年《行政诉讼法》第 39 条规定："公民、法人或者其他组织直接向人民法院提起诉讼的，应当在知道作出具体行政行为之日起三个月内提出。"但该法似乎未就起诉期限的中断、中止问题作出规定。在刘某文诉北京大学学位评定委员会不批准授予博士学位决定案中，刘某文在得知北京大学不予颁发学位证、学历证后向学校申诉，收到的答复是"研究研究"，但无下文，其也曾向国家教委学位办反映。在第一轮诉讼中，一审法院认为：

> 被告作出不批准决定后，刘某文曾向其反映不同意见，被告提出让刘某文等候答复，但直到刘某文向本院起诉时止，被告一直未向刘某文作出明确的答复，故原告刘某文的

起诉未超出法定的诉讼时效。[①]

这一判决意见实质上是将行政诉讼法上的起诉期间等同于诉讼时效，并实质上将《民法通则》第140条关于诉讼时效中断的规定（当事人一方提出要求）直接适用于此，得出未超过诉讼时效的结论。但正是基于这一点，二审法院撤销一审判决，发回重审。在第二轮诉讼中，一审法院转而认为：

> 法律对公民提起诉讼的期限作了明确规定，公民不服行政主体作出的具体行政行为，应当在法定的起诉期限内提起行政诉讼……原告对被告作出的决定提起行政诉讼的期限，应当根据1991年5月29日通过的《最高人民法院关于贯彻执行〈中华人民共和国行政诉讼法〉若干问题的意见（试行）》第35条的规定计算，即从签字领取结业证书之日起至1997年7月1日止，原告于1999年9月24日向本院提起行政诉讼，已超出法定起诉期限。[②]

二审法院对此亦予以认可，并进一步表明了超过起诉期限的法律效果是“该项诉讼权利不再受到法律保护”。[③]

应当说，无论是第一轮一审法院直接承认还是第二轮两级法院事实上承认，都表明行政诉讼法上的起诉期限与民法上的诉讼

---

① 刘某文诉北京大学学位评定委员会不批准授予博士学位决定案，北京市海淀区人民法院（1999）海行初字第103号行政判决书，1999年12月17日。

② 刘某文诉北京大学学位评定委员会不批准授予博士学位决定案，北京市海淀区人民法院（2000）海行初字第157号行政裁定书，2000年12月15日。

③ 刘某文诉北京大学学位评定委员会不批准授予博士学位决定案，北京市第一中级人民法院（2001）一中行终字第50号行政裁定书，2001年3月30日。

时效是一种制度，但是第二轮诉讼中，法院并未适用《民法通则》关于诉讼时效中断的规定，且不说明理由，而径直适用行政诉讼法的规定。的确，行政诉讼法架构的起诉期限制度与民法上的诉讼时效制度是同一种制度，无论是在功能上还是在法院的实际审理上都是如此。[①] 但两者仍然有很大的差别，民法上的诉讼时效一般为 2 年，而当时行政诉讼法上的起诉期限一般为 3 个月。仅此就可以看出，两者所追求的目标是存在差异的。行政诉讼法上的起诉期限“制度的宗旨在于为早期确定行政法关系服务”，这也使行政行为具有了不可争力。[②] 其追求的目标更倾向法的安定性。在法的安定性与当事人诉权保障的权衡上，行政诉讼法没有采取诉讼时效中止和中断的制度，而是采取了主观性起诉期限（自知道之日起算，参见 1989 年《行政诉讼法》第 39 条）和客观性起诉期限［最长客观期限；参见《最高人民法院关于贯彻执行〈中华人民共和国行政诉讼法〉若干问题的意见（试行）》第 35 条，2000 年《行诉法解释》第 41、42 条；其性质为除斥期间］制度，以及正当客观事由的起诉期限延长制度（参见 1989 年

① 最高人民法院法官甘文认为，两者是不同的概念，超过诉讼时效丧失的是胜诉权，超过起诉期限则起诉权消灭。参见甘文：《行政诉讼法司法解释之评论——理由、观点与问题》，中国法制出版社 2000 年版，第 119～120 页。但是，首先，《行政诉讼法》第 41 条的起诉要件并不包括起诉期限，即使超过起诉期限仍应受理；其次，虽然司法解释规定超过起诉期限的裁定驳回起诉，而非判决驳回，但法院是无法通过起诉状就判断是否超过起诉期限的（其例证之一是《行诉证据规定》第 4 条第 3 款规定，“被告认为原告起诉超过法定期限的，由被告承担举证责任”），实际上也要经过实体审理，看其是否真的超过起诉期限以及其有无不可归责于起诉人的事由，这与民法中的诉讼时效并无二致。

② 参见［日］盐野宏：《行政救济法》，杨建顺译，北京大学出版社 2025 年版，第 78 页。

《行政诉讼法》第 40 条）和中止制度（参见 2000 年《行诉法解释》第 43 条）。[①] 换言之，行政诉讼法在这里已有一定的制度安排，不必也不能直接适用民法上的诉讼时效中断制度。

第二，必须要说明该规范是通用的原则、制度、法律技术。民法中的制度与行政法中的制度有时候形同实异，故而，说明两种制度的相同性就成为行政法直接适用民法规范的重要环节。例如，前文所述的民法的诉讼时效与行政诉讼法的起诉期限虽然同为一个制度，但因为行政法的特性，却不能在行政诉讼的起诉期限上直接适用民法关于诉讼时效中断的规定。再如，法院直接适

---

① 我国有些法院就是将类似于刘某文诉北京大学学位评定委员会不批准授予博士学位决定案中的情形（受理者是有权处理的主体）作为不可归责于原告的正当客观理由，例如，海南省高级人民法院在一则裁定中认为：

> 由于其曾先后多次向海南省工商局主张该公司变更为非法变更并要求纠正，海南省工商局的法规处、内资处和第四纪检组也已受理投诉，但至今没有得出最终处理结论，故耽误的期间不是忞某民自身原因造成的。根据最高人民法院《关于执行〈中华人民共和国行政诉讼法〉若干问题的解释》第 41 条第 1 款……及第 43 条“由于不属于起诉人自身的原因超过起诉期限的，被耽误的时间不计算在起诉期间内”的规定，不能认定忞某民于 2006 年 8 月提起行政诉讼已超过起诉期限。

参见忞某民诉海南省工商行政管理局企业变更登记案，海南省高级人民法院（2007）琼行终字第 32 号行政裁定书，2007 年 4 月 11 日。该院还在一则判决中认为：原告在知道海口市政府给粮管所的颁证行为之后，“就申请有关部门协调，要求粮管所给予一定的补偿，在协商未果的情况下才申请复议和起诉”，根据 2000 年《行诉法解释》第 43 条的规定，没有超过起诉期限。参见海口市美兰区灵山镇灵山村民委员会大统上经济社诉海口市人民政府颁发国有土地使用证纠纷案，海南省高级人民法院（2006）琼行终字第 057 号行政判决书，2006 年 12 月 13 日。

四川省高级人民法院认为：法院既未按规定立案，也未出具不予立案的书面裁定的，当事人“向其他行政部门上访、申诉的时间不应当计算在起诉期间内”。参见眉山气雾剂厂诉眉山市人民政府、眉山市国土局土地行政登记案，《最高人民法院公报》2005 年第 2 期，第 45 页。奇特的是，2000 年《行诉法解释》的起诉期限的中止事由却是民法上诉讼时效的中断事由，这或许是不规定起诉期限中断制度的一种变通。

用诚信原则固然有其合理性，但是还欠缺说理。应该说，法院所称的“诚信原则”是民法中的概念，并不是对行政主体的拘束。法院何以拿着本非对行政主体加以拘束的原则来限制行政主体呢？其依据何在？什么样的民法规范是一般法原则的表现，“不能一概而论，而应就有关之规定审慎判断之。仅于依其一般之内容及意义，明白显示该法律规定适用于全部之法律生活者”，才可以被认定为一般法原则。[①] 法院是司法机关，它只能依据立法机关所制定的法律对行政主体加以拘束，而不能自行造法限制行政机关，否则有违其权力的性质和权力分立的原则。故而，法院必须说明这些原则的共通性。法院应当举出《全面推进依法行政实施纲要》中的“诚实守信”要求，说明其虽非行政法规，但仍是对行政机关的要求。故而，诚信是共通的原则，只是在行政法领域尚未法律化而已。

在杨某峰案中，无锡市中级人民法院直接适用了民法上诉讼时效的起算规定，是这样说明理由的：

> 大前提：民事权利受到侵害的情形适用《民法通则》的规定。
>
> 小前提：职工在生产劳动过程中发生的人身伤害，属于民事权利受到侵害的情形。
>
> 结论 1：职工工伤应当适用《民法通则》的规定。
>
> 大前提：《民法通则》具有有关诉讼时效的期间起算规定。

① 参见陈敏：《行政法总论》，自刊行，2019 年第 10 版，第 46 页。

结论2：工伤职工请求赔偿的，应当适用《民法通则》有关诉讼时效期间起算的规定。

小前提：劳动保障部门在确定工伤认定。

结论3：劳动保障部门在确定工伤认定申请时限的起算点时，也应与有关法律法规的规定一致。

第三，在直接适用民法规范时，不得变更行政法的强行性规范。在车某秀等诉乐山市沙湾区社会保险事业管理局（以下简称为保险局）不履行行政给付法定职责案中，杨某春在下班途中，发生交通事故死亡，后被认定为因工死亡。死者的妻子车某秀在获得事故责任人的民事赔偿79 934.72元后，申请杨某春因工死亡保险待遇，保险局经审核为76 689.72元。保险局认为交通事故赔偿已超过工伤保险基金赔偿，遂决定不再支付工伤保险待遇。其理由在于“不是让当事人不当得利，明显获得双份赔偿的权利”。但四川省乐山市中级人民法院指出：

> 行政法上之行政主体的权利义务法定，行政行为的作出必须严格依照国家法律规定，其作为与不作为职责也为法定，行政责任即行政给付义务的承担与否应依据法律、法规的规定。从本案看，国务院《工伤保险条例》第二条规定企业职工和个体工商户的雇工有依照本条例的规定享受工伤保险待遇的权利，从法律上确定了劳动保障和社会保险管理部门负有依法律职责对工伤及工伤保险作出认定和行政给付义务……被上诉人获得的交通事故赔偿，是基于民事侵权责任成立的人身损害赔偿民事法律关系，被上诉人获得的工伤保

> 险待遇是基于行政给付的法律关系，被上诉人是否请求获得人身损害赔偿和实际获得赔偿的多少与请求工伤保险给付并无法律规定之竞合选择关系。按照国务院《工伤保险条例》的规定，上诉人不能自行免除自身的行政责任。上诉人以被上诉人已获得的交通事故赔偿超过工伤保险赔偿金额为由，作出不再支付被上诉人工伤保险待遇的行政行为不当。[①]

行政机关的法定职责不能通过适用民法规范来规避，在法定情形出现时就必须履行。行政的特殊性往往就体现于这些强行性规范中，这时就不得直接适用民法规范。

（三）民法规范在行政法中的类推适用

民法规范在行政法中的适用，多数情况下应是类推的间接适用，而不是直接适用，因为行政法毕竟有其自身的特性和功能。直接适用与类推适用的差别在于：前者面对的规范虽然是民法规范，但被视为行政法本身所应有的规范，或者说是两者共通的规范；而后者面对的规范则是行政法本身所没有的规范，只是在准用民法规范而已，在准用民法规范时还可根据行政法的特别需要而修正适用。

1. 类推在行政法上的可用性

在我国，1997 年全国人大在修订刑法时，一方面明确规定了罪刑法定原则；另一方面也取消了 1979 年刑法中的类推规定，[②]

---

① 车某秀等诉乐山市沙湾区社会保险事业管理局不履行行政给付法定职责案，四川省乐山市中级人民法院（2007）乐行终字第 32 号行政判决书，2007 年 11 月 18 日。

② 1979 年《刑法》第 79 条："本法分则没有明文规定的犯罪，可以比照本法分则最相类似的条文定罪判刑，但是应当报请最高人民法院核准。"

这一修改被认为是禁止类推。[①] 姑且不论这种禁止类推的做法是否可能,[②] 它也只是在刑法中禁止而已。[③] 与我国类似，德国基本法第 103 条第 2 款规定，“行为之处罚，以行为前之法律规定处罚者为限”，亦即法律无明文规定者不为罪。但德国学者认为，“禁止类推只在刑法中具有强制性。如果在许多其他法律领域中采用禁止类推，将会导致法官拒绝裁判，而这样将违背宪法”。[④] 我国民法学界亦承认类推的可用性。[⑤]

有学者认为，“类推作为填补漏洞的方法，并非可以适用于所有的法律部门，它主要适用于民法领域”。[⑥] 这一观点倾向于行

---

① 参见张明楷:《刑法学》(上)，法律出版社 1997 年版，第 45～46 页。最高人民法院专门下发通知，要求“1997 年 10 月 1 日以后，各级人民法院一律不再适用修订前的刑法第七十九条的规定向我院报送类推案件”[《最高人民法院关于依法不再核准类推案件的通知》(法发〔1997〕23 号，已失效)]。

② 相关争议，参见［德］考夫曼:《法律哲学》，刘幸义等译，法律出版社 2004 年版，第 193 页。

③ 即使在刑法禁止类推的情况下，也有学者还承认“类推解释”。参见刘明祥:《论刑法学中的类推解释》,《法学家》2008 年第 2 期，第 62 页。也有学者认为，有利于被告人的类推解释是可能成立的。参见陈兴良主编:《刑法方法论研究》，清华大学出版社 2006 年版，第 199 页。但笔者对类推解释的说法持否定态度：类推不是解释，不可模糊类推的概念。

④ ［德］伯恩·魏德士:《法理学》，丁小春、吴越译，法律出版社 2003 年版，第 301 页。

⑤ 例如有学者认为，“在民法上，除了特定的领域实行法定主义之外（如物权法），其他法律领域一般都不禁止类推适用。在法律规定缺失的情况下，类推适用的方法具有非常重要的意义”（王利明:《法律解释学导论：以民法为视角》，法律出版社 2009 年版，第 500 页）。实务界对此也是认可的。在新刑法禁止类推之后，最高人民法院在《全国民事案件审判质量工作座谈会纪要》（法〔1999〕231 号，1999 年 11 月 19 日）中对于认定婚姻关系存续期间夫妻一方卖断工龄款的性质问题，仍然明确使用了“类推”的表述。

⑥ 王利明:《法律解释学导论：以民法为视角》，法律出版社 2009 年版，第 499 页。

政法上是不可适用类推的。但对于行政法来说，禁止类推同样是不可能的，也是不可取的。行政法固然与刑法有类似之处，但亦与民法有共通之处，其介于刑法与民法之间。故而，类推在刑法上禁止适用，而在民法上可以大有作为，处于中间状态的行政法上也有一定的空间可用。刑法之所以严格禁止类推，原因在于刑法所保护法益的重要性，在于要实行严格的罪刑法定原则，保证人民的可预见性。行政法在一定领域也要实行严格的处罚法定、税收法定等原则，但毕竟在此之外还有大量的法律领域存在，并不会刻板地追求这一原则。即使在处罚法定的领域，对于不太严厉的处罚，也并不排除类推适用的可能性。更何况现如今公、私法融合的现象日渐增多，公法中融入了诸多私法的因素，类推适用私法规范是有可能的。当然，行政法中的类推适用也并不是没有限制，仍然要遵循类推适用的基本规则和行政法的特别界限。

2. 类推适用的方法

行政法类推适用民法规范，是有一定规则可循的，只有把握了这些步骤和规则，才能确保类推适用的正当性。下面结合国内外的做法和经验来予以归纳。

（1）确认法律漏洞。

最高人民法院在 1979 年刑法时期形成的一些类推规则，仍可资借鉴。其中重要的一点就是首先要有法律漏洞的存在，否则不可类推。[①]

---

① 具体文件是《最高人民法院关于适用法律类推的案件报送核准问题的通知》（1980 年 1 月 14 日，已失效）、《最高人民法院关于人民法院审判严重刑事犯罪案件中具体应用法律的若干问题的答复（三）》（1985 年 8 月 21 日，已失效）和《最高人民法院关于播放淫秽录像、影片、电视片、幻灯片等犯罪案件如何定罪问题的批复》（1985 年 7 月 8 日，已失效）。

如果已有规则存在，仍然类推，则易于造成法律适用者操纵法条的乱象。这一规则亦可为行政法类推适用民法规范所遵守。这一规则实际上要求法律适用者先进行一般的法律解释，在无法解释的时候再去寻求类推方法，填补法律的漏洞。易言之，“在类推之前，原则上会先尝试对之进行解释，试着从宽去理解法条的文义，宽松到足以让待决案件亦可被涵摄进来。只有当这个尝试确定失败，才会考虑类推”。[①]

（2）寻找相似点。

在确认存在法律漏洞之后，法律适用者就需要找到相应的法律规范，比照适用来解决行政争议。什么样的法律规范可以比照、援引，便成为类推适用的关键。[②] 在类推适用上，最易引起争议的是：如何认定所要处理的案件与法律明文规定的案件具有法律意义上的相似性？这种相似性究竟是一种什么相似？

在德国，对这种相似性的认定主要有三种学说。第一是构成要件类似说，即两个案件的多数特征具有相同性，且在法律评价上对两案具有重大意义的，则可认定两案具有类似性。这也是通

① ［德］英格博格·普珀：《法学思维小学堂：法律人的6堂思维训练课》，蔡圣伟译，北京大学出版社2024年第2版，第221页。

② 最高人民法院曾在一起民事案件的批复中指出：李某秀过去对其弟妹尽过扶助义务，现年老，丧失劳动能力，又无子女赡养，参照婚姻法有关规定的精神，根据权利义务一致的原则，李某沅、李某对李某秀应承担抚养义务，但不宜用“类推”的提法。在处理中，要依靠李某沅、李某等所在单位组织，对其进行思想教育，并主要根据他们的经济条件，争取调解解决（参见《最高人民法院关于对年老、无子女的人能否按婚姻法第二十三条类推判决有负担能力的兄弟姐妹承担抚养义务的复函》，1981年9月1日）。之所以不宜用“类推”的提法，是因为“兄弟姐妹与婚姻法（原）第23条规定的扶养义务适用的对象性质差异较大”［孔祥俊：《法律方法论》（第三卷：裁判模式、自由裁量与漏洞填补），人民法院出版社2006年版，第1450页］。

说。第二是实质一致说，即系争法律规定的法定案型事实与待决案件事实间是否具有实质的一致性。第三是同一思想基础说，即系争案件事实与法定案型事实之间具有同一利益状态，即具有相同的基本思想，即可认定具有类似性。德国联邦最高法院有关类推适用的判决为数不少，但就相似性如何认定而言，则未建立一定标准，仍须视个案而定：有时以同一思想基础为其相似性的建立基盘，有时则又强调案件事实与法定案型事实之间如此类似，以至于依正义诫命须类推适用。①

这三种学说虽有微妙差异，但仍有其相互补充之处。在行政法规范缺失的情况下，能够比较的就是民法规范的要件事实（法定案型事实）与行政争议的案件事实。一方面，民法规范原本是抽象的规定，要适用该规范，就必须满足该规范的构成要件，满足这些构成要件的事实便是要件事实，故而，民法规范要向着事实具体化。而另一方面，行政争议的案件事实能否适用民法规范，就要看它是否符合民法规范的构成要件，故而它要朝着规范进行抽象化。这就是在构成要件上谈相似性。“此二者相同的特性，必须正是应被类推适用的法规范中用以建构法律效果的那些特性。”② 而这种相同要达到何种程度，实质一致说认为，只有在两者能够具有实质的类似性时，才可以比照适用。但什么叫实质的类似性，如何判断？同一思想基础说便是一个值得考虑的标准。正如德国法学家拉伦茨所言，“法定构成要件中，哪些要素

---

① 参见黄建辉：《法律阐释论》，新学林出版股份有限公司 2000 年版，第 36～38 页。

② ［德］英格博格·普珀：《法学思维小学堂：法律人的 6 堂思维训练课》，蔡圣伟译，北京大学出版社 2024 年第 2 版，第 220 页。

对于法定评价具有重要性，其原因何在，要回答这些问题就必须回归到该法律调整的目的、基本思想，质言之，法律的理由上来探讨”。[①]

（3）比照适用。

类推是在规范目的的基础上将这一法律评价适用于另一相似的案件中。根据平等原则“同则同之”的要求，既然民法的要件事实和行政法的案件事实的构成要件在重要事项上具有实质的一致性，就应当将民法规范适用于行政法的空白领域。但必须注意的是，既然是两种案件，就必然有一些不同之处。根据平等原则“异则异之”的要求，需要分析这些不同点是否足以排斥民法的法律评价。如果不同点与要件事实无关，而仅为法律效果的一个影响因素，甚至在法律效果上是没有意义的，则比照适用的可能性较大。如果不同点是与要件事实相关的，则不可比照适用的可能性较大。例如，对于受托人超越行政委托范围的行为责任，行政法并无明确规定，而根据《民法典》第 171 条第 1 款规定，只有经过被代理人的追认，被代理人才承担民事责任，这一规定除在主体上与行政委托不同以外，其他均为一致。然而，这一主体上的不同，却在责任承担的方式上有重要的影响。《行政诉讼法》第 26 条第 5 款规定，“行政机关委托的组织所作的行政行为，委托的行政机关是被告”。这表明，行政法要求委托者对受害人承担法律责任，以便及时、有效地给受害人以充分的救济，所以，

① ［德］卡尔·拉伦茨：《法学方法论》，陈爱娥译，商务印书馆 2003 年版，第 258 页。

就不能类推适用民法的规定。相反，因为行政委托关系的存在，相对人具有合理原因对受托人的行为产生信赖，《民法典》第 172 条[①]关于表见代理的规定却是可以准用的。

3. 类推适用的界限

从总体上而言，行政法类推适用民法规范，虽然不违反民主与法治原则，但其适用的界限正来自民主与法治原则。“和立法者不同的是，行政机关与法官欠缺民主正当性，行政机关与法官补充法律漏洞的权限是补充性的，所以只能有限度地行使。处于这些既定的背景下，在下列情形补充法律漏洞是不合法的：当可能产生自法律补充的新规范，涉及基本重大的问题（国会保留）；当立法者既有的明确决定，不容许法律补充，法律的规范内容将因法官造法而无法维护；当立法者即将作一个新的决定；当法安定性将因法律漏洞补充而动摇；当法律漏洞补充意味着一个应受法律保留原则支配，但未被法律纳入规范的侵害。”“只有在不抵触民主原则和法治国家原则的限度内，法律漏洞才可以由行政机关与法官加以填补。”[②]

具体而言，行政法类推适用民法规范尚需遵循以下界限。第一，在类推适用民法时，所类推者为“法律效果”而非“法律原因”。例如，因依法行使公权力，扣押私人的物品或拖吊违规停放车辆，而发生应如何保管及返还的问题，行政法无特别规定

① 《民法典》第 172 条规定：“行为人没有代理权、超越代理权或者代理权终止后，仍然实施代理行为，相对人有理由相信行为人有代理权的，代理行为有效。”

② 翁岳生编：《行政法》，中国法制出版社 2009 年第 2 版，第 225、226 页（陈清秀执笔）。

时，自可类推适用民法有关寄托的规定；反之，并不能依据民法的寄托规定，成立公法的保管关系。此外，民法有关无因管理的规定，虽亦可类推适用于公法，但行政法并不得基于无因管理而扩张其干涉人民的权限。[①] 第二，类推适用民法规范，要遵守行政法的一般原则。在处罚法定、税收法定等领域，既不得假借类推之名加重私人的负担，也不得减轻私人的法定义务。例如，虽然税务关系与民法上的金钱债务关系相近，但根据税收法定原则，即不容许税务机关（作为债权人国家的代理人）类推适用民法关于债权人的规定（参见《民法典》第 575 条），免除纳税人的纳税义务。第三，如果存在类似的行政法规范，应当优先类推适用行政法规范。相对于民法规范而言，身处行政法律体系之中的行政法规范更符合行政法的价值取向，立法者在制定时已作出了这样那样的考量。例如，《行政许可法》第 75 条第 1 款规定要退还非法收取的费用，《治安管理处罚法》第 105 条第 4 款规定应当退还与案件无关的扣押物品，《税收征收管理法》第 51 条第一分句规定税务机关发现纳税人多缴税款后应当立即退还，但均未就其孳息问题作出规定。相关的规定有两个：一个是《税收征收管理法》第 51 条第二分句的规定，[②] 另一个是《民法典》第 460 条的规定。[③] 对于扣

① 参见［德］哈特穆特·毛雷尔：《行政法学总论》，高家伟译，法律出版社 2000 年版，第 51 页。

② 《税收征收管理法》第 51 条第二分句规定：纳税人自结算缴纳税款之日起 3 年内发现的，可以向税务机关要求退还多缴的税款并加算银行同期存款利息，税务机关及时查实后应当立即退还。

③ 《民法典》第 460 条规定："不动产或者动产被占有人占有的，权利人可以请求返还原物及其孳息；但是，应当支付善意占有人因维护该不动产或者动产支出的必要费用。"

押物品的孳息问题，若为天然孳息，则可类推适用《民法典》第460 条的规定。但对于退还非法收取的许可费用的孳息问题，应当优先类推适用《税收征收管理法》第 51 条第二分句的规定，而不是《民法典》第 460 条的规定，因为《税收征收管理法》的规定属于行政法的规定，而且法定孳息的标准已经明确。

二、行政法与民法的相互限制

某些法律行为看上去属于民事行为，应当适用民法规范，但在现代社会，有时要对其施以行政法的限制，以确保该民事行为中的某些公益属性。

（一）公物法对物权法的限制

广义的公物即泛指国家或自治团体，直接或间接地为达到行政目的所必要的一切财产，包括财政财产、行政财产和公用财产三种。狭义的公物则仅指行政财产和公共用物两种。[①] 公物的通行概念中一般包含着以下几个方面的要素：第一，有体物。当然，这一要素在现今越来越受到质疑。[②] 第二，行政主体提供。

① 参见范扬：《行政法总论》，邹荣勘校，中国方正出版社 2005 年版，第 136～137 页。

② 时代在发展，公物的范围不可避免地会受到影响。但要将公物扩大到何种程度，还需要进一步研究方能作出判断。有关讨论可以参见［日］盐野宏：《行政组织法》，杨建顺译，北京大学出版社 2025 年版，第 306 页。

这就在普通的物之上注入了公法的因素。第三，供公共目的使用。这是公物中最关键的要素。

不妨先来看两个例子。一个例子是，由于年运行维护费用巨大，达 110 万美元，纽约市政府 2006 年决定将一座历史名桥以 1 美元出售，并承诺在 15 英里（约合 24 公里）范围内免费“送货”，但条件是买主必须按时维护这座桥梁，且不能改变其历史特征。[①] 问题在于：(1) 公物可以转化为私物吗？若可，条件为何？(2) 私人获得这座桥的所有权后，是否应继续受到政府施加条件的限制？如果不加条件限制，又会有怎样的后果？(3) 这种附有条件的所有权转让与民法上所有权转让的结果有何差异？另一个例子是，人民大会堂作为利用国家财政建成的全国人大议事场所，有时却出租给商业使用。这产生的问题是：人民大会堂的性质是什么？将人民大会堂出租经营，是否合乎其本来的目的？是否会缩短人民大会堂的使用寿命？但若将人民大会堂闲置，是否也有碍于物的效用的最大化？

按照《民法典》第 240、243 条的规定，私物原则上可以自由地占有、使用、收益、处分，或者成为行政征收、征用、强制执行的对象。但是，公物是否也可以同样适用《民法典》，被自由处分，被强制执行呢？在大陆法系的一般理论上，公物的流转受到很大的限制，大致包括不可融通、不适用取得时效、不适用强制征收等几个方面。那么，公物为什么要受到不同于私物的诸

① 参见刘鹏：《纽约欲以一美元卖古桥》，《深圳特区报》2006 年 1 月 16 日，A13 版。

多限制呢？其根源仍然在于公物与一般私有财物颇有不同，它涉及公共目的的实现。

1. 不可融通性

所谓公物的不可融通性，是指公物在公共使用目的废除之前，其所有权不能转让，这种转让，不论出于行政主体的自愿行为还是非自愿行为，都不发生效力。公物原则上具有不可融通性，不能成为交易的标的物。公物的不可融通性可能是基于公物的性质，也可能是基于法律的规定。这是法国、德国、日本的通说。这一点上公物与私物有很大的差别。学说上一般认为，公物的不可融通性在于保护公物的公共使用的目的。如果允许公物成为交易的标的物，则会妨碍其公共目的的实现。

有学者认为，公物是否具有不可融通性，尚应区别其种类而定。凡国家公有的公物，一般不得让与他人或者在其上设定地上权或抵押权等限制物权。尤其是河川、港湾等物，受公法上的限制较严，不论何种私权，皆不得设定于其上。至于其他各种公物，未经公用废止，要受到同样的限制。对于他有公物（私有公物），其私权不是不能行使，而是在有害于目的的程度内不得行使。如行政主体租借私人土地，已经建设为菜市场，其土地所有权虽然可以自由转让或设定抵押权，但受让人或抵押权人仍须将其土地继续供诸公用，不能充作私用。[①] 这一学说亦为其他学者所认可。[②] 但是，我们也应看到，私有公物虽然可以融通，但是

---

① 参见范扬：《行政法总论》，邹荣勘校，中国方正出版社 2005 年版，第 140 页。

② 参见吴庚：《行政法之理论与实用》，中国人民大学出版社 2005 年版，第 136 页；翁岳生编：《行政法》，中国法制出版社 2009 年版，第 426 页（李惠宗执笔）。

在融通之后仍然受公物法或公共目的使用的限制。这是私物不具有的特性。在私物所有权发生转移之后，原所有权人就不可能再对其施以某种限制。

至于道路、河川等公共用物以及行政财产，鉴于其性质和目的，期待其管理的公正，原则上禁止设定私权、行使私权，限制其融通性。在法律上严格限制公共用物的融通性，从管理的公正化观点来看，它是正确的，但从另一方面来看，它妨碍了对公物能动地管理运营。[①]

再来看看我国的实定法规定。例如《治安管理处罚法》第 71 条第 2 项规定：违反国家规定，收购铁路、油田、供电、电信、矿山、水利、测量和城市公用设施等废旧专用器材的，处 1 000 元以上 3 000 元以下罚款；情节严重的，处 5 日以上 10 日以下拘留，并处 1 000 元以上 3 000 元以下罚款。这一规定的目的可能在于防止公用设施等遭到破坏，但在客观上形成了就这些公物不得收购买卖的状态。再如《公共文化体育设施条例》第 22 条规定：公共文化设施管理单位可以将设施出租用于举办文物展览、美术展览、艺术培训等文化活动。公共体育设施管理单位不得将设施的主体部分用于非体育活动。但是，因举办公益性活动或者大型文化活动等特殊情况临时出租的除外。临时出租时间一般不得超过 10 日；租用期满，租用者应当恢复原状，不得影响该设施的功能、用途。这一规定也可以认为是承认公物的不可融通性的，即使在某种情况下可以出租，也要受到其自身公共目的性的

---

① 原竜之助『公物営造物法（新版）』（有斐閣 1974 年）346 頁参照。

限制。而《民法典》第 255 条规定，“国家机关对其直接支配的不动产和动产，享有占有、使用以及依照法律和国务院的有关规定处分的权利”。这里的“依照法律和国务院的有关规定处分”是否就像是《治安管理处罚法》《公共文化体育设施条例》这样的规定呢？我们不得而知。联系其第 240 条一般规定来看，[①] 这里的“依照法律”似乎也可以包含《民法典》本身。我们或许可以作出这样的猜想，国家在制定《民法典》的时候，一方面将私有财产与公物都作为物权法上的物来对待，另一方面，立法者心目中所设想的物只是私有财产而已。物权法对于公物的公共目的性虽然有所注意［如部分公益设施不得被抵押的规定（参见《民法典》第 399 条第 3 项）］，但在很大程度上还是将公物与私物等同视之。

2. 不可时效性

公物是否可以依照民法取得时效的规定而由私人取得所有权或者其他物权呢？学说上意见分歧，有否定说、限制的肯定说、默示的公用废止说、完全时效取得说等[②]，司法实务当中也做法不一。日本二战后的判例采用了默示的公用废止说。日本最高法院曾判决指出：“公共用财产，长年间事实上没有被供用于公共目的而放置着，作为公共用财产的形态、功能完全丧失。该物为他人平稳而公然地持续占有而实际上还无害于公共目的，继续维持该物为公共用财产的理由已经不复存在，上述公共用财产，就

---

① 《民法典》第 240 条规定：“所有权人对自己的不动产或者动产，依法享有占有、使用、收益和处分的权利。”

② 原竜之助『公物営造物法（新版）』（有斐閣 1974 年）166～169 頁参照。

是被默示地废止公用。据此，应不妨碍取得时效的成立。作如此理解是妥当的。”[①] 在德国，按照法律规定，公物的废止是需要经过一定的程序的，并对包括利用人在内的第三人的权利予以保护，所以默示的公用废止是难以成立的。但法国的判例接受了默示的公用废止理论。[②]

在我国，《民法通则》、《物权法》以及《民法典》等法律当中均未规定时效取得制度，如此似乎更不必谈及公物的时效取得问题。《民法典》第242条规定，“法律规定专属于国家所有的不动产和动产，任何组织或者个人不能取得所有权”。《民法典》第311条第1款同时还规定了善意取得制度，“无处分权人将不动产或者动产转让给受让人的，所有权人有权追回；除法律另有规定外，符合下列情形的，受让人取得该不动产或者动产的所有权：（一）受让人受让该不动产或者动产时是善意；（二）以合理的价格转让；（三）转让的不动产或者动产依照法律规定应当登记的已经登记，不需要登记的已经交付给受让人”。从法解释论出发，《民法典》第242条的规定应该构成了对善意取得制度的限制。如此，私人就不能取得公物（除私有公物外）的所有权。但这对于如何保持公物的公共性、发挥物的效用、维护某种法律秩序的稳定性又是特别重要的，需要重新加以审视和决策。

3. 不得强制执行

既然公物属于不可融通物，自然应以不得成为民事强制执行

---

① 最高裁1976年12月24日判決、最高裁判所民事判例集30巻11号1104頁。

② 参见［日］大桥洋一：《行政法学的结构性变革》，吕艳滨译，中国人民大学出版社2008年版，第205～206页。

的标的物为原则。债务人管理的公物属于推行公务所必需或其移转将违反公共利益的，债权人不得强制执行。当然，在使用目的不受影响的情形下，也应允许例外的存在。

4. 不得行政征收

关于公物是否可以成为征收的对象，在理论上一般存在着两种对立的观点。否定说认为，公物不可以成为征收的对象，因为公物基于公共目的而供人们使用，征收公物即违背这一目的。肯定说认为，公物在一定范围内或者一定条件下可以成为征收的对象。一般而言，公物供公共目的使用，公物原则上不能成为征收的对象是妥当的。[①]

行政征收的对象是私人所有的物，公有的财产如果需要被征收，经财产主管机关依法定程序划拨即可，无须使用征收手段。例如，《宪法》第 10 条第 3 款规定，国家为了公共利益的需要，可以依照法律规定对土地实行征收或者征用并给予补偿。依照《土地管理法》第 54 条的规定，建设单位使用国有土地，应当以出让等有偿使用方式取得；但是，下列建设用地，经县级以上人民政府依法批准，可以以划拨方式取得：（1）国家机关用地和军事用地；（2）城市基础设施用地和公益事业用地；（3）国家重点扶持的能源、交通、水利等基础设施用地；（4）法律、行政法规规定的其他用地。《宪法》第 13 条第 3 款规定，国家为了公共利益的需要，可以依照法律规定对公民的私有财产实行征收或者征

① 2020 年曾发生过甲市卫生健康委员会征用乙市疫情防控指挥部口罩的事件。对此的分析，可参见刘连泰：《疫情防控中征用对征收规范的借鉴——以甲市征用乙市口罩事件为例》，《财经法学》2020 年第 3 期，第 30 页以下。

用并给予补偿。法律上对于公共财产就不存在这样的规定。另外，即使是将公物划拨供另一公共目的的使用，也是要受到限制的，以免影响公众或者公务使用。因此，法律上常对改变公物用途的行为加以限制。

公物具有了上述特性之后，势必与公物作为物之一般特性有所冲突。应该说，公物是物的一种，那么它也应该发挥出最大效用。但是，公物又必须为公共目的服务，这是公物存在的原因所在，否则公物就可以归于消灭。很显然，公共目的性与公物的最大效用是可能发生冲突的，没有用于公共目的之时的公物为何就不能私用呢？举一个极端的例子：行政机关的会议室在晚间为什么就不能出租给私人经营酒吧呢？国家图书馆空闲的房间为什么就不能对外出租呢？我们需要在公物的公共目的性与最大效用之间进行合理的协调。

实际上，在公物设立之初，就应该仔细盘算，到底需要建在何处，建造多大规模，配备多少的相关设施，如何经营，等等。这些都应该合乎比例原则的要求。当然，形势会发生变化，公物在其运营之中可能会出现一些意想不到的事情，例如：因资本匮乏，政府修建长江大桥实施了 BOT 的方式；出于管理有效性的考虑，政府委托私人来管理体育馆等。这些都是可以允许的。公物建设、管理的民营化在很多方面已经得到了实施，而且绩效显著。但从确保公共目的性来看，对公物行政的公正性必须加以保证，对公物非公共目的的功用仍要加以限制。即使是民营化的公物也必须遵循公法的一些基本规则，例如平等对待、公正、公开、自由使用等。只有在这种限制明显不合乎公物设立的原初目的时，才可以对这种限制作出微调。换言之，在一定条件下，只要保证公物的公共目的性，即使完全按照私物（也就是物权法起草者心目中的物）的规则进行运营，也是可以允许的。但必须强调的是，公共目的性在可能的情况下必须得到保证，否则公物就失去了存在的理由，最后受影响的只会是公众使用公物的可能性和方便性。

（二）社会保障法对民事活动的限制

在给付行政中，公法与私法的手段常常交互使用，既保障公共目的的实现，也实现各种利益调整的精细要求。

这里以经济适用房为例作简要说明。根据 2007 年建设部等七部委发布的《经济适用住房管理办法》（建住房〔2007〕258 号）的规定，经济适用房从规划到使用大致有这样三个阶段：第一，规划建设。建设用地以划拨方式供应，建设项目免收城市基础设施配套费等各种行政事业性收费和政府性基金，单套的建筑面积控制在 60 平方米左右。第二，限价销售。经济适用住房由市、县人民政府按限定的价格，统一组织向符合购房条件的低收入家庭出售。经济适用住房供应实行申请、审核、公示和轮候制度。第三，产权受限。《经济适用住房管理办法》第 30 条规定："经济适用住房购房人拥有有限产权。""购买经济适用住房不满 5 年，不得直接上市交易，购房人因特殊原因确需转让经济适用住房的，由政府按照原价格并考虑折旧和物价水平等因素进行回购。""购买经济适用住房满 5 年，购房人上市转让经济适用住房的，应按照届时同地段普通商品住房与经济适用住房差价的一定比例向政府交纳土地收益等相关价款，具体交纳比例由市、县人民政府确定，政府可优先回购；购房人也可以按照政府所定的标准向政府交纳土地收益等相关价款后，取得完全产权。”“上述规定应在经济适用住房购买合同中予以载明，并明确相关违约责任。”经济适用房的规制流程大致如图 8－1 所示。

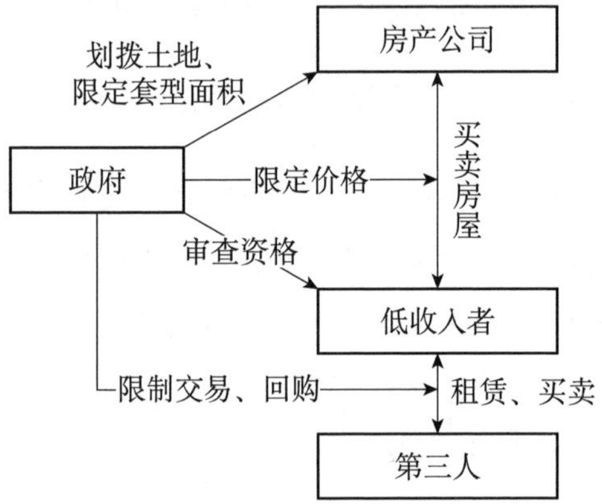

图 8－1　经济适用房的规制流程

通过上述三个阶段，私人通过购买的方式获得了住房，拥有了产权。这看上去都是民事上的行为。但是，开发商是受一定政策优惠的，什么样的人能以怎样的价格购得多大面积的住房，都是经过行政机关审核的；购房人获得产权后仍在一定期限内受到交易上的限制，这些又均非民法所能涵盖。如果购房者违反相关规则进行交易，谁能介入，如何介入呢？房产公司作为原卖方，在买卖完成之后实际上就对房产失去了控制的可能。有关国家机关是否可以行使返还请求权？如何行使？这是十分棘手的问题，很难找到相应的授权规范。

现实中，有关国家机关可能在事后介入交易，告知相关规则，使交易无法进行或无法继续履行，由此将争议转成交易双方的合同争议。在案件诉诸法院后，法院会以判决合同无效的方式维护公共利益，如在李某序与张某颖买卖合同纠纷案：2008 年 12 月 23 日，黑河市经济适用住房建设领导小组给林业局颁发了经济适用住房建设许可证，林业局委托黑河市昌辉房开公司建设开发和销售住宅楼。张某颖系林业局职工，将自己的购房资格转让给了李某序。在被林业局发现并制止后，李某序要求张某颖赔偿。关于李某序与张某颖之间的转让协议的效力问题，黑龙江高级人民法院二审认为：经济适用住房的土地使用权是以划拨方式取得的，依据《城市房地产管理法》第 40 条的规定，[①] 系争房屋的转让须经政府有关部门批准，张某颖将自己的购房资格转让给李某序未经政府有关部门批准。依据《经济适用住房管理办法》第 30 条第 1 款及第 2 款的规定，系争房屋在取得产权证的 5 年内不准予直接上市交易。张某颖作为林业局职工擅自以自己名义为非单位职工购买集资房，不但违反了法律和国务院有关部门规章的规定，也妨碍了单位其他职工购买集资房，损害了社会公共利益，故依据原《合同法》第 52 条的合同无效规定，李某序与张某颖之间的有关房屋购买资格的转让协议属无效协议。[②] 在该案

① 该条规定：以划拨方式取得土地使用权的，转让房地产时，应当按照国务院规定，报有批准权的人民政府审批。有批准权的人民政府准予转让的，应当由受让方办理土地使用权出让手续，并依照国家有关规定缴纳土地使用权出让金。以划拨方式取得土地使用权的，转让房地产报批时，有批准权的人民政府按照国务院规定决定可以不办理土地使用权出让手续的，转让方应当按照国务院规定将转让房地产所获收益中的土地收益上缴国家或者作其他处理。

② 参见李某序与张某颖买卖合同纠纷案，黑龙江省高级人民法院（2014）黑高民申二字第 117 号民事裁定书，2014 年 4 月 22 日。

中，法院一方面引用了《城市房地产管理法》第40条的法律规定，避免仅适用《经济适用住房管理办法》（性质上属于规范性文件）；另一方面，增补了损害社会公共利益的理由，概括性适用了《合同法》第52条的规定，而没有指明具体的款项（可能涉及第4项“损害社会公共利益”和第5项“违反法律、行政法规的强制性规定”）。

（三）民法对行政权的限制

民法典是调整民事关系的基本法律，对民事活动、民事主体的合法权益已作基本的规定。行政权无论是以一般规范的形式行使，还是以个别行为的形式行使，都应当遵守《民法典》的要求，而不得逾越《民法典》规定的界限。民法上的相关规定就是行政权行使的规范，这不同于填补行政法漏洞的民法规范。

在制定一般规范上，如果民法典已经规定了相应的权限，行政权即不得越权制定。例如，《供电营业规则》（2024年国家发展和改革委员会令第14号）第104条规定，“窃电用户应当按照所窃电量补交电费，并按照供用电合同的约定承担不高于应补交电费三倍的违约使用电费。拒绝承担窃电责任的，供电企业应当报请电力管理部门依法处理。窃电数额较大或情节严重的，供电企业应当提请司法机关依法追究刑事责任”。对于这里的3倍违约使用电费性质，存在一定争议。一种观点认为，它是供用电合同约定的违约金，法院可以根据《民法典》第585条第2款的规定（“约定的违约金过分高于造成的损失的，人民法院或者仲裁机构可以根据当事人的请求予以适当减少”）进行调整。另一种观点是《供电营业规则》规定的是窃电用户法律责任，不适用合同法的规定。从历史角度而言，这种 3 倍以下违约金是从行政处罚演变而来的。早期这属于行政管理的领域，政企不分，电力局对窃电行为加以处罚。《电力供应与使用条例》（1996 年制定，2016 年、2019 年修订）第 41 条仍然规定，“……盗窃电能的，由电力管理部门责令停止违法行为，追缴电费并处应交电费 5 倍以下的罚款；构成犯罪的，依法追究刑事责任”。但之后电力领域实行民营化改革，政企分离。电力企业需要对窃电者追偿。现在，关于 3 倍以下电费的赔偿规定，一般是作为违约金来认定的。但这一标准可能过高，由法院审查后予以调整，调整后的标准就会非常不统一。故而，国家电力行政管理部门希望将不高于 3 倍电费的违约金统一为 3 倍。但是，这并不属于行政机关的权限。《民法典》第 179 条第 2 款规定，“法律规定惩罚性赔偿的，依照其规定”。也就是说，惩罚性赔偿作为一般民事赔偿的例外，只能由法律规定。如果《供电营业规则》径直规定了 3 倍的惩罚性赔偿，当然也就违反了《民法典》第 179 条第 2 款的规定。

在陈某华诉南京市江宁区住房和城乡建设局不履行房屋登记法定职责案中，涉及遗嘱继承房产的登记程序问题。1991 年司法部、建设部《关于房产登记管理中加强公证的联合通知》（司公通字〔1991〕117 号，2016 年废止）第 2 条规定：“遗嘱人为处分房产而设立的遗嘱，应当办理公证。遗嘱人死亡后，遗嘱受益人须持公证机关出具的‘遗嘱公证书’和‘遗嘱继承权公证书’或‘接受遗赠公证书’，以及房产所有权证、契证到房地产管理机关办理房产所有权转移登记手续。”而陈某华未办理遗嘱公证，因而，在要求办理房屋所有权转移登记时被拒绝。该案的“裁判摘要”指出：

> 国家对不动产实行统一登记制度。统一登记的范围、登记机构和登记办法，由法律、行政法规规定。司法部、建设部《关于房产登记管理中加强公证的联合通知》不属于法律、行政法规、地方性法规、规章的范畴，且与《物权法》、《继承法》、《房屋登记办法》等有关法律法规相抵触，不能成为房屋登记主管部门不履行房屋登记法定职责的依据。①

在个别行为上，行政权也不得违反民法典的相关规定，例如，昆山城开锦亭置业有限公司诉昆山市国土资源局不动产行政登记及行政赔偿纠纷案：游站商业中心是原告昆山城开锦亭置业有限公司（以下简称城开公司）在昆山市花桥镇开发建设的商业项目。2008 年 1 月，原告以公开出让（挂牌）方式取得开发土地，并与被告昆山市国土资源局及江苏昆山花桥经济开发区管理委员会（以下简称花桥管委会）签订国有土地使用权出让合同。土地用途为商业、酒店、办公、科研用地。2013 年 11 月，原告、被告、花桥管委会签订补充协议，同意增加地下一层空间建设用地使用权，面积为 6 754.91 平方米，用途为商业，原告补交了土地出让金。商业中心竣工后，2017 年 4 月在为地下商业房产办理不动产权属登记时，被告在不动产权证书附记栏中加注了“新建，办理自用房手续，不得对外销售。如需进行二手房转让，必

① 陈某华诉南京市江宁区住房和城乡建设局不履行房屋登记法定职责案，《最高人民法院公报》2014 年第 8 期，第 40～42 页。

须先行征得花桥管委会同意”的文字内容。鉴于商业中心项目存在巨大资金缺口，为解决企业融资问题，原告自 2015 年 1 月起多次向花桥管委会、昆山市住房和城乡建设局和被告提交书面申请，请求撤销产权证附记栏中所加注的权利限制性文字内容，均未能解决，诉至法院。该案的“裁判摘要”指出：

> 不动产登记系对物权的公示，涉及民事、行政双重法律关系，既应遵循物权法定等民事法律规范，又应符合不动产登记相关行政法规。物权的种类和内容由法律规定，当事人无权通过约定变更物权的法定内容。登记机关如将缺乏法律依据的约定内容进行登记，有违物权法定原则，当事人请求撤销相关登记内容的，人民法院应予支持。①

《民法典》第 116 条规定，“物权的种类和内容，由法律规定”。这里的“法律”仅指全国人大及其常委会所制定的法律。我国实行的是物权法律主义（民法上常说物权法定主义），排斥合意主义。如果行政机关没有法律的根据，改变或限制物权的内容，这就构成了违法。② 诸如此类的规定在《民法典》中还有很多，均构成行政权行使的界限。

---

① 昆山城开锦亭置业有限公司诉昆山市国土资源局不动产行政登记及行政赔偿纠纷案，《最高人民法院公报》2022 年第 8 期，第 45～48 页。

② 当然，也有学者对本案判决批评指出：只要附记内容限制确属公平合理，如城开公司支付的系争土地出让金低于市场价，同意建成的地下室转让时要经花桥管委会同意，则对其法律效力应予认可。该附记内容的限制与抵押财产主观限制没有实质不同，应予登记。允许约定的内容登记，有助于受让人了解不动产物权的状态，节约交易成本，同时还能恰当地实现法定的物权内容与当事人约定搭配的规范目的。参见常鹏翱：《实践中的中国房地产法》，北京大学出版社 2023 年版，第 452 页。

三、行政法与民法的相互辅助

行政法和民法代表着不同的价值脉络，行政法重在维持公法秩序，保障人权，实现公益，而民法则重在维护私法自治。两者在管辖上存在一定的界限，但也有相互沟通的渠道。行政法的规制或程序常以民事行为的定性或生效为前提，民事行为也常以行政法规制的结果或阶段为生效条件或调整合同的原因。私人通过民事程序，诸如相邻人诉讼、竞争者诉讼，实现行政法规范；行政法可能为民法提供运作的制度保障，也可能成为民事活动所要遵守的界限，行政机关也可以利用自身的信息和知识方面的优势，介入民事纠纷的解决，诸如行政裁决等。

（一）行政法与民法的管辖界限

在社会纠纷中，根据职能分工的要求，有的交由行政机关去处理，有的则交由法院去处理。为了维护私法自治，行政机关不得介入民事纠纷；而为了维护公共利益，民事解决乃至私力救济又不得替代公权力的介入。但究竟什么样的纠纷适合行政法或民法管辖，则往往难以划出明确的界限。

例如，在张某银诉徐州市人民政府房屋登记行政复议决定案（以下简称张某银案）中，江苏省徐州市人民政府受理了曹某芳的行政复议申请，认为在房屋使用者曹陈氏于 1986 年死亡时，张某银不是该房产的合法继承人，徐州市房地产管理局认定张某银对涉案房屋产权原始取得与事实不符，为张某银颁发房屋所有权证违反了《城乡建设环境保护部关于印发〈城镇房屋所有权登记暂行办法〉的通知》（[87] 城住字第 242 号，2011 年失效）第 8 条的规定，将房屋产权和国有土地使用权确权给张某银不当，进而确认徐州市房地产管理局确权的行政行为违法。但江苏省高级人民法院指出：

> 根据行政复议法和民事诉讼法的有关规定，复议机关在行使行政复议职权时，应针对申请行政复议的具体行政行为的合法性与适当性进行审查，有关民事权益的纠纷应通过民事诉讼程序解决。本案中，徐州市人民政府所作的复议决定中，直接对有关当事人争议的民事权利予以确认的行为，超越了复议机关的职权范围，缺乏法律依据，应予以撤销。①

《民事诉讼法》第 6 条第 1 款规定，“民事案件的审判权由人民法院行使”。如果其他部门无法律授权，虽不以审判为名，但行审判之实，就是与这一规定相悖的。根据《仲裁法》的授权，仲裁委员会可以进行仲裁。根据《人民调解法》的授权，人民调解委员会可以进行调解。从性质上来说，仲裁委员会和人民调解委员会均属于民间组织。由两者作出裁决，并不影响私法自治的价值。从警察消极原则出发，行政机关只应该就具有公共性的纠纷作出处理。对于民间纠纷，行政机关固然可以凭借自己的优势

---

① 张某银诉徐州市人民政府房屋登记行政复议决定案，《最高人民法院公报》2005 年第 3 期，第 46 页。

进行调解，但不得强制调解，调解协议也不具有拘束双方当事人的法律效力。《治安管理处罚法》第 9 条规定：对于因民间纠纷引起的打架斗殴或者损毁他人财物等违反治安管理行为，情节较轻的，公安机关可以调解处理。经公安机关调解，当事人达成协议的，不予处罚。经调解未达成协议或者达成协议后不履行的，公安机关应当依照本法的规定对违反治安管理行为人给予处罚，并告知当事人可以就民事争议依法向人民法院提起民事诉讼。这一规定针对的是虽为违反治安管理但情节较轻的行为。因为违反治安管理，故而公安机关可以介入处理；因为情节较轻，故而可以在当事人之间进行调解。这实际属于行政法和民法管辖的中间地带。

再如，《道路安全交通法》第 70 条第 2 款规定：“在道路上发生交通事故，未造成人身伤亡，当事人对事实及成因无争议的，可以即行撤离现场，恢复交通，自行协商处理损害赔偿事宜；不即行撤离现场的，应当迅速报告执勤的交通警察或者公安机关交通管理部门。”这一规定中“未造成人身伤亡”应当被解释为仅有财产上的损失或者轻微伤以下在法律上无意义的伤害。这时，因为缺乏公共性，公安机关也不必介入处理，私人可自行协商。但如果双方当事人不即行撤离现场，可能会妨碍交通，破坏公共秩序。所以，法律要求当事人迅速报告，由交警采取措施，恢复交通。同时因双方不撤离现场往往系就责任和赔偿问题无法达成协议，需要警察运用专业经验知识给出交通事故认定，以作为解决双方民事纠纷的证据。

在行政机关对某事项负有管理职责时，行政机关不得以属民间纠纷为由推卸管理之责。在郭某城诉河南省辉县市公安局行政不作为案中，2008 年 9 月 1 日下午，刘某骑电动车送其岳母李某翠（郭某城之妻）回家，在路上和王某喜骑的摩托车相撞，双方不同程度受伤，但均未报案。事发后李某翠领王某喜到卫生院治疗，刘某之父支付了医疗费用；后因王某喜与刘家父子就赔偿问题协商未果，王某喜便找郭某城索要，遭到拒绝；9 月 7 日上午王某喜带领一帮人闯入郭家，强行将郭家的拖拉机头开走。郭某城随即报警，高庄派出所民警随后赶到现场，随王某喜同去的人尚未走完，但直到 10 月 26 日才正式组织调查，同时进行了调解，尚未作出进一步处理。几个月后郭某城被告知，车辆被抢走是因王某喜与郭某城之间存在民事纠纷，郭某城应直接提起民事诉讼，抢车之事不属于公安机关管辖。一审法院指出："王某喜等人对抢车行为应当承担行政法律责任，同时也可能承担民事法律责任，民事责任和治安行政法律责任是不同性质的法律责任，两种责任不能相互代替。"二审法院认为：

> 本案中，王某喜在交通事故赔偿责任存在纠纷的情况下，不积极寻求正当的救济途径，却公然率领多人到被上诉人家中将拖拉机头开走的行为，属于明显的侵害被上诉人财产的行为，该行为扰乱了被上诉人正常的生产、生活秩序，同时也对和谐稳定的社会秩序造成了破坏，其行为已超过了合法的私力救济的必要限度，具有社会危害性。上诉人在接到被上诉人报警后，虽积极出警，并对事件进行调查，但对王某喜的违法行为未作出处理，未能实现其"维护社会治安秩序，保障公共安全，保护公民、法人和其他组织的合法权

益”之法定职责，上诉人认定王某喜的行为不属于公安机关管辖范围而不作出任何处理属不履行法定职责。①

本案中存在两个纠纷：一个是交通事故赔偿责任纠纷，另一个是强抢车辆的行为。前一个纠纷按照《道路交通安全法》的规定属于民事法的管辖范畴；后一个行为却属于抢劫行为，破坏了社会秩序，具有一定的社会危害性，可能属于《治安管理处罚法》乃至《刑法》所要制裁的对象，而不属于民事法的管辖范围。因为后一种激发矛盾、引起仇恨的可能性较大，国家须介入其中，恢复秩序，作出制裁，同时也斩断双方仇恨的锁链，平息事态。现代法律普遍禁止私力救济，对于紧急避险、正当防卫等情况才允许私力救济。

（二）行政的事前介入与民法

行政可以在民事活动的多个阶段介入，包括民事主体的成立、民事行为的生效等事前阶段，民事活动的日常监管、产品的检测检验、民事主体资格的吊销等事后处理阶段。在事前阶段，行政介入的常见手段包括登记制、许可制和认可制。

1. 登记制

在我国，各种登记多由行政机关完成，即实行行政登记。登记有户籍登记、婚姻登记、收养登记、工商登记、不动产登记、抵押登记、税务登记等诸多表现形式。其中既有许可类登记，例

① 郭某城诉河南省辉县市公安局行政不作为案，最高人民法院行政审判庭编：《中国行政审判案例》（第 2 卷），中国法制出版社 2011 年版，第 86～87 页。

如公司设立登记，也有非许可类登记，例如户籍登记。许可类登记属于事前管理。按照《行政许可法》第 12 条第 5 项规定，“企业或者其他组织的设立等，需要确定主体资格的事项”，可以设定行政许可。设立登记就属于许可类登记，未经登记，就不能从事相应的组织行为，否则就要接受相应的制裁。

在实务中，常引起争议的登记包括房屋所有权登记、土地承包经营权登记、建设用地使用权登记等不动产登记，机动车所有权登记等动产登记，工商登记等市场主体登记，户籍登记和婚姻登记等身份登记。其中，登记中包含着民事基础关系和行政登记关系：前者的内容是民事主体之间财产和人身方面的权利产生、变更和消灭；后者的内容是权利人申请行政机关登记，行政机关按照一定程序实施审查并予以登记，产生公示公信或权利确认的效果等。现实中的争议可能只是民事争议（诸如权利是否存在），也可能只是行政争议（诸如不予登记、违反登记程序），抑或行政争议与民事争议交织的问题（关于基础关系存在争议，登记机关在审查后错误登记）。在处理这类问题时，应以实质争议所在为准，选择争讼途径，而不能仅因行政登记的存在就提起行政诉讼。

在一起房屋遗赠继承登记案中，胡甲与胡乙等人均系胡丙的孙子女。胡丙经有关部门批准建成房屋一座，于 1990 年领取了房屋所有权证，其权利人为胡丙。后胡甲以接受胡某丙赠与为由，提交了胡丙于 1995 年 9 月出具的“房产赠送书”等相关材料，请求办理转移登记。甲县政府于 1995 年 10 月为胡甲颁发了房屋所有权证。胡丙于 1999 年去世。胡乙等人不服，以对涉案房屋享有继承权为由，于 2005 年 4 月向乙市政府申请行政复议。乙市政府认定，胡丙生前在国外有配偶。乙市政府认为，甲县政府凭胡丙出具的“房产赠送书”将涉案房屋转移登记给胡甲，对涉案房屋是否存在其他共有人或者利害关系人未作审查，认定事实不清，证据不足，程序违法，遂决定撤销甲县政府为胡甲颁发的房屋所有权证。胡甲不服，提起本案诉讼，请求撤销乙市政府所作复议决定。人民法院经审理查明，胡丙生前在国外无配偶。本案的法律问题在于：房屋登记机关在办理转移登记时，是否应主动对房屋存在共有人或者利害关系人进行审查?

对此，存在两种相反的观点。甲说认为，尽管胡甲提交了办理转移登记的相关材料，但在房屋可能存在共有人或者利害关系人的情况下，为了解房屋权属状况及确认房屋权属是否存在争议，房屋登记机关应主动予以审查，保证物权变动行为合法、真实和有效。乙说认为，胡甲提交了证明权属来源的相关材料，且相关材料的真实性未遭否定，这表明基础民事赠与关系成立，房屋登记机关应予登记，不应主动审查房屋是否存在共有人或者利害关系人。在登记行为完成之后，当事人若对赠与行为是否成立发生争议，则应通过民事诉讼等途径先行解决，再解决行政登记问题。最高人民法院行政审判庭法官会议采乙说：

> 房屋行政登记系行政机关作出的行政确认行为，即对基础民事法律关系的确认。若房屋登记申请人提交的证明权属来源的相关材料及其他申请材料真实、齐备，符合法定要求，则房屋登记机关应予登记。在房屋行政登记行为完成之后，若经民事诉讼等法定途径确认基础民事法律关系已发生

变化，则可再行解决房屋行政登记问题。[①]

当时，根据《城镇房屋所有权登记暂行办法》（已失效）第 7 条的规定，申请房屋所有权登记，除需依照房屋所有权登记机关规定格式填写申请书外，并须按规定出示个人身份证件、法人资格证明、交验取得房屋所有权的证件。第 8 条规定，登记机关依照申请人的申请进行产权审查，凡房屋所有权清楚，没有争议，符合有关法律和政策，证件齐全，手续完备的，应发给房屋所有权证件。据此，登记机关仅审查“取得房屋所有权的证件”，并没有审查是否存在共有情况的职责。在没有审查根据时，登记机关主动审查房屋是否存在共有人或者利害关系人，就属于超越职权处理裁断民事权利的归属（如同张某银案那般）。在房屋登记之后，如果基础民事法律关系已发生变化，则可以凭真正的权利归属凭据申请变更登记。

2. 许可制

许可制，是指行政机关依申请准予私人从事某种活动的行为，相当于狭义的行政许可。按照《行政许可法》第 12 条第 1 项的规定，“直接涉及国家安全、公共安全、经济宏观调控、生态环境保护以及直接关系人身健康、生命财产安全等特定活动，需要按照法定条件予以批准的事项”，可以设定行政许可。很多民事活动在事前都需要获取行政许可，行政许可得以介入民事活动，一般性地调整民事关系。这在一定程度上也能预防民事活动

① 最高人民法院行政审判庭编：《最高人民法院行政审判庭法官会议纪要》（第 1 辑），人民法院出版社 2022 年版，第 15～16 页。

侵权的发生。

在念泗三村28幢楼居民35人诉扬州市规划局行政许可行为侵权案中，2003年7月7日，江苏省扬州市规划局向东方天宇公司核发了“建设工程规划许可证”，许可该公司在扬州市百合园小区内建设住宅楼。曹某新等35名28幢楼居民认为该规划许可行为侵犯了他们的合法权益，遂向江苏省扬州市中级人民法院提起行政诉讼。江苏省高级人民法院二审认为：

> 本案中的当事人不是具体行政行为的直接相对人，而是因相邻权受到侵害而提起行政诉讼。起诉所基于的相邻权，属于民法范畴。根据《民法通则》的规定，民事主体因建筑物相邻产生的日照、通风、采光、排水、通行等民事纠纷，应当通过民事诉讼的方式解决。但现实中，如果一方当事人实施的与其他当事人相邻权有关的行为是经行政机关批准、许可的，其他当事人就无法通过民事诉讼获得救济。为此，最高人民法院《关于执行〈中华人民共和国行政诉讼法〉若干问题的解释》第十三条第一款第（二）项规定，相邻权人有对行政主体作出的涉及相邻权的具体行政行为提起行政诉讼的原告主体资格，其目的是保护民事主体享有的相邻权不受侵害。本案28幢楼居民因认为扬州市规划局核发给东方天宇公司的2003076号“建设工程规划许可证”侵犯其日照、通风、采光等相邻权而提起行政诉讼。因此，这类行政诉讼的审查重点，应当是被诉具体行政行为许可建设的建筑项目是否符合有关建筑管理的技术规范，是否侵犯了原告的相邻权。[①]

① 《最高人民法院公报》2004年第11期，第31～36页。

许可建设的建筑项目符合有关建筑管理的技术规范标准，往往就被认为不侵犯相邻人的合法权益，亦即“合规即合法，合法即不侵权”。[①]《民法典》第 293 条规定：“建造建筑物，不得违反国家有关工程建设标准，不得妨碍相邻建筑物的通风、采光和日照。”行政机关许可所依据的技术标准与民法上侵权认定所依据的技术标准应是一致的，但两者的考虑是有差别的。行政许可的考虑是一般性调整，而民法侵权认定的考虑却可能是个别性调整。一般性调整的往往是最低标准或基础标准，而未必是最佳标准。行政许可即便符合一般性调整，亦即符合技术标准，也未必符合个别相邻权人的特殊需要，不代表“相邻建筑物的通风、采光和日照”就不受到妨碍。更何况技术标准本身未必全面和周到，在认定上尚有操作的空间（诸如是否妨碍通风的测定）。也就是说，即便许可合法，仍可能成立个别侵权。[②]

在民事案件中，行政许可也不影响民事侵权责任的认定。因为这时法院审查的仅为是否“违反国家有关工程建设标准”，是否“妨碍相邻建筑物的通风、采光和日照”，而不是行政许可是否合法，是否符合技术标准。

3. 认可制

认可制，今天亦被称作核准制或批准制，是指补充第三人行

---

① 陈越峰：《城市空间利益的正当分配——从规划行政许可侵犯相邻权益案切入》，《法学研究》2015 年第 1 期，第 44 页。

② 这不仅可以表现为私法上的相邻权，也可以表现为公法上的相邻权。参见赵宏：《规划许可诉讼中邻人保护的权利基础与审查构造》，《法学研究》2022 年第 3 期，第 86 页以下。

为，使其完成法律上效力的行为，某法律行为经有权机关批准后方可生效。认可的对象是法律行为，可以是民事法律行为，也可以是公法上的法律行为（如设区的市人大制定的地方性法规，经省级人大常委会批准后生效）。对民事法律行为的认可，在德国法上，又被称作私法形成性行政行为或私法形成性行政处理。[①] 在我国，《民法典》第 502 条第 2 款规定："依照法律、行政法规的规定，合同应当办理批准等手续的，依照其规定。未办理批准等手续影响合同生效的，不影响合同中履行报批等义务条款以及相关条款的效力。应当办理申请批准等手续的当事人未履行义务的，对方可以请求其承担违反该义务的责任。"[②] 其中的"批准"就是传统学理上的"认可"。当然，在《行政许可法》之下，认可也是行政许可的一种。

在一起外商并购批准案中，A 公司、B 公司向商务部提交外商并购 B 公司的申报材料，其中包含 A 公司与 C 公司签订的"股权转让协议"，商务部作出《批复》，同意股权转让，B 公司获得"批准证书"。后生效民事判决认定"股权转让协议"因系虚假协议而确认无效。C 公司以上述协议被确认无效为由，向商务部申请撤销《批复》、"批准证书"。商务部认为如撤销可能对公共利益造成重大损害，并认可 C 公司所在地政府提供的风险评估报告，作出处理决定，维持《批复》和"批准证书"的效力，不予撤销。C 公司不

---

① 相关介绍，可参见严益州：《德国法上的私法形成性行政处理》，《南京大学学报（哲学·人文科学·社会科学）》2019 年第 4 期，第 218 页以下。

② 另可参见《最高人民法院关于适用〈中华人民共和国民法典〉合同编通则若干问题的解释》（法释〔2023〕13 号）第 12 条。

服，提起本案诉讼，请求撤销处理决定，判令商务部重新作出决定，撤销《批复》和“批准证书”。如此，行政许可据以作出的民事合同被生效判决确认无效，是否一律撤销行政许可？《行政许可法》第 69 条第 2 款、第 3 款的规定应当如何适用？甲说认为，民事合同被确认无效的，对行政许可应当予以撤销。当事人为获得行政许可，恶意串通提供虚假民事合同，民事合同被人民法院判决无效后，行政机关核发该行政许可的基础事实已经不存在，行政许可行为违反法律规定，损害国家利益和公共利益，依法应当予以撤销。乙说认为，民事合同被确认无效的，不必然导致行政许可被撤销。法院不能简单以行政许可审批中所依据的民事合同被生效民事判决确认无效，即判决撤销行政许可。行政许可审批所依据的民事合同无效的，行政许可审批不符合法定条件，应当被撤销，但是如果撤销该行政许可将会对国家利益、公共利益造成重大损害，依法不予撤销。最高人民法院行政审判庭法官会议采用乙说：

> 根据《行政诉讼法》第 74 条第 1 款第 1 项规定，行政行为违法应当予以撤销，但撤销行政行为将会给国家利益、公共利益造成重大损害的，人民法院依法可不予撤销，判决确认违法保留效力。参照上述规定，行政机关对于当事人以人民法院生效民事判决已经判决相关民事合同被确认无效为由，请求撤销行政许可的，行政机关为了维护国家利益、公共利益，作出不予撤销行政许可决定的，不违反法律规定。[①]

① 最高人民法院行政审判庭编著：《最高人民法院行政审判庭法官会议纪要》（第 2 辑），人民法院出版社 2023 年版，第 133～134 页。

从理论上来说，认可在与其对象法律行为的关系上，仅限于加以补充。本体的法律行为存在无效事由时，即使有认可，也并不会让本体的法律行为变得有效。本体的法律行为存在撤销事由时，认可也并不治愈其瑕疵。也就是说，一方面，商务部的并购批准（行政决定）并不构成关于股权转让协议的民事诉讼的障碍。但另一方面，股权转让协议的无效，会对商务部并购批准的合法性产生影响。根据《行政许可法》第 69 条第 2 款规定，被许可人以欺骗、贿赂等不正当手段取得行政许可的，应当予以撤销；第 3 款规定，撤销行政许可可能对公共利益造成重大损害的，不予撤销。本应基于违法判断而作出撤销决定，但这是合法性的层面，另一个层面是有效性或公益性，可以在它与合法性所维护的利益之间进行权衡。至于法院参照引用《行政诉讼法》第 74 条第 1 款第 1 项，仅能说明许可机关不予撤销的性质（情势决定），却是大可不必的，因为许可机关是依据《行政许可法》第 69 条第 3 款作出决定的。《行政许可法》第 69 条第 3 款并没有要求行政机关在决定不撤销许可时应确认许可违法，这与《行政诉讼法》第 74 条第 1 款第 1 项是不同的。

（三）民法转介条款与行政法的调和

在整个法律体系中，诸如公共利益等一些价值需要所有的法律共同维护。而行政法的诸多规范是从维护公共秩序等公共利益角度规定的。随着社会的变迁，民法已无法因循纯粹的私法自治，有时民法也不得不主动通过一定渠道接纳行政法的条款。

对于公、私法关系的调整，在策略上大致存在着两个方向：

其一是直接调整民法的体系、概念、价值和方法，其二是将概括条款作为疏通公、私法价值矛盾的渠道。这两种策略是相互补充的，但通过概括条款的运用来回应社会变迁，冲淡公、私法间的紧张，显然比前一策略对法律体系造成的冲击要小一些，有助于巩固私法体系的独立存在，使私法体系内的概念、方法不致发生太剧烈的变动。[①] 这两种做法在我国民法中都存在：有时通过转介条款引入公法规范，其典型者如《民法典》第 153 条第 1 款关于违反法律、行政法规强制性规定的民事法律行为无效的规定；有时则直接规定公法规范，其典型者如《民法典》第 243 条的征收规定。

转介条款不同于特别民法，立法者在作出特别民事规定的时候已经对公共政策和私法自治的价值作出了评价，民事法官的任务只需循着这样的评价去适用法律。但转介条款只是概括地转介某个公法规定，对于在私法领域的具体适用，如何与私法自治的价值适度调和，都未作成决定。司法者站在公私法汇流的闸口，正要替代立法者去作决定：让公法规范以何种方式，以多大的流量，注入私法。[②] 这里以无效民事行为为例来稍作说明。[③]

在学说上，对于违反禁止性或强制性规定的民事行为效力问题，以日本为例，大致存在四个阶段的发展过程。第一个阶段可

---

① 参见苏永钦：《私法自治中的经济理性》，中国人民大学出版社 2004 年版，第 33～34 页。

② 参见苏永钦：《走入新世纪的私法自治》，中国政法大学出版社 2002 年版，第 331 页。

③ 在侵权法中也可以存在转介条款，将规制规范与侵权法规范结合起来。参见朱虎：《规制法与侵权法》，中国人民大学出版社 2018 年版，第 40 页以下。

谓“无效论”，本着国家优位的思想，民事行为只要违反国家的禁止性或强制性规定，即为无效。第二个阶段是“综合判断说”，强调私法的独立性，区分强行性规定与禁止性规定，民事行为违反强行性规定并不当然无效，要考虑其目的、情形、交易安全、当事人之间的信赖和公平。第三个阶段是“履行阶段论”，在福利国家观下强调对消费者的保护，以综合判断说为前提，然后区分民事行为是否已经履行。第四个阶段是“公法私法相互依存论”。在自由主义、市场主义的复权背景下，有学者区分警察法令与经济法令，认为警察法令的目的与交易无直接关系，如食品卫生，违反者并非无效；经济法令又可区分为保护交易利益的法令与维持交易秩序的法令，违反前者无效，违反后者（如反垄断法）则不一定无效。也有学者认为，私法自治、契约自由可以受到限制，但其限制不应过度。[①]

与上述学说演变相似，我国民事立法的相关规定也呈现出类似的发展脉络。《民法通则》（1986 年）第 58 条第 1 款第 5 项规定，“违反法律或者社会公共利益的”民事行为无效。《合同法》（1999 年）第 52 条第 5 项规定，“违反法律、行政法规的强制性规定”的合同无效。《最高人民法院关于适用〈中华人民共和国合同法〉若干问题的解释（二）》[2009 年，以下简称《合同法解释（二）》] 第 14 条认为：“合同法第五十二条第（五）项规定的

---

① 参见解亘：《论违反强制性规定契约之效力——来自日本法的启示》，《中外法学》2003 年第 1 期，第 39～47 页；宇賀克也＝大橋洋一＝高橋滋編『対話で学ぶ行政法——行政法と隣接法分野との対話』（有斐閣 2003 年）8～9 頁（山本敬三发言）。

‘强制性规定’，是指效力性强制性规定。”《民法典》（2020 年）第 153 条第 1 款延续前述规定：“违反法律、行政法规的强制性规定的民事法律行为无效。但是，该强制性规定不导致该民事法律行为无效的除外。”从《民法通则》到《合同法》到《合同法解释（二）》，直至《民法典》，无效的事由从违反法律限缩到违反法律、行政法规的效力性强制性规定，也恰恰反映了国家和市场的关系在改革开放中的变化。

在实务中，有的案件判断起来并不复杂，如在某矿业公司诉某电力公司、某煤业公司合同纠纷案：2015 年 9 月 14 日，宁夏回族自治区林业厅责令某煤业公司立即停止违法行为，限期恢复原状。2016 年 3 月 19 日，宁夏回族自治区人民政府办公厅下发《关于印发宁夏贺兰山国家级自然保护区总体整治方案的通知》，要求某煤业公司矿井于 2016 年 5 月 20 日前停产，于 2018 年 12 月 31 日前关闭并退出贺兰山自然保护区，拆除生产设施设备。而某矿业公司、某电力公司、某煤业公司在明知沙巴台矿区处于贺兰山国家级自然保护区核心区，全部生产经营活动已按国家有关政策规定停止的情况下，于 2016 年 12 月 5 日签订“合同变更协议”，对处于贺兰山国家级自然保护区核心区内的煤炭资源开发事项重新约定了合同履行主体、价款、支付方式和期限等内容。《自然保护区条例》第 26 条规定：“禁止在自然保护区内进行砍伐、放牧、狩猎、捕捞、采药、开垦、烧荒、开矿、采石、挖沙等活动；但是，法律、行政法规另有规定的除外。”第 32 条第 1 款规定：“在自然保护区的核心区和缓冲区内，不得建设任何生产设施……”最高人民法院经审理认为：本案中，某矿业公司、某电力公司、某煤业公司于2016年12月5日签订的“合同变更协议”，系各方当事人在明知沙巴台矿区××区全部生产经营活动已按国家有关政策规定停止的情况下，对处于贺兰山国家级自然保护区××区内的煤炭资源开发事项重新约定了合同履行主体、价款、支付方式和期限等内容。二审判决根据以上事实认定案涉“合同变更协议”违反了法律、行政法规的强制性规定，损害了社会公共利益，为无效合同，并无不当。[①]

但有的问题或许更为复杂。2007年4月27日，甲公司（供方）与刘某某（需方）签订合同书，约定刘某某购买甲公司销售的履带式挖掘机一台。合同签订后，甲公司向刘某某交付了挖掘机，刘某某按照约定支付了部分款项和利息。挖掘机在使用过程中，数次出现喷油器故障，维修后仍无法正常工作。刘某某停止支付其余货款后，甲公司向法院提起诉讼。北京市海淀区人民法院认为，甲公司在没有取得所销售挖掘机的“中华人民共和国特种设备制造许可证”的情形下，向刘某某销售挖掘机的行为属违规销售无证产品，故双方就此订立的相关协议书应属无效。[②]

先来看看关于挖掘机的制造许可证问题。这里不仅涉及法律冲突问题，还涉及《行政许可法》废除部门规章许可设定权的问题。首先，制造厂内机动车辆需要取得许可。厂内机动车辆的许可由《机电类特种设备制造许可规则（试行）》（2003年6月17

---

① 参见最高人民法院（2022）最高法民申788号民事裁定书，2022年9月29日。

② 参见北京市海淀区人民法院（2008）海民初字第18749号民事判决书。

日，国质检锅〔2003〕174 号）所设定。但《特种设备安全监察条例》（2003 年 3 月 11 日，以下简称《条例》）第 2 条第 1 款规定："本条例所称特种设备是指涉及生命安全、危险性较大的锅炉、压力容器（含气瓶，下同）、压力管道、电梯、起重机械、客运索道、大型游乐设施。"其中，并不包括厂内机动车辆。2009 年 1 月国务院颁布第 549 号令修改《条例》时，在第 2 条第 1 款中加入了"场（厂）内专用机动车辆"。这说明《条例》并不包括场（厂）内专用机动车辆。国家质检总局擅自扩大特种设备的范围，对厂内机动车辆设定许可，系给私人增加负担。在与《条例》对特种设备的定义相矛盾时，其应当归于无效。但根据国务院 2004 年 6 月 29 日公布的《国务院对确需保留的行政审批项目设定行政许可的决定》（国务院令第 412 号，自 2004 年 7 月 1 日起施行），场（厂）内机动车辆的制造、安装、改造、维修、使用、检验许可等授权给了国家质检总局。除下述的《特种设备目录》以外，国家质检总局并未据此而颁布新的《特种设备目录》。其次，挖掘机不属于厂内机动车辆。虽然上述国质检锅〔2003〕174 号文的附件一"特种设备制造许可目录"当中将挖掘机列为厂内机动车辆，但因厂内机动车辆的规定与《条例》冲突，而无效，对挖掘机的许可要求也应当是无效的。2004 年国家质检总局依据《条例》颁布了《特种设备目录》（2004 年 1 月 19 日，国质检锅〔2004〕31 号，已失效），其中并不包含挖掘机。该目录系经国务院批准，效力上比 174 号文更高。既然挖掘机不在特种设备之列，就应当认定挖掘机不属于《条例》所规范的"涉及生命安全、危险性较大"的设备，不属于作为特种设备的厂内机动车辆。既然挖掘机不属于作为特种设备的厂内机动车辆，那么也就无须取得许可证，也当然不能作为合同的告知事项。如此，该案其实已经解决，看似纯粹民法的案件，却归结为行政法的问题。

这里不妨继续看看本部分所关心的合同无效问题。第一，部门规章不得作为认定合同无效的依据。根据 1999 年《合同法》第 52 条第 5 项的规定，“违反法律、行政法规的强制性规定”的合同无效。根据《最高人民法院关于适用〈中华人民共和国合同法〉若干问题的解释（一）》（法释〔1999〕19 号，2021 年废止）第 4 条的规定，“合同法实施以后，人民法院确认合同无效，应当以全国人大及其常委会制定的法律和国务院制定的行政法规为依据，不得以地方性法规、行政规章为依据”。故而，不应以《机电类特种设备制造许可规则（试行）》的规定认定合同无效。第二，管理性强制性规定不得作为认定合同无效的依据。从实践来看我国法律法规确定了大量的强制性规定，但又不能动辄宣布合同无效，破坏交易秩序，所以，《合同法解释（二）》第 14 条规定：“合同法第五十二条第（五）项规定的‘强制性规定’，是指效力性强制性规定。”该解释符合第 52 条的立法目的。[①] 至于本案，《特种设备安全监察条例》第 52 条第 2 款规定，“未依法取

① 对于何谓效力性规定，参见王利明：《关于无效合同确认的若干问题》，《法制与社会发展》2002 年第 5 期，第 61 页；苏永钦：《以公法规范控制私法契约——两岸转介条款的比较与操作建议》，王雷主编：《人大法律评论》（2010 年卷），法律出版社 2010 年版，第 14～16 页。另可参见《最高人民法院关于适用〈中华人民共和国民法典〉合同编通则若干问题的解释》（法释〔2023〕13 号）第 16 条。

得许可、核准、登记的单位擅自从事特种设备的生产、使用或者检验检测活动的，特种设备安全监督管理部门应当依法予以处理”。这里的“依法予以处理”属于行政管理的规定，故而不应依许可证的相关管理性规定认定合同无效，更何况挖掘机的许可证制度本身即是不应存在的。

另外，行政规章在判断合同无效中也有一定意义，可作为《民法典》第 153 条第 2 款“违背公序良俗”的一个参考因素。例如，饶某礼与江西省监狱管理局物资供应站等房屋租赁合同纠纷案的裁判要点指出：

> 违反行政规章一般不影响合同效力，但违反行政规章签订租赁合同，约定将经鉴定机构鉴定存在严重结构隐患，或将造成重大安全事故的应当尽快拆除的危房出租用于经营酒店，危及不特定公众人身及财产安全，属于损害社会公共利益、违背公序良俗的行为，应当依法认定租赁合同无效，按照合同双方的过错大小确定各自应当承担的法律责任。[①]

四、行政诉讼与民事诉讼的交织

行政行为有时会构成民事行为的成立要件，有时会为民事行为提供后续的保障，这时行政行为与民事行为纠结到一起。在当

① 《最高人民法院公报》2022 年第 6 期，第 24 页；最高人民法院指导案例 170 号。

事人因民事行为产生纠纷并提起民事诉讼时，法院在民事诉讼中能否审理因行政行为产生的争议？如果民事诉讼与行政诉讼被同时提起，是需要中止民事诉讼的审理而等待行政诉讼的裁判结果，还是将民事诉讼作为附带之诉合并审理，抑或各自审理分别判决？什么样的行政活动能对民事审判产生公定力？民事诉讼能够审查什么样的行政活动？

只要在案件审理过程中公定力的效果不引发争议，就与公定力不相抵触。之所以会存在行政诉讼与民事诉讼的纠结，是因为在某一点上两种诉讼发生了交叉，一种诉讼要以另一种诉讼的裁判结果为前提。在法国行政法上，这被称为"附属问题"，亦即"一个案件本身的判决，依赖于另外一个问题，后面这个问题不构成诉讼的主要标的，但是决定判决的内容"。[①] 行政诉讼与民事诉讼的衔接有如下几种方式。

（一）先行政诉讼后民事诉讼

先行政诉讼后民事诉讼，针对的是民事诉讼的先决问题属于行政案件，必须由行政诉讼加以审查。该行政案件涉及的行政活动是具有公定力的行政行为。如果民事诉讼已经启动，则法院应当裁定中止诉讼，等待行政诉讼的裁决结果。如果当事人未就行政争议提起行政诉讼，则法院应当将行政行为作为自身审判的合

---

① 王名扬：《法国行政法》，中国政法大学出版社 1989 年版，第 591 页。

法前提来处理，而不得对其合法性进行审查。[1]

举例而言，某地政府没有经过征收程序，直接将集体土地出让给公司甲，并颁发国有土地使用权证。公司甲提起民事诉讼以排除妨害为由，要求村民清理土地表面附着物。这时，村民可以提起行政诉讼，请求确认政府出让集体土地的行为无效，或者请求撤销国有土地使用权证。民事诉讼的前提是公司甲持有国有土地使用权证，而这一前提存在争议，民事法院应当裁定中止诉讼，等待行政诉讼的结果。

（二）先民事诉讼后行政诉讼

有时，行政争议的解决以民事法律关系的确定为前提，而所谓行政争议也没有非经行政诉讼不能解决的属性时，应先进行民事诉讼，等待民事裁判作出后，再进行行政诉讼。《行政诉讼法》第 61 条第 2 款规定："在行政诉讼中，人民法院认为行政案件的审理需以民事诉讼的裁判为依据的，可以裁定中止行政诉讼。"《最高人民法院关于审理房屋登记案件若干问题的规定》（法释〔2010〕15 号）第 8 条规定："当事人以作为房屋登记行为基础的买卖、共有、赠与、抵押、婚姻、继承等民事法律关系无效或者应当撤销为由，对房屋登记行为提起行政诉讼的，人民法院应当

① 在法国，"民事法院对一切行政行为，不论其为具体的行政处理，或为普遍性的行政条例，都无权判断他的合法性，必须作为审判前提问题，由行政法院裁决，但对于行政条例有一例外，即对于侵犯公民个人自由和财产权的条件，根据司法官是个人自由和财产的保护人原则，在防止暴力行为发生的限度内，民事法院可以判断其合法性"（王名扬：《法国行政法》，中国政法大学出版社 1989 年版，第 595 页）。

告知当事人先行解决民事争议，民事争议处理期间不计算在行政诉讼起诉期限内；已经受理的，裁定中止诉讼。”这一规定将房屋登记行为视为无公定力的行为，不影响，更不拘束法院的民事裁判，案件中的基础问题是民事争议而非行政争议。

著名的焦作房产纠纷案（参见图 8－2）并不是一个案情复杂的案子，但是其所经历的诉讼过程确实非同一般。一个纠纷，两种诉讼，四级法院，18 年审理，26 份裁判（截至 2011 年年底）。称之为“超级马拉松诉讼”毫不过分。

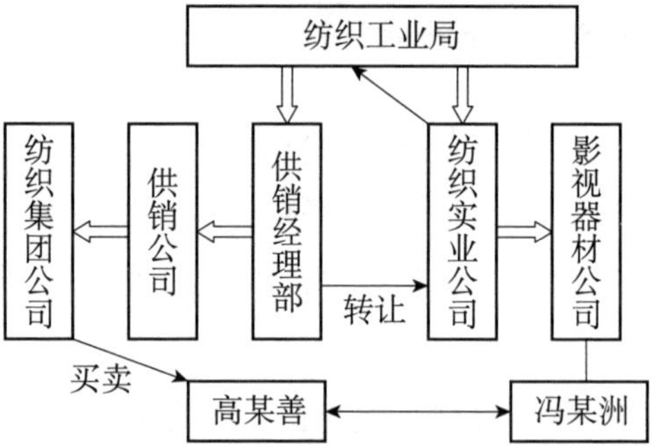

图 8－2　焦作房产纠纷案

1983 年 6 月，焦作市纺织工业局（以下简称纺织局）购买了三间房屋，交纺织工业局供销经理部（1984 年改为纺织工业局供销公司，以下简称供销公司）使用，后供销经理部将购房款交回纺织局。1984 年 10 月，纺织局设立焦作市纺织实业公司，将房屋移交纺织实业公司使用。1988 年 12 月 25 日，纺织局与纺织实业公司签订“房产转让协议书”，由纺织实业公司支付给纺织局 3 万元，取得房屋所有权。双方未办理所有权转让登记手续，但该房屋由纺织实业公司（1992 年更名为焦作市影视器材公司）使用。此后近十年间关于此房无任何争议。1992 年 12 月，供销公司采用涂改纺织局购房收据记账联的方式，骗取房屋买卖契纸，向焦作市房产管理局（以下简称房产局）申请颁发房屋所有权证，房产局为其颁发了房屋所有权证。后供销公司更名为焦作市纺织集团公司，又于 1993 年 4 月 29 日以 3.9 万元的价格将三间房屋卖给高某善。高某善在房产局领取了房屋所有权证。但由于影视器材公司（经理冯某洲）拒绝搬出，高某善于 1993 年 5 月 11 日向焦作市山阳区人民法院提起民事诉讼，请求法院确认纺织集团公司违约，责令其履行购房合同；请求法院确认影视器材公司侵权，责令其立即搬出。在民事诉讼进行中，影视器材公司向山阳区人民法院提起行政诉讼，要求撤销被告房产局 1992 年 12 月向纺织集团公司颁发的房屋所有权证，以及据之颁发给高某善的房屋所有权证。于是，围绕三间房屋的“超级马拉松诉讼”由此拉开序幕。①

该案引发了旷日持久的诉讼和大规模的讨论。案件中，登记行为的合法性和效力与房屋实际权属之间的关系，影响了相关诉讼途径的选择。一般认为，只有狭义的行政行为，才具有公定力。按照德日对狭义行政行为的界定，行政行为是指在行政活动中，行政在具体情形下对外具有直接法律效果的权力性行为。②

---

① 关于案件的详细介绍，可参见王贵松主编：《行政与民事争议交织的难题——焦作房产纠纷案的反思与展开》，法律出版社 2005 年版，第 3～15 页。

② 参见德国《联邦行政程序法》第 35 条、日本《行政程序法》第 2 条第 2 项；［德］哈特穆特·毛雷尔：《行政法学总论》，高家伟译，法律出版社 2000 年版，第 182 页；［日］盐野宏：《行政法总论》，杨建顺译，北京大学出版社 2025 年版，第 93 页。

其构成要素包括：（1）主体是行政主体；（2）针对外部的私人；（3）针对具体案件；（4）以实现某种法律效果为目的；（5）权力性。从理论上说，房产登记是一种确认性行政行为，它是对房屋产权归属所作的确认。确认性行政行为区别于命令性、形成性行政行为，它是行政机关所作的确认，这种确认并没有专属性和最终性，并不拘束法院。故而，即使存在房产登记，也不构成民事权属争议先决问题，不影响民事诉讼的展开。“登记错误无非是由于作为登记基础的民事法律关系和登记机关的登记行为两种情况所引发，而前者的争议属于物权实体规则范畴，是通过民事诉讼途径矫正的；后者的争议是在物权登记程序中所引发，当属行政诉讼的救济途径。”[①] 而本案当中，真正的争议是房屋产权的归属，这是基础的民事关系争议。提起民事诉讼，本就应可以解决案件争议。

（三）行政附带民事诉讼

《行政诉讼法》第 61 条第 1 款规定：“在涉及行政许可、登记、征收、征用和行政机关对民事争议所作的裁决的行政诉讼中，当事人申请一并解决相关民事争议的，人民法院可以一并审理。”2018 年《行诉法解释》以专章“相关民事争议的一并审理”作出了进一步规定。一并审理的条件有：（1）先有行政诉讼的提起；（2）针对的是涉及行政许可、登记、征收、征用和行政机关对民事争议所作的裁决；（3）民事争议当事人提出申请。法院可

---

① 霍振宇：《行政登记与司法审查》，法律出版社 2010 年版，第 195 页。

以决定合并审理，审理的主体为行政审判庭。法院将就行政争议和民事争议分别裁判。

不过，对于民事争议的行政裁决案件，最高人民法院在判决中认为，法院可以一并作出裁判，无须原告就民事争议提出申请。自然资源权属纠纷是行政裁决的典型对象。按照《行政复议法》第 23 条第 1 款第 2 项的规定，私人“对行政机关作出的侵犯其已经依法取得的自然资源的所有权或者使用权的决定不服”，应当先申请行政复议，再提起行政诉讼。行政裁决的是私人之间关于自然资源权属的民事争议。在一起有关林地权属纠纷的行政裁决案件诉讼中，最高人民法院认为：“原告不服山林权属行政裁决行为提起行政诉讼，实质是对行政机关对民事争议作出的处理结果不服，实质已经包含其对民事争议的主张。因此，无须再另行对民事争议一并提起民事诉讼，人民法院应当在审理行政裁决争议的同时，一并对民事纠纷作出判决，定分止争。”①

① 广西壮族自治区隆林各族自治县新州镇民强村民委员会江管农业经济合作社诉隆林各族自治县人民政府、百色市人民政府山林确权行政裁决及行政复议案，最高人民法院（2019）最高法行再 134 号行政判决书，2019 年 7 月 26 日。

第9章 行政法与刑事法的离合

刑法历史悠久，刑法学功力深厚。行政法和行政法学在很多方面都要向刑法和刑法学学习借鉴。刑法是行政法以及其他部门法的保障法，在目的、功能、体系上与行政法具有一定的相似性，但两者在合法律性、制裁的严厉性等方面也有很大的差别。行政法和刑法也在很多方面相互支持，行政程序、行政诉讼程序与刑事诉讼程序也有诸多关联。

一、行政法对刑事法的借鉴

与民事法类似，刑事法尤其是刑法，发展成熟，形成了一套行之有效的概念和规则体系。刑事法的方法、规则和价值追求几乎均可通过一定的法律适用技术适用于行政法领域，行政法的特殊性往往不构成排斥其适用的充分理由。

(一) 刑法原理的借鉴

刑法在认定故意和过失、犯罪构成、犯罪形态、罪数等方面的方法已经十分成熟，其方法并无刑法独有的属性，可以为行政法，尤其是行政处罚法所借鉴。

在私人违法行为的构成上，行政法在很大程度上就是在效仿刑法。早期刑法采犯罪构成四要件说，即符合犯罪客体、客观方面、犯罪主体、主观方面的要件，才构成犯罪。行政法上也采四要件来认定应受行政处罚的行为。在刑法转向采犯罪构成三阶层说，即犯罪构成该当性、违法性和有责性后，行政法也开始转向以三阶层为标准认定应受行政处罚的行为。在私人的行为具有构成要件符合性、违法性和有责性时，才能成立行政处罚。[①] 不过，在司法判决中还看不到应用的案例。

与罪数相似，行政处罚涉及私人违法行为个数的认定。在刑法上，关于确定罪数的标准，有犯意标准说、行为标准说、法益标准说或结果标准说、构成要件标准说等。构成要件标准说，即以构成要件符合性评价的次数来确定罪数，最为综合，为通说。在行政法上，当然可以学习刑法的经验确定私人违法行为的个数，不过，行政法上可能因行政行为的介入而变得更为复杂。譬如，《药品管理法》(2019 年修订) 第 126 条规定：药品的经营企业未遵守药品经营质量管理规范的，责令限期改正，给予警告；

---

① 参见王贵松主编：《中国行政法总论》，中国人民大学出版社 2025 年版，第 395～399 页（熊樟林执笔）。

逾期不改正的，处10万元以上50万元以下的罚款；情节严重的，处50万元以上200万元以下的罚款，责令停产停业整顿直至吊销药品经营许可证。关于“逾期不改”如何理解，在一起医药执法中引起争议。某药店将贮藏条件为2～8度的“人体胎盘组织液”放在常温（23度）环境下陈列销售，违反了《药品经营质量管理规范》。药品监管部门根据《药品管理法》第126条的规定作出“给予警告，责令其一天内改正”的行政处罚。药店也在规定的期限内予以改正。几天后，药店再次将“人体胎盘组织液”和贮藏条件为“密闭，冷处贮藏”的“注射用头孢酮钠舒巴坦钠”放在常温（22度）环境下陈列销售。在处理时，第一种意见认为，逾期不改正的行为从广义上理解，就是未按照储存条件进行储存的行为，而不针对具体的药品及品种，前后是一个连续的过程，应被看作一个整体行为，故而应责令停业整顿，罚款10万元。第二种意见认为，前后行为之间毫无联系，应作出“责令限期改正，给予警告”的行政处理。第三种意见认为：前后两个针对“人体胎盘组织液”的行为是连续的，属于一个整体行为，应归于逾期不改正的行为，责令停业整顿，并处以50万元的罚款；而后面“未按照储存条件储存注射用头孢酮钠舒巴坦钠”的行为，与前面“未按照储存条件储存人体胎盘组织液”，不属于同一种行为，也就是不相联系，后一行为属于一个新的行为，应“责令限期改正，给予警告”。

正确地适用法律，关键之一在于准确地认定违法行为。本案中，药店看上去共存在三个行为：其一，将本应于2～8度环境下储藏的“人体胎盘组织液”放在室内温度23度的环境下陈列销售；其二，几天之后，再次将本应于 2～8 度环境下储藏的“人体胎盘组织液”放在室内温度 22 度的环境下陈列销售；其三，将本应“冷处贮藏”的“注射用头孢酮钠舒巴坦钠”在室内温度 22 度的环境下陈列销售。这三个行为均违反《药品经营质量管理规范》，并无疑问。第三个行为和第二个行为实质上是一个行为，即未按照规定储存药品，只是药品的内容有两种而已，其主体、主观状态、客观行为都是同一的，仅在法规范上作一次评价。如果将其作为两个行为去对待，实际上还可以按照能够独立出售的药品个数进一步分解为若干个行为，那就实属荒唐。行为性质相同，但内容有异，在法律效果上可以有所不同。剩下的问题仅仅在于第一个行为与第二个行为之间的关系。应该说，两个行为的主观故意是相同的，客观行为表现也是相同的。但很明显，药店在因第一个行为受到行政处罚之后已经改正。第二个行为是在改正之后出现的，与前一个行为只是同一种行为，而不是同一个行为。故而，药店是在重复性违法，而不是在继续前一个违法行为。故而，无法适用“逾期不改正”的规定，是改正之后再次实施同样的违法行为。

关键之二在于，对“逾期不改正”应该如何理解。“逾期不改正”本是一个不确定的法律概念——超过多长时间叫“逾期”，经过执法人员作出行政处罚之后却被确定了下来，那就是“一天内不改正”。按照“改正”的字义解释，“改”过违法的行为，消除违法的状态，变成“正”确的行为。所谓正确的行为，那就是按照《药品经营质量管理规范》的规定进行存储医药品。在法律概念字面含义较为明确的时候，不宜对其作扩大解释，不宜将其无法涵盖的内容包含在其中，否则就是执法权对立法权的侵犯。在本案中，药店也确实按照规定纠正了自己的违法行为，违法的状态业已消灭，故而，不应适用“逾期不改正”的情形进行处罚，仍应按照《药品管理法》第 126 条第一分句进行处罚。

对于这种重复性违法行为，《药品管理法》规定的“责令限期改正，给予警告”往往难以发挥实际效果，但法律又没有规定新的行政处罚方法，故而还是应适用“责令限期改正，给予警告”。这或许也是立法者以后在修改《药品管理法》时所应注意的一种情形，或者在《行政处罚法》中一般性规定多次警告可以导致处罚变更为罚款。

更为复杂的违法行为个数认定还有很多情形，以交通领域为例，包括驾车超速闯红灯，违反限行规定驾车多次外出，高速公路上违反多个不同限速标志行驶，网约车平台向多个未取得“网络预约出租汽车运输证”的车辆派遣出行订单，等等。行政法在借鉴刑法原理的同时还应注意行政的特性，找到更为适当的认定方法，以满足过罚相当、一事不再罚等公正的要求。

（二）刑法规则的借鉴

如同可以借用民法规则一样，行政法也可以借用刑法上的规则，以填补行政法规范的漏洞。在陈某诉庄河市公安局行政赔偿纠纷案中，2001 年 12 月 24 日，韩某驾驶轿车发生交通事故。轿车已被撞变形，韩某被夹在驾驶座位中，生死不明，需立即抢救。为了尽快救出韩某，警方先后采用了撬杠等方法，均不能打开车门，最后采用气焊切割，将韩某从车中救出送往医院，最终其仍不治而亡。虽然警方在气焊切割车门时采取了安全防范措施，但仍造成了轿车失火，事先准备的消防器材无法将火扑灭，轿车被烧毁。事后，死者之妻陈某要求赔偿车辆的损失，庄河市公安局不予赔偿。陈某不服，故提起行政赔偿诉讼。辽宁省大连市中级人民法院指出：

> 气焊切割车门的方法虽然会破损车门，甚至造成汽车的毁损，但及时抢救韩某的生命比破损车门或者造成汽车的毁损更为重要。因为相对（于）人的生命而言，破损汽车车门或者汽车致他人利益损害明显较小，警方在紧急情况下作出强行打开车门抢救韩某的决定，具有充分的合理性，而且在采取措施之前，警方已经尽可能地采取了相应的防范措施。虽然气焊切割车门导致了轿车的失火，但该行为从性质上属于警方正当的抢险救助行为，没有超出交通警察依法履行职责的范围。[①]

法院在本案中没有引用紧急避险的法律规范，而是将其作为一般原理直接加以适用。但从司法属性来说，法院应当以法律为依据作出裁判。《刑法》第 21 条明确规定了紧急避险的法律责任问题，《民法通则》第 129 条（《民法典》第 182 条）中作出了同样规定。法院可以从这里提取出紧急避险的一般规则，将其适用于行政案件的审理。[②]

① 陈某诉庄河市公安局行政赔偿纠纷案，《最高人民法院公报》2003 年第 3 期，第 34 页。

② 不过，行政机关通过紧急避险获得了从事一定活动的权力，这可能与法律保留原则等相悖，有探讨的余地。

更为重要的是，1998 年《消防法》第 18 条明确规定："禁止在具有火灾、爆炸危险的场所使用明火；因特殊情况需要使用明火作业的，应当按照规定事先办理审批手续。作业人员应当遵守消防安全规定，并采取相应的消防安全措施。进行电焊、气焊等具有火灾危险的作业的人员和自动消防系统的操作人员，必须持证上岗，并严格遵守消防安全操作规程。"从法院的判决来看，法院对此规定未作任何考虑，而警察毫无疑问也应当遵守这一规定。从程序上看，警察在气焊切割前并未办理审批手续，应当可以认定为违法。法律已经考虑到"特殊情况需要"，但仍要求"事先办理审批手续"。在警察处理行为违反法律的情况下，法院就必须援引其他法律的免责规定，以论证本案情形属于可免责事由，而不可用自身的说辞来替代法律的抗辩。当然，在现在，还有一种论证方法是：将切割车门作为紧急采取的行政强制措施，《消防法》没有规定紧急程序，但《行政强制法》（2011 年）第 19 条规定了紧急程序，特别法未作规定时，适用一般法。

另外，《刑法》总则规定了追诉时效及其计算方法（参见第 87～89 条），《行政处罚法》第 36 条规定了行政处罚的时效及其计算方法，除期限长短不同外，两者具有类似性。但《刑法》的规定更为周到，而且实践更为丰富，其相关经验有可能为行政处罚所借鉴。[①] 例如，对于"违法行为在二年内未被发现"的理解，就可以借鉴《刑法》第 88 条的规定：一种情形是类似于人民检

---

① 参见胡建淼：《论行政处罚追责期限及计算方法——兼评"违法行为纠正论"》，《政法论坛》2024 年第 5 期，第 3 页以下。

察院、公安机关、国家安全机关立案侦查或者人民法院受理案件，有权机关已经立案或者受理就应算作发现；另一种情形是类似于受害人在追诉期限内提出控告，受害人对违法行为已向有关机关投诉就应算作被发现，不论有关机关是否应当立案而不予立案。① 再如，《刑法》第 89 条第 2 款还规定了在追诉期限以内又犯罪的前罪追诉期限计算问题，这在《行政处罚法》里就没有出现，也有借鉴的可能。

二、行政法与刑事法的界分

行政法与刑法、刑事诉讼法存在功能上的界分：前者旨在规范行政处罚权的行使，后者旨在规范刑罚权的行使。如此，两者在制度设计上也会有所不同、有所区隔。

（一）行政处罚与刑罚的界限

行政处罚和刑罚在目的、制裁的严厉性等方面都是有差异

① 《全国人民代表大会常务委员会法制工作委员会关于提请明确对行政处罚追诉时效“二年未被发现”认定问题的函的研究意见》（法工委复字〔2004〕27 号，2004 年 12 月 24 日）同意司法部的意见：“发现违法违纪行为的主体是处罚机关或有权处罚的机关，公安、检察、法院、纪检监察部门和司法行政机关都是行使社会公权力的机关，对律师违法违纪行为的发现都应该具有《行政处罚法》规定的法律效力。因此上述任何一个机关对律师违法违纪行为只要启动调查、取证和立案程序，均可视为‘发现’；群众举报后被认定属实的，发现时效以举报时间为准。”

的，所以两者之间的界限如何确定就显得尤为重要。

1. 行政处罚与刑罚的差异

《行政处罚法》第 8 条第 2 款规定："违法行为构成犯罪，应当依法追究刑事责任的，不得以行政处罚代替刑事处罚。"例如，《刑法》第 264 条规定："盗窃公私财物，数额较大的，或者多次盗窃、入户盗窃、携带凶器盗窃、扒窃的，处三年以下有期徒刑、拘役或者管制，并处或者单处罚金；数额巨大或者有其他严重情节的，处三年以上十年以下有期徒刑，并处罚金；数额特别巨大或者有其他特别严重情节的，处十年以上有期徒刑或者无期徒刑，并处罚金或者没收财产。"按照《最高人民法院、最高人民检察院关于办理盗窃刑事案件适用法律若干问题的解释》（法释〔2013〕8 号）第 1 条第 1 款规定，数额较大是指 1 千元至 3 千元以上，数额巨大是指 3 万元至 10 万元以上，数额特别巨大是指 30 万元至 50 万元以上。或许考虑到公共场所对安全需求的迫切性，在公共场所扒窃三次的，不论数额，一律定罪量刑。而按照《治安管理处罚法》第 58 条的规定，盗窃的，可处以拘留、罚款。同样是盗窃的定罪量刑，有的是按照数额来确定，有的则是按照场所和次数来确定。抢劫、强奸、杀人等行为，则不论数额、人数，一律构成犯罪。虽然其背后都是社会危害性，但为什么标准会有这样的差别？

对行政处罚与刑罚关系的理解，要回到行政不法与刑事不法的区别上来。对此，主要存在以下三种观点：第一是量的差别说，即行政不法行为只是一种相比犯罪行为具有较轻的损害性与危险性的不法行为，或是在行为方式上欠缺像犯罪行为那样的高度可责性的不法行为，行政犯或违警犯在事实上只是一种轻微罪行。第二是质的差别说，为达到司法目的（保护权利）而采取的强制手段为司法刑法，为达到行政目的（追求公益）而采取的强制手段是行政刑法。违反前者的行为是刑事不法，违反后者的行为是行政不法。第三是质量的差别说，刑事不法行为不仅在质上具有较强的伦理非难性，而且在量上具有较高的损害性和社会危险性，而行政不法行为在质上具有较弱的伦理可责性，或者说不具有社会伦理的非难内容，而且在量上并不具有重大的损害性和社会危险性。① 不过，笼统地说二者仅为量的差别或者质的差别都是欠妥的，讨论要区分不同的行为类型：在强奸、杀人等自然犯上存在质的差别，因其严重违背伦理道德而仅作出刑罚的制裁，不会作出行政处罚；在人身伤害、盗窃等具有一般危害的自然犯上存在量的差别，两种制裁均有可能；在破坏公共秩序等行政犯上存在量的差别，两种制裁均有可能；在申报、备案等纯粹行政管理需要事项上存在质的差别，因其仅影响行政管理秩序而仅作出行政处罚的制裁。

应当说，很难在理论上划定行政处罚与刑事处罚之间的界限。什么样的行为具有刑事可罚性，是由具体的环境和社会的普遍认识来决定的，具有一定程度的变动性，例如：在旧中国合法存在的卖淫嫖娼，在新中国则是要接受治安管理处罚的行为；在计划经济下存在的“投机倒把罪”，在市场经济下便是合法的交

① 参见陈兴良：《论行政处罚与刑罚处罚的关系》，《中国法学》1992 年第 4 期，第 26 页。

易行为。但有一点是肯定的，那就是不引起行政制裁的，就不引起刑事制裁。

在 2009 年“理律杯”全国高校模拟法庭竞赛的一起模拟案件中，2007 年 9 月 1 日，春江县人民政府发展改革局发布《关于建立鼎新批发市场鼓励招商引资的公告》，规定“在本市场从事批发、零售业务的商户，应参照国家有关税收的法律，按照每个营业柜台（每户）每月 50 元人民币缴纳个人所得税”（第 3 条）；“申请减免有关税收的，应当向县税务部门提出申请，获得批准后可以享受减免的优惠”（第 4 条）。杨某是长期从事纸张批发、零售经营活动的个体工商户。杨某自 2008 年 2 月 1 日起租赁鼎新批发市场一柜台，从事纸张批发、零售业务；2008 年 2 月至 2009 年 3 月，按照每月 50 元人民币缴纳个人所得税，完税凭证齐全。对于 50 元税款，杨某曾专门咨询过春江县税务机关工作人员，被告知“政府说的没错”。其间，共获得营业收入 3 400 万元，根据《个人所得税法》（2007 年）第 3 条规定，应缴纳个人所得税 1 071 750元，实际缴纳税款 700 元。3 月 27 日，税务部门据举报，要求补缴税款，鉴于税务部门原先也认为只需交 50 元，免除滞纳金。杨某准备好了税款，但在缴款前被检察机关拘留、逮捕。杨某的漏税行为符合信赖保护的构成要件，在行政法上不构成违法，故而拘留、逮捕违法，具体分析如下：第一，存在信赖基础，即春江县发展改革局的公告，虽然该公告违法，但尚未达到重大而明显的违法程度，不是无效的行政行为，可以成为信赖的基础。第二，具有信赖表现，当事人近一年间按照公告规定从事经营并定期缴纳税款。第三，信赖正当合理，信赖保护只是要求信赖者具有善意，故意或重大过失者不构成正当的信赖。本案当事人有长期经营的经历，但政府以公告形式宣示税收政策，具有较高的可信赖性，而且当事人在咨询后还得到了税务人员的肯定答复。第四，不损害公共利益。本案中遭受损害的公共利益就是税收，而当事人已经准备好税款，填补上就不损害公益。至于税收秩序，也不是被当事人破坏的，而是春江县政府自己破坏的，不可迁怒于当事人。

2. 行政处罚与刑罚的竞合

在行政处罚与刑罚发生竞合时，理论上存在三种观点：第一，选择适用，多数人主张应当按照重罚吸收轻罚的原则选择刑罚处罚，少数人主张应根据从轻原则或有利于行为人的原则，选择行政处罚。第二，附条件并科，即两者可以并科，但在执行一个罚之后没有必要执行另一个罚时，可免除执行。第三，合并适用，因为行为本身具有双重违法性，而且行政处罚与刑罚在性质、形式和功能上也不同，合并适用可以弥补各自不足，消除犯罪的全部危害后果。① 第三种观点是否违反一事不再罚原则，是否符合比例原则，仍可质疑。在我国立法中，大致按照下述三种方式来处理行政处罚和刑罚两种规范的竞合问题：

（1）类似处罚折抵。

刑法上的刑罚包括主刑五种，即管制、拘役、有期徒刑、无期徒刑和死刑；附加刑三种，即罚金、剥夺政治权利和没收财

① 参见周佑勇、刘艳红：《论行政处罚与刑罚处罚的适用衔接》，《法律科学》1997 年第 2 期，第 88～89 页。

产。对于犯罪的外国人，可以独立或附加适用驱逐出境。而行政处罚则包括名誉罚（警告、通报批评）、能力罚（限制开展生产经营活动、责令停产停业、责令关闭、限制从业，暂扣许可证件、降低资质等级、吊销许可证件）、财产罚（罚款、没收违法所得、没收非法财物）、自由罚（行政拘留、驱逐出境、禁止进境或者出境、限期出境），以及法律、行政法规规定的其他行政处罚。两者类似的罚则主要是财产罚（罚款和罚金、没收违法所得、没收非法财物和没收财产）、自由罚（行政拘留和拘役、有期徒刑）。

《行政处罚法》第 35 条规定："违法行为构成犯罪，人民法院判处拘役或者有期徒刑时，行政机关已经给予当事人行政拘留的，应当依法折抵相应刑期。""违法行为构成犯罪，人民法院判处罚金时，行政机关已经给予当事人罚款的，应当折抵相应罚金；行政机关尚未给予当事人罚款的，不再给予罚款。"

（2）不同处罚各自适用。

行政处罚和刑罚在很多种类上是不同的，刑罚主要是生命罚、自由罚和财产罚，而没有能力罚、名誉罚。为了防止类似行为的继续发生，消除违法行为的危害后果，需要在刑罚之外补充适用行政处罚。例如，《食品安全法》第 128 条规定，"违反本法规定，事故单位在发生食品安全事故后未进行处置、报告的，由有关主管部门按照各自职责分工责令改正，给予警告；隐匿、伪造、毁灭有关证据的，责令停产停业，没收违法所得，并处十万元以上五十万元以下罚款；造成严重后果的，吊销许可证"。第 149 条规定："违反本法规定，构成犯罪的，依法追究刑事责任。"

即便按照刑法规定追究了刑事责任，行政机关仍然可以依据《食品安全法》的规定，吊销企业的许可证。刑罚的种类中并无吊销许可证这种资格能力刑，两者性质不同，可独立适用。

（3）免除刑罚可行政处罚。

《刑法》第37条规定："对于犯罪情节轻微不需要判处刑罚的，可以免予刑事处罚，但是可以根据案件的不同情况，予以训诫或者责令具结悔过、赔礼道歉、赔偿损失，或者由主管部门予以行政处罚或者行政处分。"

3. 轻微犯罪与行政处理

近些年，中国刑法立法呈现活跃化的态势，其突出特征是轻罪范围的立法扩张。其背景之一是在2013年废除劳动教养制度之后，立法机关为填补处罚的空隙在刑法中增设了相关轻罪；另一背景是宽严相济的刑事政策需要调整刑罚结构，在重罪之外增设轻罪。[①] 随着轻刑犯罪数量大增，轻罪治理问题已被提上日程。

一方面，轻罪与行政处罚的界限不甚清晰。例如，2011年《刑法修正案（八）》增设危险驾驶罪（第133条之一），规定，在道路上醉酒驾驶机动车的，"处拘役，并处罚金"。最高人民法院、最高人民检察院、公安部印发《〈关于办理醉酒驾驶机动车刑事案件适用法律若干问题的意见〉的通知》（法发〔2013〕15号）规定，"在道路上驾驶机动车，血液酒精含量达到80毫克/100毫升以上的，属于醉酒驾驶机动车"，以危险驾驶罪定罪处

① 参见陈兴良：《轻罪治理的理论思考》，《中国刑事法杂志》2023年第3期，第8～10页。

罚。入罪标准过于单一、机械，固然提高了“酒驾”的治理成效，却未必合理，危险驾驶罪在所有起诉犯罪中数量位居第一。2023年，《最高人民法院、最高人民检察院、公安部、司法部关于办理醉酒危险驾驶刑事案件的意见》（高检发办字〔2023〕187号）废止了前一意见，采取了“醉酒驾驶行为＋血液酒精含量＋情节”等多元化的入罪标准。如此，出罪的可能性大为提高。对犯罪嫌疑人、被告人决定不起诉或者免予刑事处罚的，可以根据案件情况，将其移送有关主管机关处理。

另一方面，轻罪虽然刑罚轻微，但犯罪附随后果并不轻微，有违比例原则。“犯罪附随后果是指刑法之外的法律法规、规章等规定的，对有犯罪前科者及其家庭成员或亲属适用的，对特定权利和资质的限制、禁止或者剥夺。”① 犯罪附随后果既有针对犯罪人的，也有针对犯罪人家庭成员或亲属的，涉及其从事一定活动的资格、享受一定利益的资格、担任一定职务的资格等诸多方面，故其影响甚至比刑罚还要大。犯罪附随后果并非刑法自身的问题，而是定罪信息的关联使用问题，可能出现在行政法和劳动法、社会保障法等领域。犯罪附随后果有其一定的存在合理性，但一旦泛化，必将违反比例原则、禁止不当联结原则等。1997年《刑法》第100条规定，依法受过刑事处罚的人，在入伍、就业的时候，应当如实向有关单位报告自己曾受过刑事处罚，不得隐瞒。2011年《刑法修正案（八）》在第100条中增加了1款“犯

① 彭文华：《我国犯罪附随后果制度规范化研究》，《法学研究》2022年第6期，第173页。

罪的时候不满十八周岁被判处五年有期徒刑以下刑罚的人，免除前款规定的报告义务”，试图减缓轻罪对未成年罪犯的不利影响。2024 年，《中共中央关于进一步全面深化改革 推进中国式现代化的决定》明确提出，要建立轻微犯罪记录封存制度。

（二）行政强制措施与刑事强制措施的区分

公安机关（国家安全机关与其类似）由于具有行政机关和刑事侦查机关的双重属性，可参与行政执法与刑事司法两种活动，加上违反行政法规范与违反刑法规范之间也并非泾渭分明，故而有时很难对公安机关采取的强制措施作出定性。当然，如果不论如何定性，均不妨碍对其实施有效的监督，那么，定性的差别也就没有法律意义了。但事实并非如此。按照《国家赔偿法》的规定，刑事侦查行为的赔偿范围是相对狭窄的，而行政赔偿的赔偿范围则较为宽泛。现实中，作为地方政府的组成部门，公安机关有时为维护地方利益而介入经济纠纷，虽然《公安部关于公安机关不得非法越权干预经济纠纷案件处理的通知》（1989 年）、《公安部关于严禁公安机关插手经济纠纷违法抓人的通知》（1992 年）明确禁止这种行为，但这种行为屡禁不止。公安机关有时就以刑事侦查为名而行行政强制之实，躲避责任的追究和承担。

在理论上，关于区分两种强制措施的标准有很多学说。第一，行为种类标准说，即只有符合刑事诉讼法规定的刑事强制措施种类的，才属于刑事强制措施，否则就是行政强制措施。诸如隔离审查、办学习班等既非由刑事诉讼法规定又非由行政法规定的行为种类，统统属于行政强制措施。第二，行为程序标准说，即如果按照刑事案件立案审批，由公安机关内部的刑事侦查机构（如刑警队，而非治安科）承办，构成刑事程序，在该程序中采取的强制措施只能是刑事强制措施。为了规避审查而补办或改办刑事立案手续的，不能改变措施的性质。第三，行为结果标准说，即如果公安机关最终不移送检察院或移送后检察院未认为构成犯罪，属于行政强制措施。第四，行为的实质标准说，即刑事强制措施所涉案件必须是刑事案件，并且必须在刑事诉讼法上有规定，不符合这两个要件者均为行政强制措施，而且其认定权在法院。[①] 在实务中，按照2018年《行诉法解释》第1条第2款第1项的规定，“公安、国家安全等机关依照刑事诉讼法的明确授权实施的行为”，不属于人民法院行政诉讼的受案范围。据此，两种强制措施的区分标准就是有无刑事诉讼法的明确授权。该标准清晰明了，易于操作，但理解不当也可能排除本应按照行政执法措施——打着刑事诉讼法的幌子，干着行政强制的事情——去认定的救济。

举例而言，1998年5月30日，湖南天通置业有限公司（以下简称天通公司）与戴某锋签订“承包协议”：戴某锋承包天通公司所属投资部，在两年承包期内，天通公司提供人民币约8 000万元给戴某锋，由其自主经营，戴某锋每年向天通公司提供总投资额15%的利润，多余部分由双方按照3∶7的比例分成。后双方按照协议执行。2000年5月，长沙市公安局发出协助冻结存款

① 参见方世荣：《论具体行政行为》，武汉大学出版社1996年版，第100～104页；杨小君：《试论行政强制措施与刑事强制措施的区别及其与行政诉讼的关系》，《甘肃政法学院学报》1998年第3期，第7～8、12～13页。

通知书，以陈某中、康某成、张某辉涉嫌“金融犯罪”为由，冻结了戴某锋的账户资金共计 1 091 万元。2000 年 7 月 13 日，戴某锋以长沙市公安局冻结强制措施违法为由，向湖南省高级人民法院提起行政诉讼，请求法院确认冻结强制措施违法。长沙市公安局的证据有：(1) 刑事立案报告表；(2) 三份协助冻结存款通知书。而戴某锋的证据有：(1) 长沙市公安局去深圳冻结存款的执法人员中，有一人使用假警官证证明；(2) 张某辉、刘某国出具的关于戴文锋使用其身份证炒股没有异议的声明材料；(3) 中国证监会与公安部联合下发的《关于在查处证券期货违法犯罪案件中加强协调配合的通知》；(4) 戴某锋与天通公司签订的承包协议；(5) 省政府有关领导同志的批件。

两审法院均认定公安局的行为属于行政强制措施，可以被提起行政诉讼。但在如何区分行政强制措施与刑事强制措施上，存在一定分歧。湖南省高级人民法院认为：

> 长沙市公安局在没有任何证据证实有犯罪事实存在的情况下，冻结非犯罪嫌疑人的账户资金一千余万元，不是刑事侦查行为，系滥用职权行为，理应停止并赔偿损失。

这是从案件的性质入手进行区分的，即不是刑事案件就不能采取刑事强制措施，采取的强制措施也就不是刑事侦查措施。而最高人民法院则认为：

> 长沙市公安局在法定期间内未向一审法院提交证明其实施强制冻结措施符合法律规定的相关证据，因而不能证明其作出的行为是依照刑事诉讼法明确授权实施的行为，一审法

院依法受理并确认上诉人长沙市公安局实施的冻结强制措施行为违法并无不当。①

从表面上看，最高人民法院是依据2000年《行诉法解释》的规定从有无刑事诉讼法授权的角度来认定强制措施的性质的，但它实际上是采取了两个标准，即措施本身在刑事诉讼法上有无规定，有无证据证明采取措施符合刑事诉讼法的规定。故而，两审法院在认定的标准上并无实质的分歧。这也是司法实践的基本经验。② 故而，对于《行诉法解释》第1条的规定，应解释为，公安、国家安全等机关依照刑事诉讼法的明确授权实施，且有证据证明符合法定授权的行为，不属于人民法院行政诉讼的受案范围。但对行为的认识与对行为的最终认定之间存在着一定的距离，故而在其证据明显不能证明时，行为仍然要被认定为行政强制措施。

当然，要根本上杜绝这种以刑事强制措施之名行行政强制措施之实的做法，尚需从严格对刑事强制措施的事后监督救济等方面入手，使公安机关规避行政诉讼或国家赔偿诉讼变得没有必要。

（三）行政上的陈述义务与刑事上的沉默权

在刑事诉讼法上，犯罪嫌疑人、被告人享有沉默权，不能被迫作出对自己不利的陈述。我国《刑事诉讼法》（2018年）第52

① 戴某锋诉湖南省长沙市公安局行政强制措施行为上诉案，最高人民法院行政审判庭编：《最高人民法院最新行政裁判汇编》，人民法院出版社2006年版，第382页。

② 类似的判决可参见张某华不服磐安县公安局限制人身自由、扣押财产行政案，《最高人民法院公报》1994年第4期，第159页；黄梅县振华建材物资总公司不服黄石市公安局扣押财产及侵犯企业财产权行政上诉案，《最高人民法院公报》1996年第1期，第35页。

条规定："审判人员、检察人员、侦查人员必须依照法定程序，收集能够证实犯罪嫌疑人、被告人有罪或者无罪、犯罪情节轻重的各种证据。严禁刑讯逼供和以威胁、引诱、欺骗以及其他非法方法收集证据，不得强迫任何人证实自己有罪。"但是，在行政法上，沉默权能否成立呢？例如，饮酒驾驶检测的呼气就可以算作一种陈述。在治理"酒驾"时，警察有权要求检测司机的呼气酒精含量和血液酒精含量；如果确系"酒驾"，则要予以行政处罚乃至处以刑罚。① 按照《道路交通安全法实施条例》第 105 条规定，"机动车驾驶人有饮酒、醉酒、服用国家管制的精神药品或者麻醉药品嫌疑的，应当接受测试、检验"。按照《车辆驾驶人员血液、呼气酒精含量阈值与检验》的规定，检测的方法有呼气酒精含量检验和血液酒精含量检验。司机根据警察的要求呼气，实质上就是在坦白自己的饮酒状况。又如，交通事故的报告义务：《道路安全交通法》第 70 条第 1 款规定，"在道路上发生交通事故，车辆驾驶人应当立即停车，保护现场；造成人身伤亡的，车辆驾驶人应当立即抢救受伤人员，并迅速报告执勤的交通警察或者公安机关交通管理部门"。再如，上市公司的信息披露义务：《证券法》（2019 年）第 81 条第 1 款规定，"发生可能对上

---

① 强制检测也涉及是行政强制措施还是刑事侦查措施的问题。最高人民法院参考案例高某诉山东省青岛市公安局交通警察支队黄岛大队行政强制措施案的裁判要旨指出："交警根据《中华人民共和国道路交通安全法实施条例》第一百零五条规定，对酒后驾驶当事人实施的强制检验血液行为，是公安机关判定案件能否进行刑事立案的基础性调查行为，属于公安机关为固定证据所实施的行政强制措施，并非公安机关依照《中华人民共和国刑事诉讼法》的明确授权实施的行为，应属于人民法院行政诉讼的受案范围。"山东省青岛市中级人民法院（2019）鲁 02 行终 569 号行政判决书，2019 年 10 月 28 日。

市交易公司债券的交易价格产生较大影响的重大事件，投资者尚未得知时，公司应当立即将有关该重大事件的情况向国务院证券监督管理机构和证券交易场所报送临时报告，并予公告，说明事件的起因、目前的状态和可能产生的法律后果”。不依法披露者将被处以警告或罚款的行政处罚。

显然，行政法上基于一定的规制目的而要求陈述、披露信息，与刑事诉讼法中的不得强迫自证己罪形成对比。无论是饮酒驾车的控制还是交通事故的处理，课予陈述或告知义务，都是为了保证交通安全这种公共安全；而证券法上的强制披露信息，其目的在于保障交易安全，证券交易范围广泛，故而，这种交易安全也具有一定的公共性。不过，违反这种陈述义务，通常并不招致刑事责任，故而，与刑事法上的沉默权也不存在冲突问题。因为只有在强制供述针对自己的入罪信息时，才侵犯刑事法上的沉默权。但上述例子中的饮酒驾驶却是有可能入刑的，强制呼气也就有可能与刑事诉讼法上的沉默权相抵触。

要消除事故行政调查与刑事程序中拒绝自证己罪特权之间的可能抵触，大致有三种选择：其一，法律在规定对质问的陈述义务时，承认在行政调查程序中以具有刑事追诉的危险为理由拒绝供述。作为其变形，在行政调查中科以陈述义务，应禁止对违反义务者采取强制、制裁措施。其二，在行政调查中科以陈述的义务，但禁止将该陈述在刑事程序中作为证据使用。其三，科以陈述义务，但对供述的犯罪行为不予刑事追诉。应当说，第一种做法最为彻底地保护了拒绝自证己罪特权，但有可能妨碍行政调查。第二种做法则与之相反，能让行政调查发挥功能，却可能因获取的信息中有犯罪嫌疑内容，即使禁止提供该信息，也难以否定有揭发或者通报的可能。第三种做法限制了通过刑罚实现公益的可能性，因而，只有在通过供述信息所实现的公益凌驾于限制刑罚利用可能性之上的特定场合方可引入这一做法。它更多的是政策性的判断，优先考虑了因获取供述信息而实现的公益，有必要以法律予以规定。如果法律规定了行政调查，却没有关于拒绝自证己罪特权的特别规定，则若要对其作合宪性解释，基本上应按照第一种做法去解释法律。[①] 要刑事免责，需要有法律的根据。如果通过供述而获得了有效的预防信息，由此避免某类事故所得到的利益就会远远大于惩罚个别供述者所带来的利益。不过，在我国还不存在这样的法律，在国民情感上恐怕也难以接受这种做法。从务实角度而言，较为妥当的做法是，在行政调查时，调查机关告知当事人所享有的权利，特别是拒绝有罪供述的权利。

三、刑法的行政从属性

刑法对犯罪构成要件的规定很多不能自我完结，而需要依赖行政，以行政立法、行政行为为前提。这又被称作刑法的行政从属性。之所以形成这种现象，是因为刑法和行政法共同指向了同

① 山本隆司「事故・インシデント情報の収集・分析・公表に関する行政法上の問題（下）」ジュリスト1311号（2006年）175～176頁参照。

一个问题，相互依赖，相互影响。但是，刑法的行政从属性有可能与刑法自身的要求存在冲突，需要作出合理的判断和选择。

（一）行政立法与罪刑法定

《刑法》第 3 条规定："法律明文规定为犯罪行为的，依照法律定罪处刑；法律没有明文规定为犯罪行为的，不得定罪处刑。"《立法法》第 11 条第 4 项也规定，犯罪和刑罚，"只能制定法律"；第 12 条进一步明确规定有关犯罪和刑罚的事项不得授权给国务院制定行政法规。概言之，我国对犯罪和刑罚实行了严格的法律保留原则。犯罪和刑罚是行政立法所不能染指的事项，何种行为应受何种刑事制裁，均必须通过法律以明确的方式规定下来。

如果某行政立法宣称"构成犯罪的，依法追究刑事责任"，而刑法没有相应的规定，显然不能依照该行政立法的规定来定罪量刑。例如，《人类辅助生殖技术管理办法》（2001 年卫生部令第 14 号）第 22 条第 2 项规定：开展人类辅助生殖技术的医疗机构违反本办法，实施代孕技术的，由省、自治区、直辖市人民政府卫生行政部门给予警告，处 3 万元以下罚款，并给予有关责任人行政处分；构成犯罪的，依法追究刑事责任。但《刑法》上的医疗事故罪、非法行医罪、非法进行节育手术罪、非法经营罪等相关罪名，在构成要件上均无法与实施代孕手术相对应，故而无法入罪。《人类辅助生殖技术管理办法》作为部门规章无权设定刑罚，故其规定或许可被称为"恐吓性条款"，否则即有违罪刑法定原则。

真正的难题出在犯罪的空白构成要件上。有时刑法会出现空白罪状，而将实质的构成要件委任给行政立法。这时，能否依据行政立法的规定来判断是否符合犯罪的构成要件，是否违反罪刑法定原则，便成为需要讨论的问题。

其典型者为非法经营罪的认定。[①]《刑法》第 225 条第 4 项规定，有其他“违反国家规定”，“严重扰乱市场秩序的非法经营行为”，情节严重的，处以一定刑罚。这是一个十分笼统的规定，实践中将诸多违反行政法规、规章规定的行为（如非法出版、传销等）纳入其中，追究其刑事责任。例如，国务院《电信条例》（2016 年修订）第 69 条第 2 项对“未通过国务院信息产业主管部门批准，设立国际通信出入口进行国际通信的”行为规定了行政处罚，但未规定刑事制裁。而《最高人民法院关于审理扰乱电信市场管理秩序案件具体应用法律若干问题的解释》（法释〔2000〕12 号）第 1 条规定，“擅自经营国际电信业务或者涉港澳台电信业务进行营利活动，扰乱电信市场管理秩序，情节严重的”，适用《刑法》第 225 条第 4 项的规定，以非法经营罪定罪处罚。信息产业部认为《电信条例》和司法解释的规定并不矛盾，并指出：“电信条例作为行政法规，只能对行政处罚有关问题作出规定，无权对刑罚问题作出规定。涉及刑事犯罪的，应由《中华人民共和国刑法》和最高人民法院相关司法解释进行调整。”[②] 有刑法学者认为，在刑法条文明确规定以具体的行政法规作为参照

① 刑法上类似的表述还有“违反国务院卫生行政部门的有关规定”（第 331 条）、“违反枪支管理规定”（第 128 条）、“违反规章制度”（第 131、132 条）等。

② 《信息产业部关于〈中华人民共和国电信条例〉第七十条适用问题的批复》，2000 年 12 月 7 日。

时，可以认为最高权力机关已经将填补罪状的职能交由行政法规履行，在这种情况下援引行政法规来完善刑法罪状，并以此追究刑事责任，并不违反罪刑法定原则。[①] 但所谓其他“违反国家规定”，“严重扰乱市场秩序的非法经营行为”中的“严重扰乱市场秩序”，只是非法经营行为的后果，而判断该经营行为违法性的标准在于“违反国家规定”，换言之，其他的国家规定成为定罪量刑的根据。如果其他的国家规定仍然为法律，则在法律保留上并无疑问，充其量在法明确性上有待追究。但如果其他的国家规定系行政法规，甚至是部门规章，则其违反法律保留原则，违反罪刑法定原则。“就我国规定空白罪状的刑事法律和被参照的有关法规或制度的相互关系而言，只包括以下两种类型：一是刑事法律只规定某种犯罪的法定刑，而由行政法规或其他制度来确定具体犯罪构成的行为要件；二是刑事法律规定某种犯罪的法定刑，同时也指明具体犯罪构成的行为要件‘抽象类型’，再由行政法规或其他制度来加以充实。但不存在西方国家的如下情形：法律规定由法规来确定构成犯罪的条件和相应的法定刑。显然，从形式层面而言，两种空白罪状都是最高立法机关在刑法分则性条文（中）加以规定，因而具有了‘法律’的身份或标记。但是，从实质层面而言，空白罪状具体犯罪构成要件的确定完全或部分是由相关法规或制度来承担的，因此，即使被参照的相关法规或制度不是‘定罪量刑的直接依据’，但在事实上也决定着司

---

① 参见黄寒：《罪刑法定主义视野中的空白罪状——以刑法第 225 条第 4 项为例》，《中国刑事法杂志》2006 年第 3 期，第 65 页。

法机关的具体定罪活动和行为人是否构成犯罪的情形之下，一旦这些被参照的相关法规或制度不具有最大程度的民主性时，无疑就违背了‘法律专属性原则’。”①

刑法中使用空白罪状并无问题，这是一种表述简洁和适应社会发展的立法技术。但在行为的构成要件上，被参照的规范性文件应当是法律，而非行政立法。虽然《刑法》第96条规定，“本法所称违反国家规定，是指违反全国人民代表大会及其常务委员会制定的法律和决定，国务院制定的行政法规、规定的行政措施、发布的决定和命令”，② 但如果国家规定涉及犯罪和刑罚，其中直接规定了犯罪的构成要件，则该国家规定只能是法律，而不能是国务院的行政法规、行政措施、决定和命令，否则，该规定亦违反《立法法》实行的严格法律保留原则。

（二）行政行为的合法性与刑事诉讼

在刑事诉讼中，法院能否就一定法律事实作出与行政机关不一致的结论？法院是否能够判断行政行为的合法性？如何处理刑事案件与行政案件的交织问题？是先行后刑，还是先刑后行？与

① 刘树德：《罪刑法定原则中空白罪状的追问》，《法学研究》2001年第2期，第49页。

② 2011年《最高人民法院关于准确理解和适用刑法中“国家规定”的有关问题的通知》（法发〔2011〕155号）指出：“国务院规定的行政措施”应当由国务院决定，通常以行政法规或者国务院制发文件的形式加以规定。以国务院办公厅名义制发的文件，符合以下条件的，亦应视为刑法中的“国家规定”：（1）有明确的法律依据或者同相关行政法规不相抵触；（2）经国务院常务会议讨论通过或者经国务院批准；（3）在国务院公报上公开发布。对于违反地方性法规、部门规章的行为，不得认定为“违反国家规定”。

民事诉讼相比，刑事诉讼为什么呈现出一定的不同？这些实体和程序上的问题，在实务中亟须解决。

举例而言，《刑法》第139条规定："违反消防管理法规，经消防监督机构通知采取改正措施而拒绝执行，造成严重后果的，对直接责任人员，处三年以下有期徒刑或者拘役；后果特别严重的，处三年以上七年以下有期徒刑。"

例如，在王某伟、孙某军消防责任事故案中，2002年9月3日，徐州市公安局消防支队（以下简称市公安消防支队）发现永乐门酒吧未经审批擅自施工且施工内容不符合消防要求，即责令停工整改。王某伟、孙某军随后报送了整改报告，10月份未经审批再次施工，使用大量可燃材料，并多次拆除设置在永乐门酒吧与清秀佳人休闲屋之间通道上的石膏挡板。12月28日23时后，清秀佳人休闲屋起火，蔓延至酒吧施工现场。大火造成一死三伤，直接经济损失为221 970元。经市公安消防支队认定：火灾原因不明；王某伟、孙某军负间接责任。江苏省徐州市鼓楼区人民法院判决认为："王某伟、孙某军在进行建筑内部装修工程中违反消防管理法规，拒绝执行消防监督机构的改正通知，造成严重后果，已构成消防责任事故罪。"

对于两被告人是否符合消防责任事故罪的主体条件，一种观点认为：消防责任事故罪要求直接责任人员违反消防管理法规，经消防监督机构通知采取改正措施而拒绝执行并造成严重后果；而本案中火灾认定机构市公安消防支队认定火灾原因不明，同时只认定两被告人负火灾事故的间接责任，故两被告人不符合消防责任事故罪中的直接责任人员的主体条件。另一种观点认为，消防责任事故罪中的直接责任，是对消防安全工作所负有的直接责任，指负有消防安全义务的人经消防监督机构通知采取改正措施而拒不执行的责任，而非消防部门对引起火灾后果的原因所认定的责任，故不能把火灾事故中的责任认定与消防责任事故罪中的责任认定混为一谈。法院判决采取了后一种观点。[①] 也就是说，法院对消防责任事故罪的“直接责任人员”作出了不同的解释，区别于火灾事故责任认定中负直接责任的主体。[②] 虽然在结论上，“直接责任人员”并不等同于对火灾事故负直接责任的人员，但法院并不是在否定消防监督机构的责任认定，而是在认定当事人属于《刑法》第 139 条的“直接责任人员”；而且，两者的认定服务于不同的功能：火灾事故中的责任认定旨在确认法律事实及其因果关系，但要发生怎样的法律效果不是其自动进行的，消防责任事故罪中“直接责任人员”的认定旨在定罪量刑，火灾事故中的责任认定会影响消防责任事故罪中“直接责任人员”的认定，而不是决定消防责任事故罪中“直接责任人员”的认定，火

① 王某伟、孙某军消防责任事故案，国家法官学院、中国人民大学法学院编：《中国审判案例要览》（2005 年刑事审判案例卷），人民法院出版社、中国人民大学出版社 2006 年版，第 112～118 页。

② 当时的《火灾事故调查规定》（公安部第 37 号令）第 29 条规定：“对引发火灾事故的单位和个人，火灾事故责任主要有下列四类：（一）直接责任；（二）间接责任；（三）直接领导责任；（四）领导责任。”《公安部关于对火灾事故责任认定和火灾事故调查管辖有关问题的批复》（公复字〔2002〕3 号）进一步明确：“《火灾事故调查规定》（公安部令第 37 号令）第二十九条规定的直接责任，是指当事人因过错直接引发火灾事故所应付的责任；间接责任，是指当事人的过错虽未直接引发火灾事故，但导致了火灾事故的发生、蔓延、扩大等所应付的责任。”但公安部第 37 号令、该批复均于 2009 年被废止，新的《火灾事故调查规定》（2009 年制定，2012 年修改）不再规定火灾事故责任的类型。

灾事故的直接责任和间接责任等有可能同样都构成消防责任事故罪中“直接责任人员”的要件事实。

再如，在王某伟等非法拘禁案中，一审法院判决营口市公安局新生公安分局王某伟、陈某鹏犯非法拘禁罪，判处有期徒刑2年。王某伟以收容审查是手续合法的行政行为，邓某等的原口供有效，不构成犯罪为由提起上诉；陈某鹏以收容审查是职务行为，不构成犯罪为由亦提起上诉。辽宁省营口市中级人民法院作出终审判决认为：

> 王某伟、陈某鹏身为公安机关工作人员，采用殴打威胁方式逼取口供，在没有查清事实情况下，依据此无法律效力的口供证据对治安管理处罚对象做出收容审查决定，属滥用职权行为，非法限制他人人身自由，其行为均已构成非法拘禁犯罪。关于上诉人提出的收容审查是职务行为、不构成犯罪的辩解意见，因无事实及法律依据，故不予支持。①

问题在于：该法院能否对职务行为的合法性进行审查？《刑法》第238条第1款规定，“非法拘禁他人或者以其他方法非法剥夺他人人身自由的，处三年以下有期徒刑、拘役、管制或者剥夺政治权利”；第4款规定，“国家机关工作人员利用职权犯前三款罪的，依照前三款的规定从重处罚”。由此规定来看，国家机关工作人员利用职权非法拘禁他人或者以其他方法非法剥夺他人人身自由的，构成非法拘禁罪。进行刑事审判的法院当然要对这一

① 辽宁省营口市中级人民法院（1999）营刑终字第77号刑事裁定书，1999年11月16日。

构成要件进行审查。而国家机关工作人员利用职权非法拘禁或非法剥夺他人人身自由，实际上也就是违法作出职务行为。这是法院“从刑法的立场来解释具体刑事案件中的犯罪构成要件”，① 而不是专门针对职务行为是否合法展开的审查。②

（三）行政许可与犯罪构成

在刑法上，存在诸多“未经许可”“未经……许可”“未经……批准”的规定，诸如，第 134 条之一的危险作业罪（涉及安全生产的事项未经依法批准或者许可），第 154 条的走私普通货物、物品罪的变相行为形式（未经海关许可），第 174 条的擅自设立金融机构罪（未经国家有关主管部门批准），第 179 条的擅自发行股票、公司、企业债券罪（未经国家有关主管部门批准），第 225 条的非法经营罪（未经许可、未经国家有关主管部门批准），

---

① ［日］盐野宏：《行政法总论》，杨建顺译，北京大学出版社 2025 年版，第 129 页。盐野宏指出：“撤销诉讼排他性管辖上的有效、无效的判断，是从行政事件诉讼中私人救济的角度进行的，其和刑事裁判的判断，在逻辑上并不相契合。”盐野宏前揭书，第 129 页。

② 在法国，刑事法院关于判断行政行为合法性的权力，比民事法院的大，刑事法院有权判断行政条例的合法性，这是为了维护社会的安定和被告人的利益。因为对刑事案件应当迅速解决，所以刑事法院法官有完整的管辖权，将大部分附属问题都作为先决问题解决，不作为审判前提问题。但刑事法院法官不能判断具体行政处理的合法性。具体行政处理的合法性问题，必须作为审判前提问题，由行政法院决定。上述附属问题的管辖权原则，由权限争议法庭的判例形成，为法国法学界多数人所赞成。但最高法院的刑事庭采取另外一个标准决定附属问题的管辖权。最高法院认为：在行政行为作为刑事追诉的根据时，由刑事法院决定其合法性，不论其为普遍性的条例还是具体的行政处理；在行政行为作为防卫手段时，不问其为普遍性行为还是具体行为，必须作为审判前提问题，由行政法院决定其合法性问题。参见王名扬：《法国行政法》，中国政法大学出版社 1989 年版，第 596 页。

第339条的擅自进口固体废物罪（未经国务院有关主管部门许可），第343条的非法采矿罪（未取得采矿许可证）等；有的规定虽然没有使用类似表述，但也与行政许可相关，诸如走私类犯罪。有无许可，成为是否构成犯罪的关键。

1. 行政许可违法

有时，申请了行政许可，也获得了行政许可，但许可违法（并非无效）。行政许可违法，是否影响犯罪的构成呢？

通常而言，在刑事诉讼中，基于贯彻罪刑法定原则、维护刑事审判的完整性和独立性、切实保障人权、确保法秩序统一的立场，原则上应否认行政行为对犯罪的构成要件效力或公定力在刑事诉讼中的运用，行政行为不能拘束刑事审判，法院可以审查刑事案件中行政行为的合法性。①

但是，在行政许可作为犯罪构成要件的情形中，行政许可可能作为犯罪的正当化事由。违法的行政许可有可能例外地拘束刑事审判，也就是说，法院因存在许可而否定构成犯罪。这里还需要区分行政许可的违法是否由申请人采取欺骗、贿赂等不正当手段所致。如果属于申请人采取不正当手段获取行政许可，那这种行政许可就不值得保护，申请人也不存在值得保护的信赖利益。相反，如果申请人对行政许可存在值得保护的信赖利益，行政许可即使违法，但仍然有效，也不应当作为没有行政许可，进而认定为犯罪。这是行政行为构成要件效力及于刑事诉讼的一种表现。

① 参见王世杰：《论行政行为对刑事审判的拘束》，《政治与法律》2018年第6期，第31～33页。

2. 符合许可条件而未经许可

有时，有的主体虽然符合许可条件但未提出申请；有的主体提出了申请但被行政机关违法拒绝；有的行政许可被违法吊销，之后从事了应有许可的行为。这时，是否影响犯罪的构成；实体上合法（原则上刑法允许）的行为，未提出申请或未经许可程序、拒绝许可的行政行为违法，是否具有可罚性？

有学者在环境刑法中指出，如果有许可义务的行为人无视法律规定的行政机关的监管程序，应视为具有有关环境法益的抽象危险。即便在此后的刑事诉讼程序中证实，行政机关有批准环境利用行为的义务，作为抽象危险犯，该行为的可罚性依然成立。行为人如果规避行政机关监管程序，未经批准而实施具有实质合法性的行为，应负刑事责任；但如果行政机关在规定的许可要求上加重了监管条件（而不予许可），则行为人不负刑事责任。①

四、行政执法与刑事诉讼的衔接

因为存在行政处罚与刑罚的衔接问题，行政执法程序与刑事诉讼程序之间也有衔接的需要。这里既有行政执法向刑事司法的程序转换，也有反过来的程序转换，还有证据的收集与转换问题。

① 参见［德］保罗·克雷尔：《德国环境刑法》，张志钢译，中国社会科学出版社 2022 年版，第 172～177 页。

（一）行政执法与刑事司法的程序转换

《行政处罚法》第 27 条规定："违法行为涉嫌犯罪的，行政机关应当及时将案件移送给司法机关，依法追究刑事责任。""行政处罚实施机关与司法机关之间应当加强协调配合，建立健全案件移送制度，加强证据材料移交、接收衔接，完善案件处理信息通报机制。"第 57 条第 1 款第 4 项在程序上进一步作出衔接：调查终结，行政机关负责人应当对调查结果进行审查，违法行为涉嫌犯罪的，移送司法机关。在具体操作规程上，国务院 2020 年修订了《行政执法机关移送涉嫌犯罪案件的规定》，最高人民检察院制定了《最高人民检察院关于推进行政执法与刑事司法衔接工作的规定》（高检发释字〔2021〕4 号），细化了两种程序的衔接。

一旦刑事司法程序启动，还能否继续追究当事人的行政法律责任呢？刑事司法程序是否具有排斥行政执法同时进行的效力呢？在赖某兆诉龙岩市地税局税务行政处罚决定案（以下简称赖某兆案）中，赖某兆因非法出售发票涉嫌犯罪，于 2003 年 4 月 11 日被龙岩市公安局取保候审；2003 年 12 月，福建省龙岩市新罗区人民法院以非法出售发票罪判处原告管制 6 个月，并处罚金 2 万元。龙岩市地税局就原告（赖某兆）的同一违法事实，于 2003 年 6 月 17 日立案调查，其间申请延长期限 150 天，于 2003 年 12 月 2 日对原告作出罚款 3 万元的处罚决定。福建省地税局复议维持了被告（龙岩市地税局）作出的上述处罚决定。

原告诉称：被告在司法机关审理原告案件还无结论前，依法无权对原告进行行政处罚。即使被告先行立案调查，但发现已构成犯罪的，也应中止审理，移送司法机关审理后再根据实际情况处理。被告则辩称：原告倒买倒卖发票的行为，不仅违反了《发票管理办法》（1993 年）第 38 条的规定，而且还违反了《刑法》第 209 条的规定，触犯了刑律，具有双重处罚性；被告对其实施处罚是被告应当履行的法定职责，并无不当；对原告作出的行政处罚和刑事处罚，也不属于行政处罚法所禁止的“一事不再罚”。一审法院认为：

行政处罚是行政执法主体对行政相对人尚未构成犯罪的，违反行政管理秩序的行为给予处罚。《中华人民共和国行政处罚法》第三十八条第一款第（四）项规定：“违法行为已构成犯罪的，移送司法机关。”本案原告的行为已构成犯罪，且司法机关已在查处中，被告还进行行政立案，作出行政处罚，违反了《中华人民共和国行政处罚法》第二十二条的规定和刑法的原则精神，属适用法律、法规错误，应予撤销。[1]

二审法院认为：

行政机关作出具体行政行为必须符合法律规定，《中华人民共和国行政处罚法》第二十二条和国务院《行政执法机关移送涉嫌犯罪案件的规定》第十二条、第十三条规定，违法行为构成犯罪的，行政机关必须将案件移送司法机关，依

---

① 赖某兆诉龙岩市地税局税务行政处罚决定案，国家法官学院、中国人民大学法学院编：《中国审判案例要览》（2006 年行政审判案例卷），中国人民大学出版社、人民法院出版社 2007 年版，第 160 页。

> 法追究刑事责任。只有待司法机关认定当事人的违法行为不构成犯罪，不需要追究刑事责任后，行政执法机关才依法作出处理。本案中，上诉人明知被上诉人倒买倒卖假发票的行为已被公安机关刑事立案侦查，上诉人本应依法待司法机关作出处理后，再决定是否追究行政责任，可上诉人却在刑事司法程序尚未对被上诉人处理的情况下，就先行对被上诉人作出罚款 30 000 元的行政处罚，明显违反法律规定。[①]

一审法院认定刑事司法程序一旦启动，即阻断行政执法程序；二审法院进一步补充认为，只有在司法机关认定不构成犯罪时，才能重启行政执法程序。后者实际上是依据《刑法》第 37 条作出判断的。但即使需要追究刑事责任，也不等于说不能重启行政执法程序。在刑事责任和行政法律责任并行时，即可在刑事制裁之后实施行政制裁，例如吊销营业许可证。

同一个行为可能触犯两种性质的法律规范，在行政法规范和刑事法规范之间存在竞合时，法律的选择是优先适用刑事法，先刑事程序，后行政程序。之所以刑事程序具有阻断行政程序的效力，原因有三个方面：第一，防止两种机关作出矛盾的裁决，毕竟两种机关均享有管辖权，防止行政机关以行政处罚代替刑罚。[②]后作出处理的机关不得作出与判决相矛盾的决定。第二，需要尽快解决刑事案件，尽快恢复社会秩序，保护刑事诉讼被告人的合

---

① 赖某兆诉龙岩市地税局税务行政处罚决定案，国家法官学院、中国人民大学法学院编：《中国审判案例要览》（2006 年行政审判案例卷），中国人民大学出版社、人民法院出版社 2007 年版，第 161 页。

② 《行政处罚法》（2021 年修订）第 8 条第 2 款也有明确禁止规定。

法权益。第三，两种程序先后进行，有助于防止给被惩罚者造成过重的制裁。在赖某兆案中，税务机关在刑事诉讼过程中作出处罚决定，法院又作出罚金的刑事制裁，这就导致了重复制裁的效果。在该案中，当事人应该可以根据法院的判决，要求税务机关返还多余的钱款。

2021 年《行政处罚法》修改时，在其第 27 条第 1 款规定："对依法不需要追究刑事责任或者免予刑事处罚，但应当给予行政处罚的，司法机关应当及时将案件移送有关行政机关。"刑事程序转为行政程序，也成为不可忽视的一环。

（二）两种证据的收集与转换

例如，在一起虚假医疗广告致害的案件中，市场监管部门根据举报立案查处，封杀了虚假广告，并作出行政处罚。但因情节严重，违法所得金额较大，该案又被移交当地公安机关立案侦查。最后法院认定虚假广告罪成立。《广告法》（2021 年）第 55 条规定了对虚假广告行为的行政处罚措施，同时规定"构成犯罪的，依法追究刑事责任"。《刑法》第 222 条也规定了虚假广告罪。显然，行政处罚和刑事制裁在实体上是存在衔接的。但问题在于：市场监管部门收集的证据能否作为公安机关的证据被用于提起公诉？

再如，公安机关接到举报，称张某在销售淫秽物品，遂以治安案件立案侦查，缴获淫秽物品若干（尚不够刑罚）。第二天发现其还在其住宅中藏有大量淫秽物品，遂将该案转为刑事案件。问题同样是：公安机关是否需要转换证据？与前一例不同之处在于，公安机关在具有行政机关属性之外，还可以成为刑事侦查机关。

《刑事诉讼法》（2018年）第3条第1款规定："对刑事案件的侦查、拘留、执行逮捕、预审，由公安机关负责。检察、批准逮捕、检察机关直接受理的案件的侦查、提起公诉，由人民检察院负责。审判由人民法院负责。除法律特别规定的以外，其他任何机关、团体和个人都无权行使这些权力。"刑事侦查权专属于这些法定的刑事侦查机关，其他机关不享有这一权力。故而，不能将非刑事侦查机关收集调取的证据直接作为刑事侦查机关的证据，而应由刑事侦查机关根据案件的证据种类分别展开审查或收集工作。

然而，《刑事诉讼法》第54条第2款规定，"行政机关在行政执法和查办案件过程中收集的物证、书证、视听资料、电子数据等证据材料，在刑事诉讼中可以作为证据使用"。而与此形成对照的是，日本的法律常有这样的规定，即法律规定的行政调查"权限不得解释为可用于犯罪侦查"。这种反差也让反思我国《刑事诉讼法》第54条第2款规定的妥当性成为必要。

应当说，同样的事实经过两种性质的调查有时候并没有必要，在某些情形下有相互利用的可能空间。对于案件发生时的客观数据、通过案件发生后的实验等获得的客观数据，进行同样的解析或实验并不适当，有相互利用的可能。或许正是出于这一原因，《刑事诉讼法》第54条第2款所列举的"证据材料"都是客观证据。也有学者主张，对同一个违法事实有行政处罚和刑罚的规定时，因为有时会希望承认信息的相互利用，将来就应当完善行政程序的基础，在让相互利用成为可能的制度上下功夫。[1] 不同的陈述可能引起不同的法律后果，具有不同经验的人听取相同的陈述也会有重点上的差异。产生争议的领域主要在于当事人陈述部分。对于同一件案件，案件相关者面对不同的人多次提问，要反复多次作同样的说明，这确实也是一个不小的负担。不过，长期从事刑事犯罪侦查的人员和普通的行政执法人员对这些证言、陈述、供述和辩解的敏感度和审查能力还是有差别的。

《刑事诉讼法》第 50 条第 2 款规定了八种证据：（1）物证；（2）书证；（3）证人证言；（4）被害人陈述；（5）犯罪嫌疑人、被告人供述和辩解；（6）鉴定意见；（7）勘验、检查、辨认、侦查实验等笔录；（8）视听资料、电子数据。在行政执法机关向公安机关移送的涉嫌犯罪案件中，可将这些证据分作两类来处理。一是由行政执法机关依法收集、调取的物证、书证、视听资料、电子数据等客观性证据。它们应当随案移送原件或原物，经公安机关、人民检察院审核后可以作为证据使用，行政执法机关应在案卷中对证据来源等情况予以说明。只有在取得原件、原物确有困难时，才可以移送依照规定程序收集、调取的与原件核对无误的复印件或与原物核对无误的复制件，或者证明该物证的照片、录像。这些证据是客观存在的，也不易发生变化。二是证人证言，被害人陈述，犯罪嫌疑人供述和辩解，鉴定意见，勘验、检查、辨认、侦察、实验等笔录。它们则由公安机关、人民检察院

① 曾和俊文『行政法総論を学ぶ』（有斐閣 2014 年）362 頁参照。

依法收集或制作。这是公安机关或人民检察院的专长。

或许是基于同样的道理，2025 年修订的《治安管理处罚法》第 93 条规定，在办理刑事案件过程中以及其他执法办案机关在移送案件前依法收集的物证、书证、视听资料、电子数据等证据材料，可以作为治安案件的证据使用。

第四编

行政法的案例分析

作为应用法学的行政法学，必然会涉及各种案例。一方面，我们应当学会分析案例，掌握分析案例的方法；另一方面，我们应当学会撰写案例分析的论文，深入思考和研究行政法的案例。下面所谈的案例都是法院实际作出的行政判决或行政裁定（而非经过剪裁或编造的案例），这些也是行政法学人分析案例时的主要对象。下面所谈的案例分析是以解决案件中的法律问题为目的的，那种将案例或判决作为一种社会现象而形成的探讨，不在讨论之列。

在行政法学研究中，行政法案例具有重要的功能。

（1）解说与检验功能。案例的解析可以帮助理解行政法理论。理论的背后总有其内在的逻辑支撑，方法的研习有助于把握行政法理论的自洽性。例如，行政法理论上常常会提及瑕疵的治愈，但怎样才叫作瑕疵治愈，未必清楚。在罗边槽村一社诉重庆市人民政府林权争议复议决定行政纠纷上诉案中，《林木林地权属争议处理办法》第 18 条规定，“林权争议经林权争议处理机构调解达成协议的，当事人应当在协议上签名或者盖章，并由调解人员署名，加盖林权争议处理机构印章，报同级人民政府或者林业行政主管部门备案”，而本案中的调解协议书并未加盖林权争议处理机构的印章。但是，丰都县林业局向丰都县人民政府呈报的《关于高家镇罗边槽村一、四社林地林木权属争议的调解情况的报告》中盖有林业局的印章，附有调解协议书，法院认为，这“可视为林业局对该调解协议书的认可”。[①] 这实际上就是形式要

① 参见《最高人民法院公报》2000 年第 6 期，第 212～214 页。

件瑕疵的治愈。再如，2018 年《行诉法解释》第 89 条规定，复议决定改变原行政行为错误，法院判决撤销复议决定时，可以一并判决恢复原行政行为的法律效力。在项某敏诉六盘水市人民政府改变原行政行为行政复议决定案中，法院判决恢复被复议撤销了的工伤认定决定的法律效力。[①] 理论上应该如何解释这一做法，尚需思考。

（2）发现与发展功能。例如，在高某升诉新郑市人民政府等行政补偿纠纷案中，高某升原承包的荒山被划入国家级森林公园，国家并没有征收或征用，但其林木所有权的行使受到了限制。[②] 这是理论上缺乏研究的“财产权限制”问题。有时，现实的行政活动并不会按照法律的规定展开，我们可以经由案例，发现新问题和新规则。例如，我们可以通过归纳整理，看看法院将哪些行为认定为无效的行政行为，是否统一适用“重大且明显违法”的标准认定，是否有共通的认定规则等，严重违反法定程序者是否会被认定为无效。

（3）本土化功能。案例是在行政实践中发生的，法律或许具有较多的共性和原则性，但结合现实之后，在解释和适用上可能需要更为现实的考虑。如此，在行政法的适用过程中，行政法的解释、行政法的规则都将实现本土化。例如，在眉山气雾剂厂诉眉山市人民政府、眉山市国土局土地行政登记案中，出现了人民法院应该立案而未立案又未出具书面裁定的情形，这造成当事人

---

① 参见《最高人民法院公报》2022 年第 11 期，第 37 页。

② 参见《最高人民法院公报》2023 年第 10 期，第 43～48 页。

向其他部门上访、申诉并向人民法院起诉。[1] 法院竟然有如此行为，也是罕见。由此导致的超出起诉期限该如何处理？这是一个特别的问题。法院最终认为，非出于自身原因延误的时间，不计算在起诉期限内。再如，在吉某仁等诉盐城市人民政府行政决定案中，盐城市人民政府使用了“会议纪要”的方式记载了会议讨论决定的免除公交公司有关交通规费、调整查处交通违法行为的管辖机关等事项。[2] 会议纪要是否具有可诉性？这也是一个特别的问题。又如，推动产业发展是政府的重要工作内容之一。在点头隆胜石材厂诉福鼎市人民政府行政扶优扶强措施案中，政府为了经济发展，发布了《关于 2001 年玄武岩石板材加工企业扶优扶强的意见》，规定按照企业规模大小增减玄武岩荒料的供应。[3] 这一做法影响了小企业的生产资料供应。这种意见或文件是否具有可诉性，成为案件中的争点。另外，房屋征收或强制拆除争议在房地产开发大潮中时有发生。在许某云诉金华市婺城区人民政府房屋行政强制及行政赔偿案中，本应征收的房屋却被违法强制拆除了。[4] 如何保障当事人的合法权益，防止政府轻易以违法手段去实现行政目标，同时区分好补偿与赔偿的关系，成为案件中的特别问题。面对这些现象，我们很难用某种现成的外国法理论

---

① 参见《最高人民法院公报》2005 年第 2 期，第 41～45 页。

② 参见《最高人民法院公报》2003 年第 4 期，第 33～36 页。

③ 参见《最高人民法院公报》2001 年第 6 期，第 211～213 页。

④ 参见《最高人民法院公报》2018 年第 6 期，第 30 页以下。

作出解释，而需要在一定法理的指导下作出适当的应对。[①]

总之，学习作为应用法学的行政法学，会分析案例，能审理案件，都是一项基本能力要求。无论是抽象的学理还是成文的规范，都需要案例来予以检验、落实和发展。理论或许有点枯燥，但案例无疑是鲜活的。分析案件，应用学到的理论，成功地解决纠纷，那是一件快乐的事情。我们如果能在分析思路、论证方法、判断依据上不同于其他人，即便结论相同，也能充分展现自身存在的价值，享受普通法律匠人所无法享受的快乐。

---

① 也有学者指出，"'个案—规范'构成了中国行政法的'经验'"，"中国行政法理论应当源于这种'经验'的凝练，这样的行政法理论才具有足够解释中国问题的能力"（章剑生：《现代行政法总论》，法律出版社2019年第2版，第542页）。

第 10 章 鉴定式解法

分析案例，应当有一套行之有效的方法，既要保证分析的有效性，也要促进分析的有用性。毫无疑问，分析案例需要有经验，老“法师”可能掌握了一套老把式，不过，我们需要将其经验转换为一套可以重复的规则、解法，以便年轻人也可以轻松上路，得出可靠的结论。

一、案例分析的方法

分析案例，一般目的在于解决案件中的法律问题，但有时也有人将案件置于更大的背景之下，试图给出更多元的分析，提出较现有法律规定更为彻底的解决方案。前者可被称作法学分析，后者可被称作法政策学分析。弄清楚自身分析方法的特性，这是一种方法论上自觉的表现。

（一）法学分析法

法学分析的旨趣在于，解决案件中的法律问题。这种法律问题是有关权利义务的争议，应当依据法律作出分配和调整。在有法院的判决书时，法学分析侧重于分析法院的判决思路（事实—依据—理由—结论），诸如：结论与理由之间是什么关系？是否合乎逻辑和法理？理由是否充分必要？依据本身是否有不同解释？法院为什么选取这种解释？如何才能堵住适用中的漏洞？法学分析还会探讨判决可能的延展空间（适用范围），总结法院论证的特点，探讨判决对同类案件是否有影响、有何种影响。

在法学分析中，常见的分析方法有历史分析法、请求权基础分析法等。历史分析法，是指就案例事实发生的过程，依序检讨其法律关系。请求权基础分析法，系指处理实例应以请求权基础（或称为请求权规范基础）为出发点。两种方法可以并用。但比较来看，在民法上，请求权基础分析法更合乎目的。在诉讼上所争执的，多属于一方当事人有无某种作为或不作为的义务，故请求权基础分析法适合实务的需要。请求权基础分析法有助于针对问题作答，集中探讨各种可能成立请求权基础的要件。采请求权基础分析法还可以保障解题内容的妥当性，可以从法律的立场思考问题，避免个人主观的价值判断及未受节制的衡平思想。[①] 不过，这种请求权基础分析法在行政法上能否得到贯彻，尚有待

---

① 参见王泽鉴：《法律思维与民法实例：请求权基础理论体系》，中国政法大学出版社 2001 年版，第 40～46 页。

观察。

在日本，司法实务界从民事案件的审判中发展出来一套要件事实论，经日本最高法院司法研修所长期开展的要件事实教育，被广泛应用于处理其他各种类型的案件，也深刻影响了各大学法科大学院的方法教育。所谓要件事实，是指该当于某一法律效果所必要的实体法构成要件的具体事实，要件事实论则是将诉讼中应当主张证明的事实与实体法法律效果相联系的一种思维方式。[①] 2009 年，许可在其博士论文的基础上出版了《民事审判方法：要件事实引论》，系统介绍了要件事实论，在一定程度上促进了要件事实论在中国的传播。[②] 关于要件事实论在本书第四章第二部分中已有少许介绍，这里不再赘述。

（二）法政策学分析法

法政策学是关于法律的制度设计的研究。日本民法学者平井宜雄在 1987 年出版了《法政策学》，1995 年修订出版第二版（有斐阁），目前正在被翻译为中文出版。我国台湾地区学者陈铭祥在 2011 年出版了《法政策学》（元照出版公司）。所谓法政策学，是指“从法的角度对意思决定理论进行重构，并与现行的实定法体系相联系，设计出法律制度或者规则，由此控制当今社会面临的公共问题、社会问题，或者提供解决这些问题的各种方法、策

① 参见［日］伊藤滋夫：《要件事实的基础：民事司法裁判结构》，许可、［日］小林正弘译，法律出版社 2022 年版，第 9 页。

② 参见许可：《民事审判方法：要件事实引论》，法律出版社 2009 年版。

略，或者就这些方法、策略向法律意思决定者提供建议”。[①] 通常法的思考是围绕“规范—案件”展开，以解决纠纷为目的，面向过去，作出规范性判断。而法政策思考则与此不同，它围绕“目的—手段”展开，形成问题—提出对策方案—解决问题，面向未来，提出制度设计或改革建议。

我国台湾地区学者叶俊荣提出了三层次分析法（参见图 10－1），一定程度上就是将法学分析和法政策学分析结合起来。第一层次是以请求权为基础，以当事人之间的争议和法律适用问题为核心的分析方法，从权利和救济层面，以法院的视角来审视个案所涉的法律问题。第二层次是以当事人主张的权利救济背后相关的制度与程序为出发点，超越个人之间的争点，更超越法院的考量，从整体制度的内涵与程序出发，探究事件发展过程中各权力部门之间的互动，包括行政机关与立法机关、司法机关之间的互动，不同职能的行政机关之间的互动，结合事件发生的各种背景原因，作制度改革面向的思考。第三层次是在案例检讨和制度考量的基础上，在整个体制运行的政策和策略层面予以审度。这实际上是对该案例所涉及的政府对行业的规制政策和规制手段的整体考量。之所以在传统的法学分析之外加入另外两个层次的分析，是因为：(1) 案例中所呈现的当事人及其主张的权利不能合理地呈现现实的状况，许多利害关系人并未提起诉讼；(2) 案件中所涉的利益在诉讼程序中未有完整的呈现；(3) 案件所彰显的议题

① 解亘：《法政策学——有关制度设计的学问》，《环球法律评论》2005 年第 2 期，第 192 页。

也不限于权利与救济层面，其背后多涉及整体制度与政策层面的问题。依当事人请求权的结构无法探讨这些问题。①

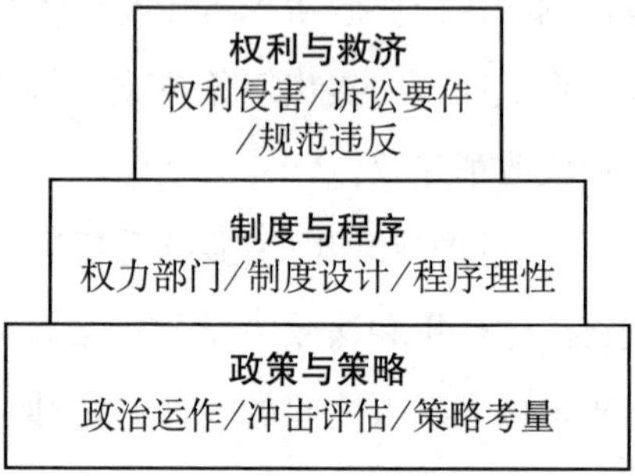

图 10－1　三层次分析结构图（源自叶俊荣书）

在《行政法案例分析与研究方法》的最后一个案例中，美丽阁妓女户容留 8 名未成年暗娼接客，台北市警察局以其违反“台北市管理娼妓办法”，公告吊销其许可证。法院判决该办法并非法律，违反法律保留，撤销该决定（未及其他）。第一层次分析的是许可制与娼妓业的管制性质以及其权利救济（是许可还是特许），地方自治法规与人民基本权利的限制问题；第二层次分析的是娼妓业主管权限的归属（是警察局还是社会安全与福利部门），分区集中管理的程序机制；第三层次分析的是娼妓业的管制政策评估，法院面对政策两难困局的解套之道。②

上述两种案例分析方法的进路是有很大差别的（参见图 10－2）：法学分析法采学科进路，将社会问题纳入行政法的框架中，仅分

① 参见叶俊荣：《行政法案例分析与研究方法》，三民书局 1999 年版，第 41～43 页。

② 参见叶俊荣：《行政法案例分析与研究方法》，三民书局 1999 年版，第 351 页以下。

析其中的行政法问题。这种方法很大程度上是以司法中心主义为基本假设的，设想的是对这种案件法院会如何处理的问题。行政法在这种分析中既是解决问题的手段，也是解决问题的限制——在解决问题时不能突破行政法，而只能以其为前提。而法政策学分析法采问题进路，是以解决某个问题为导向的。它将行政法置于规制过程之中。这种分析并不会将自身局限于司法的场合，很大程度上是以制度设计为基本假设的，设想的是这种案件如何才能得到合理的处理的问题。行政法在这里只是规制的手段，当行政法的规则不适合时，就可以提出政策改革的建议。

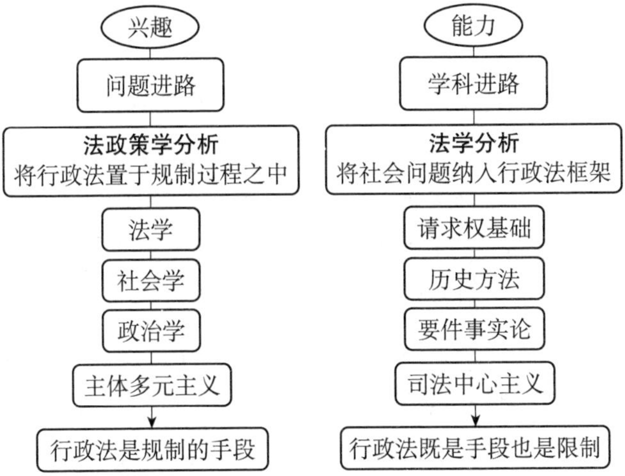

图 10-2　两种案例分析方法的比较

法政策学分析与法学分析并无高下之分，各有各的用武之地。法政策学分析者或许可以基于自身的兴趣，提出种种制度设计的建议；法学分析者或许基于自身能力的认识，以自身在法学知识方面的优势就其中的行政法问题提出解决的方案，但整个制度设计则交由更大的系统去完成。案例分析者可以基于自身的兴趣和能力，量力而行，作出适当的选择。下面的分析方法都是在法学分析法框架内提出的。

二、鉴定式解法概述

案例的鉴定式解法也就是鉴定式案例分析，它是德国法科学生在大学阶段所接受的一种训练，根据案件任务书给定的案件事实，撰写一份鉴定式的案件分析报告。所谓鉴定式解法是指对法律上的与案件裁判相关的各个方面进行全面的权衡，最后汇总为一个司法决定的方法。而司法判决的特点是，预先给出结论，然后将法律问题缩减为一种单一的支持结论的论证。[①] 判决针对法律问题展开分析，换句话说就是问题导向的，有问题则解决问题，没有问题就不浪费笔墨。而鉴定式解法如同武术套路，有着固定的动作步骤，每一个步骤也有其特定的功能；又如同“通关”，一个有待判决的案件进入解法，从入口到出口，一关一关地通过，最后完成鉴定，得出结论。这种经过长期练习形成的解法可以确保思考的完整性，对于训练思维是十分有益的。

① 参见［德］德特勒夫·雷讷：《鉴定式案例分析法的基础与技术》，黄卉编译，《法律适用》2021年第6期，第136～137页。

（一）鉴定式解法进入中国

2003 年，胡芬的《行政诉讼法》被翻译成中文出版。该书除有词条索引、人名索引外，还有一个特别的附录，即“案例分析步骤一览表”。[①] 该一览表涵盖了从行政复议到行政诉讼，从诉的合法性要件到诉的理由具备性，从一审、普通上诉到法律审上诉、抗告，各种分析步骤一应俱全。不过，这一一览表因为内容简略，无辅助说明，并未引起足够的重视、产生应有的示范效果。

自 1998 年开始，国家法官学院与德国国际合作机构联合举办了法律适用方法培训班，对我国的法官开展技术培训，其中包括行政法适用方法技术的训练。2012 年《法律适用方法：行政法案例分析》一书出版，首次较为完整地介绍了德国式的案例分析方法，并辅以中国的事例加以说明。[②]

自 2017 年开始，中南财经政法大学法学院组织具有留德背景的教师团队，连续多年举办了鉴定式案例分析暑期班，包括民法、刑法和行政法课程，着力推广鉴定式案例分析方法。此后，中国人民大学等诸多高校也开始鉴定式案例分析方法的教学。2021 年起，中国政法大学法学院行政法研究所开始举办行政法鉴

---

① ［德］弗里德赫尔穆·胡芬：《行政诉讼法》，莫光华译，法律出版社 2003 年版，第 630～642 页。

② 参见国家法官学院、德国国际合作机构：《法律适用方法：行政法案例分析》，中国法制出版社 2012 年版。顺便指出，另有一篇关于德国行政法案例分析的译文：［德］弗朗茨-约瑟夫·派纳：《德国行政合同鉴定式案例分析：儿童游戏场案》，黄卉译，《法律适用》2020 年第 10 期，第 141 页以下。

定式案例研习大赛。因此，鉴定式案例分析方法得到进一步的推广。

（二）鉴定式解法中的归入法

在鉴定式解法中，要针对各个问题全面展开分析。在分析每一个问题时，归入法是针对法律适用可选的一种统一方法，它严格规定了得出法律结论之前必须遵循的步骤。归入法的第一步通常都是，针对某一案件确定应当选择以哪一条法律规定作为合适的抽象规则。然后，要把该法律规定分解为各个部分和各个要件，并逐一与事实进行比较。对每一个要件的审查最后都应当得出一个结论。用法适用的术语来说，归入就是涵摄。按照《法律适用方法：行政法案例分析》的介绍，归入法的框架如下：①

前提：

找到准确的法律规定

确定该规定的各个要件

归入：

第一步：总起句（需要审查什么问题/什么要件）

第二步：定义（给出指向的要件的定义）

- 法律规定的字义
- 司法解释、判例、学术文章等中的定义
- 如果针对定义存在分歧：

---

① 参见国家法官学院、德国国际合作机构：《法律适用方法：行政法案例分析》，中国法制出版社 2012 年版，第 19～23 页。

◇ 说明第一种观点

◇ 说明第二种观点

◇ 对所有观点进行讨论，并说明你将采用哪种观点

➢ 如果定义仍有不明确的内容：启动一个新的嵌入的归入过程

◇ 第一步

◇ 第二步

◇ 第三步

◇ 第四步

➢ 根据嵌入归入的结论，继续回到原先的归入过程

第三步：比较/归入（将案件事实与定义作出比较）

第四步：结论（说明比较的结果，务必与总起句严格呼应）。

如果该法律规定的要件不止一个，那么，应当继续对下一个要件使用归入法进行分析。

（三）整体的分析框架

鉴定式解法旨在训练思维，提供完整的解决思路。其分析报告的质量很大程度上取决于分析报告的结构。“任何问题都必须在正确的地方展开分析。”“鉴定式分析报告的最重要的结构设定来自实定法。”[①] 这也注定我们可以学习德国的鉴定式解法，而无法照抄，因为中国的实定法规定与德国的实定法规定存在诸多

① ［德］德特勒夫·雷讷：《鉴定式案例分析法的基础与技术》，黄卉编译，《法律适用》2021 年第 6 期，第 138、139 页。

差异。

从行政诉讼的过程来看，总体上的分析过程有以下四个阶段。

第一阶段：诉讼选择·临时救济的选择。

判断是否为复议前置的情形。在可以自由选择时，是申请行政复议还是提起行政诉讼？提起怎样的行政诉讼（诉讼请求确定诉讼类型）？是否需要提起临时救济？是否符合停止执行被诉行政行为的条件？

第二阶段：诉讼要件审理。

诉讼要件是指一个诉讼进入法院实体审查时就应当具备的基本要件。诉讼要件决定着法院是否将该诉讼作为合法的诉讼加以审查。因为涉及诉权的行使，诉讼要件由法律规定，故诉讼要件又被称作诉的合法性要件。

诉讼要件与我国《行政诉讼法》上规定的起诉条件大致相当，但不限于此。《行政诉讼法》第 49 条规定的原告资格、明确的被告、具体的诉讼请求和事实根据、属于受案范围和受诉法院管辖，属于共通的诉讼要件。此外还要根据诉讼请求的内容，确定诉讼类型，进一步确定诉讼要件。例如，原告请求判决行政机关履行特定法定职责或者给付义务的，就属于给付类诉讼。这时，根据 2018 年《行诉法解释》第 93 条第 1 款的规定，原告应已向行政机关提出过申请。履职或给付的申请是给付类诉讼的特别诉讼要件。原告请求判决确认行政行为无效的，这时，根据 2018 年《行诉法解释》第 94 条第 2 款的规定，原告的起诉可以不受起诉期限的限制。

第三阶段：本案审理。

本案要件，又被称作胜诉要件或权利保护要件，是指原告诉讼请求得到支持的要件。通常而言，法院在诉讼要件审理之后就进入本案审理的阶段，亦即针对本案内在的问题展开审查。当然，诉讼要件审理与本案审理的顺序并非一律如此。有时，某个诉讼要件是否具备还不甚清楚，但本案的实质问题有较为明确的答案，这时，直接进入本案审理作出判决，也是可能的。

在本案审理中，法院通常应根据诉讼请求确定诉讼类型，确定审理的对象、范围和方法。对此将在下文再展开说明。

第四阶段：诉讼终了。

在本案审理的最后阶段，法院要选择适当的判决类型，给出充分、有效的救济。诉讼请求与判决类型之间具有对应性，判决应当回应诉讼请求，而不得逸出诉讼请求。各种诉讼请求的回应方式、满足程度在各种判决类型上是存在差别的。

在行政诉讼方面，我国《行政诉讼法》并未作诉讼类型的区分，而仅作判决类型的区分，但这不等于说在诉讼类型上没有区分。《行政诉讼法》第 69 条关于驳回判决的规定，大致将行政诉讼分成两种类型：一是关于行政行为是否合法的诉讼（“行政行为证据确凿，适用法律、法规正确，符合法定程序”），二是关于诉讼请求理由能否成立的诉讼（“原告申请被告履行法定职责或者给付义务理由不成立”）。前者的典型是撤销诉讼，后者的典型是给付诉讼。通常，行政诉讼有形成诉讼、给付诉讼及确认诉讼三种，其中的确认诉讼往往是确认一定的行政法律关系是否存在，但我国的实定法仅规定确认行政行为违法或无效，它们多是在无法作出撤销判决或履行判决、给付判决时的一种补充性判决；而且，如果是单独请求确认行政行为违法或无效，该确认判决与撤销判决的适用情形也相近，故而这里对确认判决不另行分析。下面将分别说明撤销诉讼和给付诉讼的分析框架，但对于第一阶段和第二阶段的问题略去不谈。

三、撤销诉讼的鉴定式解法

在原告提起行政诉讼请求撤销被诉行政行为时，这种诉讼就是撤销诉讼。在我国，法院会根据情况作出撤销判决或变更判决。

（一）分析步骤

对于撤销诉讼，《法律适用方法：行政法案例分析》给出的分析框架是这样的：

1. 原告的诉讼请求

2. 合法性

（1）法律基础

（2）形式合法性

A. 法定权限

B. 形式要求

（3）实质合法性和充分的证据

A. 前提条件（被告是否证明了法律基础规定的所有的前提条件）

B. 法律后果（被告所选择的措施是否为法律基础所涵盖）

C. 自由裁量权（被告有裁量权，是否正确运用其裁量权，包括是否符合比例原则以及是否出现其他方面错误）

3. 个人权利（行政行为是否侵害了原告的权利）

4. 结论

虽然这一框架根据中国行政诉讼法作出了适当衔接，但整体上仍然适合德国法，而不适合中国法。德国《行政法院法》第 113 条第 1 款规定，行政行为违法且原告的权利因此而受到侵害的，法院判决撤销行政行为及相关的复议决定。故而，在德国法之下，法院既要审查行政行为的合法性，又要审查违法的行政行为是否侵害了原告的权利。但是，在中国法之下，根据《行政诉讼法》第 70 条的规定，行政行为有六种违法情形之一的，法院即可判决撤销或者部分撤销。故而，“3. 个人权利”在中国法之下不是必选项。下面结合我国实定法及学理，对上述分析框架稍作调整。

1. 原告的诉讼请求

原告具体的诉讼请求是什么？是否为请求撤销被诉的行政行为？

2. 行政行为的合法性

（1）行政行为的法律根据。

行政行为是否有法律的根据？是否需要以法律为根据？

（2）形式合法性。

被告是否属于合格主体？是否具有相应的处理权限？是否遵守了法定程序？是否符合法定形式？是否具有主要证据？

（3）实质合法性。

存在裁量权时，有无裁量瑕疵？内容是否明确？是否有实现的可能性？是否符合法的一般原则？

3. 结论

在得出违法的结论时，判决撤销被诉行政行为；在得出合法的结论时，判决驳回原告的诉讼请求。

如果法院还要进一步审查，拟作出变更判决，则还需要进一步作出判断：（1）是否存在行政处罚明显不当？是否其他行政行为对款额的确定、认定确有错误？（2）是否存在利害关系人同为原告，且诉讼请求相反？

（二）实例演习：指导案例 21 号

这里先以最高人民法院指导案例 21 号内蒙古秋实房地产开发有限责任公司诉呼和浩特市人民防空办公室人防行政征收案（以下简称秋实公司案）为例，作简要说明。

2008 年 9 月 10 日，被告呼和浩特市人民防空办公室（以下简称呼市人防办）向原告内蒙古秋实房地产开发有限责任公司（以下简称秋实房地产公司）送达“限期办理‘结建’审批手续告知书”，告知秋实房地产公司新建的经济适用住房“秋实第一城”住宅小区工程未按照《人民防空法》第 22 条，《人民防空工程建设管理规定》第 45 条、第 47 条的规定，同时修建战时可用于防空的地下室；要求秋实房地产公司 9 月 14 日前到呼市人防办办理“结建”手续，并提交相关资料。2009 年 6 月 18 日，呼市人防办对秋实房地产公司作出呼人防征费字（001）号“呼和浩特市人民防空办公室征收防空地下室易地建设费决定书”，决定对秋实房地产公司的“秋实第一城”项目征收“防空地下室易地建设费”172.46 万元。秋实房地产公司对“秋实第一城”项目应建防空地下室 5 518 平方米而未建无异议，对呼市人防办作出征费决定的程序合法无异议。

指导案例给出的案件信息较为简略，尚需结合原审判决［呼和浩特市中级人民法院（2010）呼行终字第 16 号行政判决书，2010 年 4 月 20 日］，才能作出鉴定式分析。对秋实公司案鉴定式解法的框架可大致如下，具体的分析内容尚需结合归入法进行改写。

1. 原告的诉讼请求

请求撤销人防办呼人防征费字 001 号征收易地建设费决定书。

2. 合法性

（1）行政行为的法律根据。

1999 年《内蒙古自治区实施〈中华人民共和国人民防空法〉办法》（以下简称《内蒙古实施办法》）第 38 条规定：“城市新建民用建筑应建防空地下室而不建又拒不交纳易地建设费的，由旗县以上人民防空主管部门对当事人给予警告，责令限期修建或者缴纳易地建设费，并处建设单位十万元以下罚款。”

⇒《内蒙古实施办法》是否合法？

《人民防空法》第 48 条规定："城市新建民用建筑，违反国家有关规定不修建战时可用于防空的地下室的，由县级以上人民政府人民防空主管部门对当事人给予警告，并责令限期修建，可以并处十万元以下的罚款。"

⇒《内蒙古实施办法》增添的"责令……缴纳易地建设费"是否违背上位法?

《人民防空工程建设管理规定》（国人防办字〔2003〕第 18 号）第 48 条规定："按照规定应修建防空地下室的民用建筑，因地质、地形等原因不宜修建的，或者规定应建面积小于民用建筑地面首层建筑面积的，经人民防空主管部门批准，可以不修建，但必须按照应修建防空地下室面积所需造价缴纳易地建设费，由人民防空主管部门统一就近易地修建。防空地下室易地建设费的收取标准，由省、自治区、直辖市人民政府价格主管部门会同财政、人民防空主管部门按照当地防空地下室的造价制定。"

《内蒙古实施办法》第 29 条规定："应建防空地下室的新建民用建筑，因地质条件等原因不能建防空地下室的，建设单位必须按应建防空地下室面积的概算造价向人民防空主管部门缴纳易地建设费。""人民防空重点城市新建的安居工程、经济适用住房和其他民用建筑，必须缴纳人防建设费，具体数额和比例，按照自治区人民政府规定执行。"

结论：《内蒙古实施办法》第 38 条是合法的根据。

（2）形式合法性。

A. 主体。

呼市人防办，属于政府工作部门，能独立对外行使职权。

B. 权限。

《人民防空法》第 7 条第 3 款规定："县级以上地方各级人民政府人民防空主管部门管理本行政区域的人民防空工作。"

《内蒙古实施办法》第 4 条第 2 款规定："人民防空主管部门负责管理本行政区域内的人民防空工作。"

C. 程序。

内蒙古自治区人民防空行政执法程序。

D. 形式。

防空地下室易地建设费决定书。

（3）实质合法性。

《内蒙古实施办法》第 38 条规定："城市新建民用建筑应建防空地下室而不建又拒不交纳易地建设费的……对当事人给予警告，责令限期修建或者缴纳易地建设费，并处建设单位十万元以下罚款。"

A. 法律要件部分。

a. 要构成《内蒙古实施办法》第 38 条的事项，原告应当有应建而不建防空地下室且拒不交纳易地建设费的行为。

定义：应建。

《人民防空法》第 22 条规定："城市新建民用住宅，按照国家有关规定修建战时可用于防空的地下室。"

《内蒙古实施办法》第 16 条规定："人民防空重点城市新建十层以上或者基础埋置深度大于三米的九层以下民用建筑，应建与地面首层建筑面积相等的防空地下室。城市规划确定新建的居住区、小区和旧城改造区以及统建住宅，总规划建筑面积在七千平方米以上的，按地面总建筑面积的百分之二修建防空地下室。”

案件事实：原告未建防空地下室，没有交纳易地建设费。

归入：原告的行为是应建未建防空地下室且不交纳易地建设费。

结论：原告的行为符合《内蒙古实施办法》第38条的要件。

b. 秋实公司能主张信赖保护吗？

秋实公司已获得建设许可证。

《内蒙古实施办法》第17条规定：“应当修建地下防空工程的新建民用建筑，其地下防空工程部分要经人民防空主管部门审核，未经审核的，国土管理部门不得发给建设用地批准书，建设规划主管部门不得发给建设规划许可证，建设部门不得发给开工建设许可证。”

B. 法律效果部分。

《内蒙古实施办法》第38条规定：对当事人给予警告，责令限期修建或者缴纳易地建设费，并处建设单位10万元以下罚款。

a. 是否存在免收易地建设费的情形？

《国务院关于解决城市低收入家庭住房困难的若干意见》（国发〔2007〕24号）第16条规定：廉租住房和经济适用住房建设、棚户区改造、旧住宅区整治一律免收城市基础设施配套费等各种行政事业性收费和政府性基金。

建设部等七部委《经济适用住房管理办法》第8条规定：“经济适用住房建设项目免收城市基础设施配套费等各种行政事业性收费和政府性基金。”

⇒《内蒙古实施办法》第 38 条规定的“易地建设费”的性质是什么?

《人民防空工程建设管理规定》第 54 条第 2 款规定:“建设单位缴纳易地建设费后,人民防空主管部门应当向建设单位出具由财政部或者省、自治区、直辖市人民政府财政主管部门统一印制的行政事业性收费票据。”

合法可以不修建防空地下室情形下缴纳的易地建设费属于行政事业性收费。

⇒原告未建设防空地下室是否合法?

《人民防空工程建设管理规定》第 48 条规定了两种例外情形(因地质、地形等原因不宜修建的,或者规定应建面积小于民用建筑地面首层建筑面积的)。

结论:对“秋实第一城”不适用免收规定。

b. 缴纳易地建设费是否存在裁量权?

《内蒙古自治区防空地下室易地建设收费管理规定》第 6、7 条规定:应建未建按地面建筑总面积缴纳易地建设费的具体收费标准为呼和浩特市、包头市每平方米缴纳 25 元,享受政府优惠政策建设的廉租房、经济适用房等居民住房,减半收取。

案件事实:“秋实第一城”是经济适用住房项目。

归入:“秋实第一城”属于减半收取的对象。

结论:对“秋实第一城”减半收取易地建设费。

3. 结论

判决维持征收易地建设费决定书。

(三) 实例演习：指导案例5号

有时，案件的争点集中到某一点，即从形式上看，鉴定书确实不美观，但外在形式的完整性是鉴定书的特色和质量的重要保证。这里再以最高人民法院指导案例5号鲁潍（福建）盐业进出口有限公司苏州分公司（以下简称鲁潍公司）诉江苏省苏州市盐务管理局（以下简称苏州盐务局）盐业行政处罚案为例作简要说明。

2007年11月12日，鲁潍公司从江西等地购进360吨工业盐。苏州盐务局认为鲁潍公司进行工业盐购销和运输时，应当按照《江苏省〈盐业管理条例〉实施办法》（以下简称《江苏盐业实施办法》）的规定办理工业盐准运证，鲁潍公司未办理工业盐准运证即从省外购进工业盐涉嫌违法。2009年2月26日，苏州盐务局经听证、集体讨论后认为，鲁潍公司未经江苏省盐业公司调拨或盐业行政主管部门批准从省外购进盐产品的行为，违反了《盐业管理条例》第20条，《江苏盐业实施办法》第23条、第32条第2项的规定；并根据《江苏盐业实施办法》第42条的规定，对鲁潍公司作出了（苏）盐政一般［2009］第001-B号处罚决定书，决定没收鲁潍公司违法购进的精制工业盐121.7吨、粉盐93.1吨，并处罚款122 363元。鲁潍公司不服该决定，于2月27日向江苏省苏州市人民政府申请行政复议。苏州市人民政府于4月24日作出了［2009］苏行复第8号复议决定书，维持了苏州盐务局作出的处罚决定。

1. 原告的诉讼请求

请求撤销苏州盐务局作出的（苏）盐政一般［2009］第001－B

号处罚决定。

2. 合法性

(1) 行政行为的法律根据。

《江苏盐业实施办法》第 42 条规定：违反本实施办法第 23 条、第 24 条和第 26 条的规定，或属第 32 条规定之情形，擅自在省内和省际间调进调出盐产品，或私运、私销、私购、侵销、倒买倒卖盐产品的……盐业行政主管部门有权就地封存，没收其盐产品和违法所得，并可处以盐产品总价值 3 倍以下的罚款。情节严重，构成犯罪的，依法追究刑事责任。

A. 是否存在授权基础？

《江苏盐业实施办法》第 42 条。

B. 授权基础是否合法？

对购进私盐者处以没收和罚款，无准运证运输属于私盐。

a. 《江苏盐业实施办法》有无上位法？

《盐业管理条例》。

b. 准运证制度是否违反上位法？

Ⅰ. 上位法有无准运证制度？

法院：根据《行政许可法》第 15 条第 1 款、第 16 条第 3 款的规定，在已经制定法律、行政法规的情况下，地方政府规章只能在法律、行政法规设定的行政许可事项范围内对实施该行政许可作出具体规定，不能设定新的行政许可。法律及《盐业管理条例》没有设定工业盐准运证这一行政许可，地方政府规章不能设定工业盐准运证制度。

什么是“已经制定”？

什么是“没有设定”?

Ⅱ. 上位法没有规定，地方政府规章能否设定?

i. 上位法为什么没有规定?

国家计委、国家经贸委《关于改进工业盐供销和价格管理办法的通知》(计价格〔1995〕1872号，已失效)：取消现行的工业盐准运证和准运章制度，盐碱双方根据签订的合同向运输部门申请计划。

最高人民法院关于缪某伟非法经营一案的批复（[2008] 刑他字第86号)：《盐业管理条例》第20条虽然规定盐的批发业务由各级盐业公司统一经营，但并无相应法律责任的制度，1995年国家计委、国家经贸委下发的《关于改进工业盐供销和价格管理办法的通知》明确取消了工业盐准运证和准运章制度，工业盐已不再属于国家限制买卖的物品。因此，被告人缪某伟经营工业盐的行为不构成非法经营犯罪。

⇒针对非法经营罪，可否用于行政管理领域?

《盐业管理条例》第20条规定：盐的批发业务，由各级盐业公司统一经营。未设盐业公司的地方，由县级以上人民政府授权的单位统一组织经营。

⇒盐在管理上大致可被分为食盐和工业盐两类。对工业盐实施专营制度还是自由经营制度?

丰祥公司诉上海市盐务局行政强制措施案（参见《最高人民法院公报》2003年第1期)：根据丰祥公司营业执照的经营范围，丰祥公司具有经营工业盐的经营权限，属可经营工业盐的公司，有权经营工业盐。

ii. 地方政府规章有无权限设定准运证？

《立法法》（2000 年）第 73 条第 2 款规定，地方政府规章可以就下列事项作出规定：（1）为执行法律、行政法规、地方性法规的规定需要制定规章的事项；（2）属于本行政区域的具体行政管理事项。

《行政许可法》第 15 条第 1 款规定：本法第 12 条所列事项，尚未制定法律、行政法规的，地方性法规可以设定行政许可；尚未制定法律、行政法规和地方性法规的，因行政管理的需要，确需立即实施行政许可的，省、自治区、直辖市人民政府规章可以设定临时性的行政许可。临时性的行政许可实施满 1 年需要继续实施的，应当提请本级人民代表大会及其常务委员会制定地方性法规。

省级政府规章设定许可的界限是什么？

《行政许可法》第 15 条第 2 款规定：地方性法规和省、自治区、直辖市人民政府规章，不得设定应当由国家统一确定的公民、法人或者其他组织的资格、资质的行政许可；不得设定企业或者其他组织的设立登记及其前置性行政许可。其设定的行政许可，不得限制其他地区的个人或者企业到本地区从事生产经营和提供服务，不得限制其他地区的商品进入本地区市场。

c. 处罚规定是否违反上位法？

法院：根据 2009 年《行政处罚法》第 13 条的规定，在已经制定行政法规的情况下，地方政府规章只能在行政法规规定的给予行政处罚的行为、种类和幅度内作出具体规定；《盐业管理条例》对盐业公司之外的其他企业经营盐的批发业务没有设定行政处罚，地方政府规章不能对该行为设定行政处罚。

处罚的前提：准运证→(私盐)→处罚。

(2) 形式合法性。

A. 主体：苏州盐务局。

B. 权限。

《江苏盐业实施办法》第4条、第6条第4项规定：各市、县人民政府盐业行政主管部门主管本行政区域内的盐业工作，查处本行政区域内私产、私运、私销、私购、侵销、倒买倒卖盐产品的盐业违法案件。

C. 程序。

听证、集体讨论，符合《行政处罚法》第42条、第38条。

D. 形式。

处罚决定书，符合《行政处罚法》第39条。

(3) 实质合法性。

《江苏盐业实施办法》第42条规定：属第32条规定之情形，擅自在省内和省际间调进调出盐产品，或私运、私销、私购、侵销、倒买倒卖盐产品的，盐业行政主管部门有权就地封存，没收其盐产品和违法所得，并可处以盐产品总价值3倍以下的罚款。

A. 法律要件部分。

未经批准。

B. 法律效果部分。

没收鲁潍公司违法购进的精制工业盐121.7吨、粉盐93.1吨，并处罚款122 363元。

3. 结论

判决撤销苏州盐务局作出的处罚决定。

四、给付诉讼的鉴定式解法

在原告提起行政诉讼请求判决行政机关履行特定法定职责或者给付义务时，这种诉讼就是给付诉讼（或称给付类诉讼）。在我国，法院会根据情况作出履行判决或给付判决。其鉴定式解法与上述撤销诉讼的解法存在差异。

（一）分析步骤

毫无疑问，在给付诉讼中，行政机关很可能已经在事前就私人的请求作出过判断处理，即已经有过某个行政行为，故而，在给付诉讼中也与在撤销诉讼中一样，可以存在一个对行政行为合法性的审查过程。其分析框架与前述撤销诉讼的分析框架是相同的。但在给付诉讼中，仅仅确认行政机关的某行政行为具有违法性是不够的，因为即便行政行为违法，也未必表明私人理应获得某项给付。故而，给付请求权能否成立，更为实质，更符合原告提起行政诉讼的目的。给付诉讼的分析框架重点在于直接判断诉讼请求能否成立的分析。参照《法律适用方法：行政法案例分析》的分析框架，给付诉讼的分析步骤大致如下。

1. 原告的诉讼请求

原告具体的诉讼请求是什么？是否为请求责令行政机关履行法定职责或履行给付义务？

2. 请求的法律基础

该诉讼请求的法律基础是什么？该法律是否赋予原告一项个人权利？

3. 要求

（1）形式要求。

A. 原告是否需要申请，被告是否有作为的义务？

B. 原告是否向有权机关提出申请？

C. 原告是否在法定期限内提出申请？

D. 原告是否以法定的形式提出申请？

（2）实体法要求以及充分的证据。

原告能否证明其满足实体法规定的所有要求？

4. 法律后果

（1）被告是否享有裁量权？

（2）被告是否行使了裁量权？

（3）被告是否超越或滥用裁量权？

5. 结论

假设拒绝作出行政行为是违法的，则：

被告有裁量权，指示其应当考虑的因素重新作出。

被告无裁量权，责令其在一定期限内履行。

（二）实例演习：指导案例 38 号

这里以最高人民法院指导案例 38 号田某诉北京科技大学拒绝颁发毕业证、学位证案（以下简称田某案）为例作简要说明。

原告田某于 1994 年 9 月考取北京科技大学，取得本科生的学籍。1996 年 2 月 29 日，田某在电磁学课程的补考过程中，随身携带纸条，被监考教师发现。被告北京科技大学根据原国家教委关于严肃考场纪律的指示精神，于 1994 年制定了校发（94）第 068 号《关于严格考试管理的紧急通知》（以下简称第 068 号通知）。该通知规定，凡考试作弊的学生一律按退学处理，取消学籍。被告据此于 1996 年 3 月 5 日认定田某的行为属作弊行为，并作出退学处理决定。同年 4 月 10 日，被告填发了学籍变动通知，但退学处理决定和变更学籍的通知未直接向田某宣布、送达，也未给田某办理退学手续，田某继续以该校大学生的身份参加正常学习及学校组织的活动。1996 年 9 月，被告为田某补办了学生证，之后每学年均收取田某交纳的教育费，并为田某进行注册、发放大学生补助津贴，安排田某参加了大学生毕业实习设计，由其论文指导教师领取了学校发放的毕业设计结业费。田某还以该校大学生的名义参加考试，先后取得了大学英语四级、计算机应用水平测试 BASIC 语言成绩合格证书。被告对原告在该校的四年学习中成绩全部合格，通过毕业实习、毕业设计及论文答辩，获得优秀毕业论文及毕业总成绩为全班第九名的事实无争议。

1998 年 6 月，田某所在院系向被告报送田某所在班级授予学士学位表时，被告有关部门以田某已按退学处理、不具备北京科技大学学籍为由，拒绝为其颁发毕业证书，进而未向教育行政部门呈报田某的毕业派遣资格表。田某所在院系认为原告符合大学毕业和授予学士学位的条件，但由于当时原告因毕业问题正在与学校交涉，故暂时未在授予学位表中签字，待学籍问题解决后再签。被告因此未将原告列入授予学士学位资格的名单交该校学位评定委员会审核。因被告的部分教师为田某一事向原国家教委申诉，国家教委高校学生司于1998年5月18日致函被告，认为被告对田某违反考场纪律一事处理过重，建议复查。同年6月10日，被告复查后，仍然坚持原结论。田某认为自己符合大学毕业的法定条件，北京科技大学拒绝给其颁发毕业证、学位证是违法的，遂向北京市海淀区人民法院提起行政诉讼，请求判令被告：（1）为其颁发毕业证、学位证；（2）及时、有效地为其办理毕业派遣手续；（3）赔偿其经济损失3 000元；（4）在校报上公开向其赔礼道歉，为其恢复名誉；（5）承担本案诉讼费。这里仅分析其第一个诉讼请求，其分析框架大致如下：

1. 原告的诉讼请求

请求颁发毕业证、学位证。

2. 请求的法律基础

该诉讼请求的法律基础是《教育法》（1995年）第42条第3项，该法律赋予原告一项个人权利。

《教育法》第42条第3项规定，受教育者享有下列权利：在学业成绩和品行上获得公正评价，完成规定的学业后获得相应的学业证书、学位证书。

3. 要求

（1）形式要求。

原告在该校的四年学习中成绩全部合格，已通过毕业实习、毕业设计及论文答辩。

（2）实体法要求。

A. 原告是否具有学籍？

有学籍，但被学校作退学处理。

B. 退学处理决定是否生效？

被告未直接向原告宣布、送达，也未给原告办理退学手续。

C. 退学处理决定是否合法？

a. 决定是否具有形式合法性？

i. 主体：大学。

ii. 权限：《教育法》（1995 年）第 28 条第 4 项“对受教育者进行学籍管理，实施奖励或者处分”。

iii. 决定是否有依据？

第 068 号通知

iv. 该依据是否合法？

《普通高等学校学生管理规定》（1990 年）第 12 条规定：“凡擅自缺考或考试作弊者，该课程成绩以零分计，不准正常补考，如确实有悔改表现的，经教务部门批准，在毕业前可给一次补考机会。考试作弊的，应予以纪律处分。”

《普通高等学校学生管理规定》第 29 条（应予退学的情形）。

b. 决定是否具有实质合法性？

是否符合正当程序原则？

是否符合信赖保护原则？

4. 法律后果

（1）颁发毕业证。

分析重点在于被告是否有裁量权。

《教育法》（1995 年）第 28 条第 1 款第 5 项规定，学校及其他教育机构行使下列权利：对受教育者颁发相应的学业证书。

《普通高等学校学生管理规定》第35条规定：具有学籍的学生，德、体合格，学完或提前学完教学计划规定的全部课程，考核及格或修满规定的学分，准予毕业，发给毕业证书。本科生按照《学位条例》规定的条件授予学士学位。

（2）颁发学位证。

《学位条例》（1980年）第4条规定，高等学校本科毕业生，成绩优良，达到下述学术水平者，授予学士学位：1）较好地掌握本门学科的基础理论、专门知识和基本技能；2）具有从事科学研究工作或担负专门技术工作的初步能力。

《学位条例暂行实施办法》第4条、第5条、第18条第3项。

5. 结论

判决被告颁发毕业证。

判决被告在一定期限内组织学位评定委员会对原告的学士学位资格进行审核（虽然原告已经通过论文答辩，但尚未经过院系学位评定委员会审核，而审核是大学的权限）。

第11章 判例式读法

我国是成文法国家，并无判例制度。但现实中，法院的判决通过审级制度、指导案例制度、最高人民法院的公报等在发挥着判例的功能，具有事实的拘束力。这里所说的“判例式读法”，不同于前文所说的“鉴定式解法”，它侧重于阅读法院判决自身，考察其基本思路，分析其得失，抽取判例法规则。这种读法不像鉴定式解法那样重视方法和思维的训练，而是重视对已有判决的研究和批判，故其或许更适合研究生。

一、判例的阅读目的

读判例，自然是以真实的判决为样本的。我国每年约有30万件的一审行政案件，[①] 存在种种案件类型和判决方式，我们根

① 2013年7月1日，最高人民法院开通了中国裁判文书网（https://wenshu.court.gov.cn/）。《最高人民法院关于人民法院在互联网公布裁判文书的规定》（法释〔2016〕19号）第2条规定，“中国裁判文书网是全国法院公布裁判文书的统一平台。各级人民法院在本院政务网站及司法公开平台设置中国裁判文书网的链接”。

本不可能读完这么多的裁判文书，也完全没有必要。不论怎样的裁判文书，都有阅读的价值，都有分析的可能。不过，行政裁判文书既有原理性的内容，也有技术性的内容，不同的人兴趣点不同，在裁判文书的选取上也会有所不同。

（一）判例的选取

既然是读判例，通常会优先选择权威性更高的判决，其次是关注度较高的判决，亦即选取有权威性或代表性的判决。目前，权威性判决包括最高人民法院公报案例、最高人民法院判决、最高人民法院指导案例和参考案例等。[①] 相对而言，公报案例和最高人民法院判决包含着完整的裁判要素，而指导案例虽然代表着最高人民法院的某种观点，但案例本身经过较多的修剪，未必要素完整，未必易于理解。公报案例经过长期积累，已有一定数量，已能满足日常教学需求；而且有固定纸质载体，便于引用。指导案例仍相对较少。在行政裁判文书方面，几个便于利用的版本是最高人民法院李广宇法官的行政裁判文书自选集《理性诉权观与实质法治主义》《诉讼类型化与诉的利益》《司法的温度与界限》（法律出版社 2018～2019 年出版），这三本自选集除包括裁判文书全文之外，还包括了事后编辑的“裁判要旨”。

---

① 2024 年 2 月 27 日，最高人民法院开通了人民法院案例库（https：//rmfyalk. court. gov. cn/）。《人民法院案例库建设运行工作规程》（法〔2024〕92 号）第 2 条规定，“人民法院案例库是由最高人民法院统一建设的案例资源库”。第 3 条第 1 款规定，“人民法院案例库收录最高人民法院发布的指导性案例和经最高人民法院审核入库的参考案例，供各级人民法院和社会公众查询、使用、学习、研究”。

目前，已有一些对经过筛选的案例进行分析的书籍。一是最高人民法院行政审判庭编写的四卷本案例，分别是《中国行政审判指导案例》（第 1 卷）和《中国行政审判案例》（第 2 卷、第 3 卷、第 4 卷）（中国法制出版社 2010～2013 年出版），每一个案例都包括裁判要旨、案情、审判和评析四个部分。二是最高人民法院行政审判庭编辑的连续出版物《行政执法与行政审判》，包含“疑难案例评析”的栏目。三是章剑生、胡敏洁、查云飞主编的《行政法判例百选》（法律出版社 2020 年第 1 版，2024 年第 2 版）。这本书是大致按照行政法教学体系安排设计的，每一个案例都包括事实概要、判决要旨、评析和参考文献四个部分。前两种书籍是由法官，甚至是主审法官撰写分析的，带有解说性质，而第三种书籍则是由科研人员撰写的，相对客观中立。

（二）判例和学说的关系

判例和学说是可以互动的。一方面，判例可以提供学术研究的素材，提出现实的问题，促进学说的形成。举例而言，1999 年第 4 期《最高人民法院公报》登载的田某案判决直接促进了对正当程序原则和信赖保护原则的研究，[①] 2000 年最高人民法院关于

① 参见田某诉北京科技大学拒绝颁发毕业证、学位证行政诉讼案，《最高人民法院公报》1999 年第 4 期。最早的研究可参见何海波：《通过判决发展法律——评田永案件中行政法原则的运用》，罗豪才主编：《行政法论丛》（第 3 卷），法律出版社 2000 年版。

汇丰公司案的判决直接促进了比例原则的研究。[①] 另一方面，学说可以影响判例的形成，也可以影响判例的变更。法官在裁判时自然会受到其过去学习经历的影响，也可能不断关注学界的动态，引用某些学说观点。举例而言，最高人民法院在高某香案中指出："'无诉则无判'，诉乃发动审判权的前提。然而，是不是只要诉具备了法定形式并符合法定程序，人民法院就必须进行实体审理？现有法律虽然未作出明确规定，但根据审判权的应有之义，结合立法精神以及司法实践可知，答案并非绝对的，诉最终能否获得审理判决还要取决于诉的内容，即当事人的请求是否足以具有利用国家审判制度加以解决的实际价值和必要性。"[②] 这段话与原田尚彦的《诉的利益》开篇的句子十分相近，[③] 其应是受到了一定影响。再比如，2017 年最高人民法院作出刘某明案判决，[④] 引入了保护规范理论。这引起学界热烈的探讨，同时也不乏批判的声音，批判较为集中的一点是，最高人民法院引入的保护规范理论过于严格，主要用途在于排除起诉人的原告资格。

---

① 参见黑龙江汇丰实业发展有限公司诉黑龙江省哈尔滨市规划局行政处罚案，最高人民法院（1999）行终字第 20 号行政判决书，2000 年 4 月 28 日。最早的研究可参见湛中乐：《行政法上的比例原则及其司法运用——汇丰实业发展有限公司诉哈尔滨市规划局案的法律分析》，《行政法学研究》2003 年第 1 期。

② 高某香、高某河等与天津市人民政府不履行行政复议法定职责案，最高人民法院（2016）最高法行申 4989 号行政裁定书，2016 年 12 月 26 日。

③ 参见［日］原田尚彦：《诉的利益》，石龙潭译，中国政法大学出版社 2014 年版，第 1 页。

④ 参见刘某明诉张家港市人民政府行政复议案，最高人民法院（2017）最高法行申 169 号行政裁定书，2017 年 4 月 26 日。

2019 年，最高人民法院作出了联立公司案判决，[①] 进一步拓展保护规范的参酌范围，首次给出肯定起诉人原告资格的结论。学说和判例的良性互动典型体现在违法性继承问题上。2004 年，《最高人民法院公报》刊登了沈某贤案的判决。[②] 2009 年，朱芒撰写论文，对该案展开分析，[③] 成功引入了行政行为违法性继承的理论。[④] 2017 年最高人民法院作出判决并入选指导案例的张某文案采用了违法性继承的理论。[⑤] 2018 年最高人民法院关于饭垄堆公司案的判决更是明确使用了“违法性继承”的概念。[⑥]

二、抽取判例法的阅读

从读判例的目的来看，大致可以将其分成两种类型：一种是

① 参见联立公司诉北京市东城区人民政府行政复议案，最高人民法院（2019）最高法行申 293 号行政裁定书，2019 年 10 月 12 日。

② 参见沈某贤等 182 人诉北京市规划委员会颁发建设工程规划许可证纠纷案，《最高人民法院公报》2004 年第 3 期，第 40～43 页。

③ 参见朱芒：《“行政行为违法性继承”的表现及其范围——从个案判决与成文法规范关系角度的探讨》，《中国法学》2010 年第 3 期，第 179 页以下。

④ 此后对此有一定的研究，诸如郑春燕：《论城乡规划的司法审查路径——以涉及城乡规划案件的司法裁判文书为例》，《中外法学》2013 年第 4 期，第 805～807 页；王贵松：《论行政行为的违法性继承》，《中国法学》2015 年第 3 期，第 98 页以下；成协中：《行政行为违法性继承的中国图景》，《中国法学》2016 年第 3 期，第 48 页以下等。

⑤ 参见张某文、陶某等诉四川省简阳市人民政府侵犯客运人力三轮车经营权案，指导案例 88 号，最高人民法院 2017 年 11 月 15 日发布。

⑥ 参见饭垄堆公司诉国土资源部国土资源行政复议决定案，最高人民法院（2018）最高法行再 6 号行政判决书，2018 年 3 月 7 日。

抽取判例法的阅读，另一种是学理性批判的阅读。《行政法判例百选》的评析部分多数都包括以往判例观点、本案的逻辑、本案的意义几个方面，这大致就是在做抽取判例法的工作。

（一）判例法存于何处

一份行政裁判文书，通常包括以下六个部分。[①]（1）首部。依次写明标题、案号、当事人及其诉讼代理人的基本情况，以及案件由来、审判组织和开庭审理过程等。（2）事实。广义的案件“事实”由以下几个部分组成：行政行为的叙述部分，当事人诉辩意见部分，当事人举证、质证和法庭认证部分，法庭“经审理查明”部分。其中的“经审理查明”部分，是生效裁判文书确认的事实，一般具有法定的证明力。（3）理由，也就是“本院认为”部分。在理由部分会根据查明的事实和有关法律法规，就行政机关所作的行政行为是否合法、原告的诉讼请求是否成立等进行分析论证，阐明判决的理由。（4）判决结果。这是人民法院对当事人之间的行政争议作出的实体处理结论。（5）尾部。依次写明诉讼费用的负担，交代上诉的权利、方法、期限和上诉审法院，合议庭成员署名，载明判决日期，书记员署名等内容。（6）附录。根据案件的不同需要，人民法院可将判决书中的有关内容载入附录部分，例如将判决书中所提到的法律规范条文附上，以供当事人全面了解有关法律规定的内容。群体性诉讼中原告名单及

① 参见最高人民法院行政审判庭编：《行政诉讼文书样式（试行）》，人民法院出版社 2015 年版，第 3～8 页。

其身份情况等可以列入此部分。

案件的当事人毫无疑问最关心的是判决结果。但那样的判决结果，取决于法院所认定的事实和所说明的理由。实际上，当事人也应当为法院所认定的事实和所说明的理由作出各自的充分努力，因为一审法院的事实和理由还未必为二审法院所认可，判决还有被推翻的可能。

每一个案件都有自身的特别细节，很难找到两个一模一样的案件。前一个案件的判决之所以能对后一个案件的判决产生拘束作用，不是因为案情存在相似之处，更不是因为某个案例刚好成为指导案例，而是因为前后两个案件事实与法律之间的关系具有类似性；根据平等原则的要求，同则同之，需要作出类似的判决。法院对于案件事实与法律之间的关系所作的法律判断，就构成了法律的规则，进而成为判例法。如果有人无法接受我们这种事实上的判例法，那么，可称之为先例性规范。实务中，已经有不少律师事务所在研究这种判例法，专题性地归纳整理所诉法院及其上级法院的过往判决，寻找支持自身诉请的一般规则。

（二）如何抽取判例法

既然真正在发挥拘束作用的是判例法或先例性规范，那么，抽取出这种规范，便是核心工作所在。现在有很多人开始重视法院的判决，有时也会在论文里引用法院的观点，但往往只是像引用名人名言那样引用其中的某句话，而未必在意其在判决中的作用和意义。李广宇法官的行政裁判文书自选集在每一篇裁判文书之前都摘抄了裁判文书中具有一般性或解释性的语句作为“裁判要旨”，但也算不上判例。真正的判例研究，需要挖掘出判决中真正的亮点，抽取出判决中的判例法。

判例法作为“法”，应当具有一定的客观性，而不是法官个人才智或才情的发挥。随着裁判文书的公开，我们也能看到一些富有特色的裁判文书。但需要从裁判文书中发掘的是法院对一定事实所作的法律判断，案件事实与结论之间的对应关系是考察的重点。这里的案件事实是通过分析法律要件所定型的事实。

1. 裁判要点

2010 年，《最高人民法院印发〈关于案例指导工作的规定〉的通知》（法发〔2010〕51 号）讨论通过。自此最高人民法院开始发布“指导案例”（从 192 号开始改称“指导性案例”）。指导案例除包括编号外，主要包括标题、关键词、裁判要点、相关法条、基本案情、裁判结果和裁判理由七个部分。对于其中的“裁判要点”，最高人民法院研究室指出，“裁判要点原则上归纳为一个自然段，是整个指导性案例要点的概要表述……裁判要点可以直接摘录裁判文书中具有指导意义的主要部分，也可以对其进行提炼和概括”。裁判要点应简要归纳和提炼指导性案例体现的具有指导意义的重要裁判规则、理念或方法，应当概要、准确、精练，结构严谨，表达简明，语义确切，对类似案件的裁判具有指导、启示意义。① 这种裁判要点有可能被当作判例法，在发现判例法时亦可发挥重要参考作用，但从学理上来说，它并非判例法

① 参见《最高人民法院研究室关于印发〈关于编写报送指导性案例体例的意见〉、〈指导性案例样式〉的通知》（法研〔2012〕2 号），2011 年 12 月 30 日。

本身。裁判要点一般不是由作出裁判的法庭编写制作的，而是由报送案例的原审人民法院、遴选审查的最高人民法院案例指导工作办公室、讨论决定的最高人民法院审判委员会等多个环节的主体共同确定的。

举例而言，前述最高人民法院指导案例 5 号鲁潍（福建）盐业进出口有限公司苏州分公司诉江苏省苏州市盐务管理局盐业行政处罚案，其第一个裁判要点是“盐业管理的法律、行政法规没有设定工业盐准运证的行政许可，地方性法规或者地方政府规章不能设定工业盐准运证这一新的行政许可”。而其裁判理由是：

> 根据《行政许可法》第十五条第一款、第十六条第三款的规定，在已经制定法律、行政法规的情况下，地方政府规章只能在法律、行政法规设定的行政许可事项范围内对实施该行政许可作出具体规定，不能设定新的行政许可。法律及《盐业管理条例》没有设定工业盐准运证这一行政许可，地方政府规章不能设定工业盐准运证制度。

两相对比可以发现，裁判要点多出了对“地方性法规”设定权限的要求，而这在案件事实中并不存在。故而，并不能将裁判要点对“地方性法规”设定权限的判断作为判例来对待。实际上，地方性法规和地方政府规章在行政许可的设定权限上是存在很大差别的。

2. 判决理由

判决的结论（驳回，撤销和变更，履行和给付，确认违法和无效）是针对特定案件的最终处理意见，并不含有一般规范，无法产生判例法。判决理由支撑着判决主文，包含着法院对某问题的法律判断，在这里有可能产生判例法。

在判决理由中所示的法律判断未必都是判例。具有拘束力的法律判断是判例（ratio decidendi），此外的判断是附论或旁论（obiter dictum）。例如，在朱某义等四人诉郑州市人民政府道路更名案中，案件的争点在于朱某义等四人对于道路更名有无原告资格。最高人民法院指出："如果能为地名更改中的公民参与提供切实可行的法律救济，如果能为地名的命名、更名、销名等行政决策设置一个犹豫期，让公民或者有关社会团体在相关行政决策真正付诸实施之前能够有机会提起一个预防性的禁止诉讼，无疑将会减少盲目决策所造成的社会成本和财政成本。但在法律制度进一步完善之前，我们只能依据现行法律规定驳回再审申请人对本案所提起的再审申请。"① 这一意见相当于提出了制度改革的建议，显然不是支撑判决结论的理由，大致应归入旁论的范畴。

判例是法院对案件中的论点所作的法律判断。有资格成为判例的判决理由是那种支撑结论的必不可少的理由。针对同一案件，因为当事人在不同审级中提出的理由可能不同，法院给出的判决理由需要回应当事人的理由，也会有所不同。

在李某勤诉郑州市二七区人民政府（以下简称二七区政府）不履行法定职责案中，李某勤向二七区政府邮寄"情况反映"，要求其在合理期限内拆除或责令停止杨寨社区综合安置楼工程施工项目，因为他认为该工程是违法建设的小产权房，严重影响了

① 最高人民法院（2018）最高法行申 1127 号行政裁定书，2018 年 8 月 31 日。

土地利用整体规划和城乡建设规划，给群众造成了很大损害。二七区政府没有作出答复，李某勤提起行政诉讼，请求依法确认二七区政府未依法履行拆除职责的行为违法，并判令其依法履行法定职责。争点在于李某勤有无原告资格，三级法院均给出了否定的判断，但理由有所不同。一审法院认为，有无提起行政诉讼的权利关键在于二七区政府的行政行为是否对李某勤的合法权益产生明显实际影响。是否强拆违法建设与李某勤的权利义务没有直接的利害关系，对李某勤的合法权益明显不产生实际影响。二审法院认为，一方面，二七区政府对李某勤的举报是否回复以及如何回复应当属于二七区政府的自由裁量权，虽然这种自由裁量权行使不当可能产生政治上的责任，但其不产生法律上的责任。对于行政机关的自由裁量行为或因此引起的政治责任问题，不属于法律上的争议，行政审判不能进行审查。另一方面，李某勤所举报的违法建设问题与自己的权利无关，因而他与二七区政府之间也不形成值得裁判的法律争议。二审法院的第一个理由与原告资格无关，而是可诉性或审判权界限问题，而且理由难以成立。李某勤申请再审称：自己的行为不属于举报投诉行为，而是要求作出行政行为，其系针对行政不作为起诉；空气是流通的，违法工程对空气的污染侵犯整个郑州市居民的权利。最高人民法院认可一审法院的裁判观点，结合李某勤的再审理由给出了两个方面的理由：其一是合法权益、保护规范与反射利益。只有自己的合法权益受到侵犯，他才具备利害关系，也才具有行政诉讼的原告资格。判断是否存在自己的合法权益，主要看法律规范的目的究竟是保护个别公民的利益还是保护公共利益。本案中，李某勤援引

《城乡规划法》作为保护规范，该法赋予任何单位和个人的举报、控告的权利是基于公共利益。其二是环境权与公益诉讼。李某勤基于《环境保护法》进行举报，也是属于公共利益范畴。以维护“郑州市每个公民”的环境权为目的的诉讼，显然属于环境公益诉讼范畴，而对于提起环境公益诉讼的权利，《行政诉讼法》只赋予人民检察院，公民个人尚没有提起环境公益诉讼的原告资格。[①] 对这两点理由均可提炼出判例，如果归结为一点，那就是：如果法律规范的目的仅仅在于保护公共利益，则不能认可公民个人享有诉权。

3. 相互关联的判决

在提取判例法时，往往还需要从多个相互关联的判决着手，比较不同审级的判决书、不同法院的判决书、同一法院前后的判决书，探明彼此间的关系，予以体系化，归纳出先例性规范。这种研究被称作“综合判例研究”或者“多案一析”。

举例而言，在同一行政行为针对多个相对人的情况下，如果其中一部分人提起撤销诉讼而被判决驳回，这是否对另一部分人也产生既判力？在两件房屋征收案件中，最高人民法院作出了裁判规则的区分。在张某诉武汉市武昌区人民政府城建行政征收案（以下简称张某案）中，湖北省武汉市武昌区人民政府于 2015 年 1 月 20 日作出房屋征收决定，奚某弟等人不服，提起诉讼，请求判决确认违法并予以撤销，武汉市中级人民法院于同年 9 月 8 日判决驳回了奚某弟等人的诉讼请求，湖北省高级人民法院于 2015

① 参见最高人民法院（2018）最高法行申 2975 号行政裁定书，2018 年 6 月 29 日。

年 12 月 29 日判决驳回上诉。张某也不服该房屋征收决定，向武汉市中级人民法院提起诉讼，请求确认房屋征收决定违法并予以撤销。2015 年 11 月 9 日，武汉市中级人民法院裁定本案中止诉讼，理由为本案需以奚某弟等人的案件的审理结果为依据，而该案件尚未审结。最高人民法院认为，本案中争议的核心是“诉讼标的已为生效裁判所羁束的”，对裁定驳回起诉（2015 年《最高人民法院关于适用〈中华人民共和国行政诉讼法〉若干问题的解释》第 3 条第 1 款第 9 项）应该如何理解和适用。最高人民法院认为：

> 在当事人一方人数众多、针对同一个行政行为分别提起撤销诉讼的情况下，分别对每一个起诉进行审理，确实不符合诉讼经济原则；人民法院对被诉行政行为的合法性进行全面审查，也决定了不可能在不同的案件中对同一个行政行为的合法性作出相反的认定。在这种情况下，比较恰当的做法是采用标准诉讼，即，首先审理其中一个或数个有代表性的诉讼，并中止其他诉讼。在首先审理的诉讼中作出的裁判发生法律效力的情况下，如果其他诉讼的当事人认为其案件与首先审理的案件之间并无事实上或法律上的重要区别且案件事实清楚，人民法院可以参照《中华人民共和国民事诉讼法》第五十四条第四款的规定，裁定对中止的诉讼适用已经生效的判决裁定。本案中，再审申请人提起的后诉与奚某弟等人提起的前诉在起诉时间上相差无几，一审法院确实是首先审理一部分诉讼，对本案诉讼裁定中止。但在前诉裁判发生法律效力后，不是在听取本案当事人意见之后裁定本案适用生效的前诉裁判，而是以“诉讼标的已为生效裁判所羁

> 束”为由裁定驳回再审申请人的起诉。再审申请人认为这其实是“刻意构建‘诉讼标的已为生效裁判所羁束的’情形”，不无道理。根据法律规定，再审申请人的再审理由应予支持，本案也应指令原审法院依法作出实体裁判……①

在郭某诉郑州市管城回族区人民政府房屋征收决定案（以下简称郭某案）中，2016年11月9日，郑州市管城回族区人民政府（以下简称管城区政府）作出《郑州市管城回族区人民政府夕阳楼片区项目（一期）国有土地上房屋征收决定》。郭某的房屋在上述房屋征收决定的范围内。郭某不服该征收决定，诉至该院，请求法院依法撤销管城区政府的房屋征收决定。在郭某起诉前，郑州铁路运输中级法院已对该房屋征收决定的合法性进行了审理，判决驳回了该案原告的诉讼请求。该案的当事人均未上诉，判决现已发生法律效力。郭某案的一审、二审法院均以郭某起诉的诉讼标的已为生效裁判所羁束为由，裁定驳回起诉。最高人民法院认为，本案的情况与张某案不同：

> 本案的情况则是，在一部分相对人提起撤销诉讼的时候，另一部分相对人此前针对同一行政行为另案提起的撤销诉讼已经发生法律效力。对此如何处理，应当根据不同情况，综合考虑各种因素之后作出权衡。通常情况下，撤销诉讼具有代表诉讼或者客观诉讼的性质，撤销之诉的判决具有普适性的效力，因此应当承认撤销之诉判决的效力及于与原

① 最高人民法院（2017）最高法行申411号行政裁定书，2017年3月31日。

> 告利益相同的第三人，包括同一行政行为针对的另一部分没有起诉的相对人。对于第三人嗣后提起的诉讼，应当以“诉讼标的已为生效裁判所羁束”为由不予立案或者裁定驳回起诉。例外的情况是，如果违法事由仅仅与原告相关，或者被诉行政行为存在对原告与第三人不同处理的可能，则可以否定撤销之诉判决的效力及于第三人，允许其另行提起撤销诉讼。但本案并不存在这种例外情形。[1]

上面两个案例的判决中，有以下几个值得注意的地方：

第一，区分是发现判例法、适用判例法的重要方法。两则判决的案情相似，同一个法院的同一个审判长却作出了不同的判断。而且非常特别的是，法院还特意指出后案与前案的不同。最高人民法院认为，张某案是针对同一个行政行为分别起诉的案件的处理，可采用标准诉讼的做法（在郭某案中，又提及共同诉讼、第三人参加诉讼制度）。郭某案则是针对同一个行政行为先后起诉，先前起诉已有确定裁判时的案件处理，可按照重复起诉或者基于既判力来驳回起诉。姑且不论妥当与否，针对实体相同的案件，最高人民法院作出了程序上的区分，给出了不同的处理方式。这一区分也限缩了张某案判决的射程。

第二，在提取先例性规范时，需要基于案情与结论的对应关系确定构成先例的部分。判例是法院就具体案件提出解决方案的裁判规范，不具有超越该案情的一般性射程。判例是在特定的裁判中给出的判断，裁判的使命终究在于个别、具体地解决案件，

① 最高人民法院（2018）最高法行申 2950 号行政裁定书，2018 年 5 月 31 日。

而并不是宣示一般性的法律原则。因此，判例是从结论命题中舍去该具体事实中不重要的成分，经过某种程度抽象后的内容。[①]在郭某案的最高人民法院裁定中，加着重号的部分具有很强的原理性，也很可能被法院裁判和学界引用。[②]但是，加着重号的部分不应具有判例法的性质，它不是针对本案案情所作的判断分析，而是最高人民法院法官对于撤销诉讼所作的一般性阐发。从应有状态而言，法官尤其是最高人民法院的法官，应当抑制这种与案情无关却带有一般性的表述。如果法院从案件中系争行政行为（房屋征收决定）的特性出发，分析其撤销诉讼中驳回判决的效力，则是案件裁判理由的自然延伸。

（三）如何研究判例法

在日本，判例研究的典型模式是这样的：（1）序论——本判决的意义。这是对全部分析的概要说明。（2）本判决在判例法上的定位。如有与本判决相关的先行判例，就有必要在与这些判例的关系上对本判决作出定位。（3）以往下级法院案例的动向。（4）以往的学说状况。（5）对判旨的评价。这里的评价并非赞成或者反对，而是探讨应该如何理解判旨，如何将其正当化。（6）判旨的射程。判旨所确立的先例性规范是在与特定案件的对应关系中得出的，以一般性形式展

① 中野次雄編『判例とその読み方〔三訂版〕』（有斐閣 2009 年）52 頁参照。对于为何以与案情的对应关系限定先例，另可参见［日］大村敦志、道垣内弘人、森田宏树、山本敬三：《民法研究指引：专业论文撰写必携》，徐浩、朱晔、其木提、周江洪、解亘译，北京大学出版社 2018 年版，第 260～261 页。

② 该案主审法官李广宇将该部分也列入了“裁判要旨”中。参见李广宇：《司法的温度与界限》，法律出版社 2019 年版，第 235 页。

现的法律命题可能存在其适用条件，换言之，在一定条件限定后，该一般性法律命题才有其妥当性，这就是判旨的有效射程。(7) 遗留问题。这也就是可能与本判决相关的应当指出的其他问题。[①]

前述章剑生、胡敏洁、查云飞主编的《行政法判例百选》基本上采用了这种判例研究方法。该书的每一篇判例中在事实概要、判决要旨之后是评析部分，它大致包括以往的判例观点、本案判决的规范性逻辑、本判例的意义等内容。如此安排的目的就在于把握本案判决的特别之处和规范意义。当然，每一篇判例分析不尽一致，尤其是在本判例的意义部分：有的是在探讨本案判决所确立的规范的射程，有的是在说明本案判决对立法、实务产生的影响，还有的是在介绍本案判决之后的其他判决的情况。

其中，我就黄某军等人不服金华市工商局工商登记行政复议案（参见《最高人民法院公报》2012 年第 5 期）撰写了一篇分析，其完整版的分析论文早先刊登于《交大法学》2016 年第 3 期。[②] 完整版论文的框架如下：

一、案情简介

（一）案件事实

（二）主要争点

（三）裁判要旨

---

① 参见［日］大村敦志、道垣内弘人、森田宏树、山本敬三：《民法研究指引：专业论文撰写必携》，徐浩、朱晔、其木提、周江洪、解亘译，北京大学出版社 2018 年版，第 271～274 页；解亘：《案例研究反思》，《政法论坛》2008 年第 4 期，第 16 页。

② 参见王贵松：《行政法上利害关系的判断基准——黄陆军等人不服金华市工商局工商登记行政复议案评析》，《交大法学》2016 年第 3 期，第 168～176 页。

二、本案判决前的判决与法理

（一）先前的相关判决

（二）当前的相关学说状况

三、本案判决的思路与意义

（一）关于“利害关系”的性质要求

（二）关于“利害关系”的判断框架

（三）关于“利害关系”的判断方法

（四）保护规范说与利害关系的判断

四、本案判决的射程

这种写法其实就是在借鉴日本的判例研究方法，分析判决，旨在揭示判例，明确其规范的有效范围（射程）。这种工作是学者学术研究的重要内容之一，是学者利用自身的学识助推立法、判决、学理的融合与中国化的努力。

三、学理性批判的阅读

每一个案件的判决都有可能面临上诉的改判，甚至再审的改判的命运。这从另一个角度表明，判决是可以被批判的。对判决的批判，存在两种做法。

（一）判决要旨的抽象批判

一种做法是剥离具体的案情，将判决要旨叙述的抽象规范当作学说，批判其法律上的妥当性。这种研究判例的方法在日本被称作“民商型”，即应《民商法杂志》约稿撰写判例批判所形成的研究风格（前述提取判例法的研究风格被称作“判民型”，即由民事法判例研究会组织判例研究所形成的研究风格）。这种脱离案情而直接批判判例的做法在我国的研究中虽然没有体现为专门的论文，但在非案例分析的论文中引用或批判法院的某种观点，也较为常见。这种批判对于法院而言自是当头棒喝，也是法院重新思考的一个契机。举例而言，在刘某明案的最高人民法院判决引入保护规范理论之后，保护规范理论一时成为热点。杨建顺发表评论，对此展开严厉批判，指出：“如果适用保护规范理论，连项目建设涉及的土地使用权人或房屋所有权人对项目审批行为的复议申请人或者原告主体资格都被完全否定，连行政机关在作出项目审批行为时对包括土地承包经营权在内的各种利益予以均衡考量的义务都被免除的话，那么，该解释论显然已脱离了‘常识’，须运用‘常识’来矫正专业之误。”[①] 或许是因为有了这种有分量的批判，最高人民法院才在联立公司案中调整了部分观点。

（二）判决思路的具体批判

另一种做法是结合案情对法院判决的思路展开批判。这是专门针对某一判决所作出的批判，通常会更为深入，更易于理解。

---

① 杨建顺：《适用“保护规范理论”应当慎重》，《检察日报》2019年4月24日，第7版。

早期的判例批判主要针对《最高人民法院公报》上的判决。随着裁判文书的公开和更多判决载体的出现，其他的判决也出现在批判的对象中。不过，很少有哪个案件像甘某不服暨南大学开除学籍决定案那样，受到那么多的批判。[①] 在该案中，甘某原系暨南大学华文学院语言学及应用语言学专业 2004 级硕士研究生。2005 年间，甘某两次提交抄袭的论文作为现代汉语语法专题科目的课程论文，暨南大学给予甘某开除学籍的处分。该案经申诉、重作处理决定、一审、二审、再审、再审至最高人民法院。最高人民法院认为：

> 违纪学生针对高等学校作出的开除学籍等严重影响其受教育权利的处分决定提起诉讼的，人民法院应当予以受理。人民法院在审理此类案件时，应依据法律法规、参照规章，并可参考高等学校不违反上位法且已经正式公布的校纪校规。
>
> 《暨南大学学生管理暂行规定》第五十三条第（五）项规定，剽窃、抄袭他人研究成果，情节严重的，可给予开除学籍处分。《暨南大学学生违纪处分实施细则》第二十五条规定，剽窃、抄袭他人研究成果，视情节轻重，给予留校察看或开除学籍处分。暨南大学的上述规定系依据《普通高等

① 对于甘某案，也并非没有肯定的意见，参见湛中乐：《教育行政诉讼中的大学校规解释——结合甘某诉暨南大学案分析》，载劳凯声主编：《中国教育法制评论》（第 10 辑），教育科学出版社 2012 年版，第 20 页以下（作者是原告的代理人）；戴乔：《“甘露案”的启示——基于最高人民法院行政判决书的分析》，《重庆科技学院学报（社会科学版）》2015 年第 8 期，第 27 页以下（作者是基层法院的法官）。

> 学校学生管理规定》第五十四条第（五）项的规定制定，因此不能违背《普通高等学校学生管理规定》相应条文的立法本意。《普通高等学校学生管理规定》第五十四条列举了七种可以给予学生开除学籍处分的情形，其中第（四）项和第（五）项分别列举了因考试违纪可以开除学籍和因剽窃、抄袭他人研究成果可以开除学生学籍的情形，并对相应的违纪情节作了明确规定。其中第（五）项所称的“剽窃、抄袭他人研究成果”，系指高等学校学生在毕业论文、学位论文或者公开发表的学术文章、著作，以及所承担科研课题的研究成果中，存在剽窃、抄袭他人研究成果的情形。所谓“情节严重”，系指剽窃、抄袭行为具有非法使用他人研究成果数量多、在全部成果中所占的地位重要、比例大，手段恶劣，或者社会影响大、对学校声誉造成不良影响等情形。甘某作为在校研究生提交课程论文，属于课程考核的一种形式，即使其中存在抄袭行为，也不属于该项规定的情形。因此，暨南大学开除学籍决定援引《暨南大学学生管理暂行规定》第五十三条第（五）项和《暨南大学学生违纪处分实施细则》第二十五条规定，属于适用法律错误，应予撤销。[①]

归纳起来，对该案判决的批判主要集中于以下四个方面。

第一，判决的前提设置错误。法院将教育部的规章作为大学校纪校规的上位法来对待。管瑜珍认为，该案判决忽略了大学本应是享有学术自治权的主体，而仅将其视为一般行政主体，因此

① 《最高人民法院公报》2012 年第 7 期，第 35～38 页。

法院在本案中对甘某受教育权的救济是否合理、公正，是否未对甘某受教育权与暨南大学利益作衡量分析而导致“过度救济权利”，则难免让人怀疑。[①]

第二，法律解释方法的错误使用。蔡琳认为，甘某案再审判决书中对于“剽窃、抄袭”的立法本意的法律解释并未被证成，而且也无法被证成，因为该案中此描述性不确定法律概念并不存在多义性。“情节严重”作为评价性不确定法律概念，为构成要件的裁量，裁判者不能通过定义式的法律解释代行判断不确定法律概念的内涵和外延。[②] 施立栋认为，无论是从文义解释还是从体系解释来看，均不宜对 2005 年《普通高等学校学生管理规定》第 54 条第 5 项中的“剽窃、抄袭他人研究成果”的方式加诸限定。最高人民法院直接诉诸“立法本意”加以限定，没有遵循法律解释方法的运用位阶，而且，通过事后征询制定机关意见的方式解释“剽窃、抄袭”也不具有妥当性。[③] 陈金钊和杨铜铜也认为，再审判决理由由于搞错了解释法律的对象——本来应该对关于作弊的法律进行解释（在抄袭与考试作弊的竞合关系中没有准确定性），把本来清晰的法律，解释得越来越不清楚。再审判决理由无视考试作弊的事实和相关的法律规定，而僵硬地把抄袭与科研著述、学位论文等的撰写联系起来进行了限缩解释。再审法

① 参见管瑜珍：《大学行政行为的司法审查技术》，《甘肃政法学院学报》2016 年第 5 期，第 94 页。

② 参见蔡琳：《不确定法律概念的法律解释》，《华东政法大学学报》2014 年第 6 期，第 18 页以下。

③ 参见施立栋：《立法原意、学术剽窃与司法审查》，载姜明安主编：《行政法论丛》（第 16 卷），法律出版社 2014 年版，第 309 页以下。

官没有对甘露作弊行为准确定性，在法律解释中缺乏谋篇布局，只有简单的遣词造句，没有构建有说服力的可接受结论。[①]

第三，法律修辞方法的错误。吕玉赞认为，最高人民法院在该案中为达成其所欲的修辞结论，不顾法律修辞规则的要求，错用和误用了各种法律修辞方法。在法律修辞中，法律冲突的解决需要遵守“针对法律冲突的修辞规则”，法律解释方法的运用需要遵守“基于规则的修辞规则”，而衡量论证需要遵守“基于规则外要素的修辞规则”。[②]

第四，法院判决的不合理性。蔡琳认为，该案的实质并不在于对“剽窃、抄袭”或“情节严重”的解释，而关涉裁量是否合乎制度的目的。裁判结果的正确性意味着在保障受教育权利的同时对学生的不正当行为给予一个恰如其分的评价，这或许才是法官应该进行的“立法本意”的追溯。甘某的行为是抄袭行为，但其行为的情节尚不严重至足以开除学籍，才是恰当的判决。[③]

当然，要批判判决，并非易事，首先要读懂判决，理解判决。有法官曾放言，“要批评我的判决，先读三遍判决书再说”。话虽难听，但理当如此。理解是有效对话和准确批判的前提。而

① 参见陈金钊、杨铜铜：《重视裁判的可接受性》，《法制与社会发展》2014 年第 6 期，第 134 页以下。

② 吕玉赞：《法律修辞规则的运用》，载陈金钊、谢晖主编：《法律方法》（第 17 卷），山东人民出版社 2015 年版，第 247 页以下；吕玉赞：《案件说理的法律修辞方法选择》，《东方法学》2015 年第 1 期，第 247 页以下

③ 参见蔡琳：《不确定法律概念的法律解释》，《华东政法大学学报》2014 年第 6 期，第 29 页。

且，为了维护法院的权威，法院的判决也不应轻易被当作批判的对象，对于行政诉讼的判决更应如此。行政诉讼中的法官面对的法律和事实更为复杂，要作出合法且妥当的判决更为艰难。故而，在批判行政判决时应当更为谨慎。但在确有必要以正视听时，作出批判亦属于学术责任，毕竟我们是护法而非护法官。

第五编

行政法的论文写作

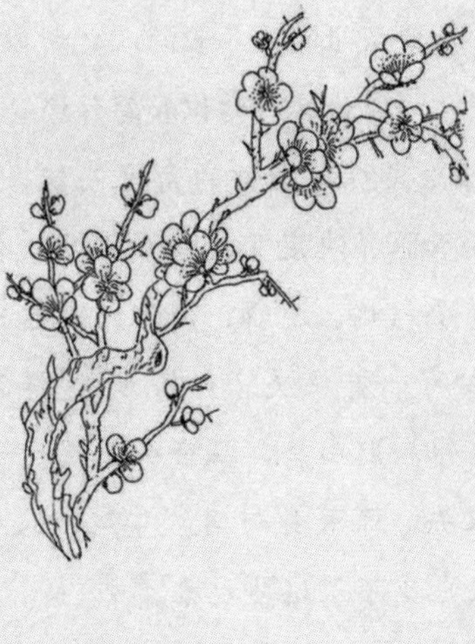

在科研乃至教学的生涯中，我们不免要不断地写作。“述而不作”，对于研究者，对于教学者，都是不合适的。我们在读书中会思考很多问题，但是否真的理解了某个问题，是否发现了真问题，能否找到合适的解释或解决方案，非经过学术论文不能检验。学术论文不仅要提出问题，展开严密的论证，还要经过同行的学术评议才能发表。论文的成功发表，是相关思考成熟的一大标志。

偶尔会被问：“有什么发表顶级刊物的秘诀吗?”我便会觉得无言以对：我还不是时常被退稿，甚至石沉大海杳无音讯吗？但要是被问：“怎么才能写好一篇文章呢?”那还是有一些话可以说一说的。这才是愉快的对话吧。论文写好了，自然不愁发表，至多也就是东边不亮西边亮的事情。而且，我们通常也不要急于发表。留一点时间给自己冷静下来反思，可以减少不必要的错误。发表之后每一个错误，自己都是要认账的。年长的人之所以相对容易发表，不仅是因为其有名望，还因为其有学识和写作经验的保障。

怎样能算作好论文？从写作的角度而言，应当从大处着眼、从小处着手。格局和眼界决定了论文的层次，但仅此也可能落得个眼高手低，还需要结构、逻辑、论证、表达每一个环节的精致化呈现。诗仙李白有一首《侠客行》，他这样写道：“赵客缦胡缨，吴钩霜雪明。银鞍照白马，飒沓如流星。十步杀一人，千里不留行。事了拂衣去，深藏身与名。”有行头，有装备，有技艺，有胸襟，好的论文也少不了这些元素。

要写好论文，自然不是容易的事情。既要有好的问题，也要有理论方面的精深研究，还要对论文这种表达思考的形式有一定的了解。“论文写作”只讲可以重复的方法，不讲因人而异的造化。

第 12 章　写作的前期准备

我们虽然可能做梦都想写出好论文，但好论文绝不是做梦就能梦出来的。在动手写作之前，需要有观念上的认识和资料上的准备，在此基础上再去试着寻找合适的领域，确定选题。

一、何谓行政法学论文

我们在论文开题、预答辩甚至答辩环节都可能对学生的论文提出一个非常致命的质疑：你的论文是法学论文吗？是本专业的论文吗？我们为什么会提出这样的问题，学生可能也比较困惑。这里首先要有对于“行政法学论文”的基本认识。

（一）论文

论文有很多类型，这里只谈学术论文或专业论文。

首先，为什么写论文？写论文的直接动机是发表或者获得学位，但这是作者通过写作所要获得的东西，只是触动写作的动机，并不是写论文本身的真正目的，也不是评价某篇文字是否属于论文的标准。写论文的直接目的在于，解决现实或理论的问题，而不是叙事；高阶目的在于，澄怀观道，追求自由，捍卫真理。

其次，论文为谁而写？作者要有明确的预期读者。如果认为是为不懂法的人而写，那是普法材料，并非专业论文；如果认为自己的读者是一般法学人士，那也未必是专业论文。专业论文是以本专业的同行为预期读者的。大家有基本的专业知识，能有基本的专业前提认识，甚至都掌握基本的专业共识。

最后，论文写什么？论文是要解决问题的。那么，有什么问题，为什么出现这样的问题，如何解决这样的问题，就是论文的主要内容。写论文是做研究，而非叙事；论文存在价值的追求，但不是仅仅表达自己的价值观。写论文的过程也是在全方位锻炼自身查找资料的能力、归纳总结的能力、逻辑分析的能力。

（二）法学论文

法学论文自然是法学专业的论文。但现实中的问题从来都不是按照专业出现的，解决现实问题也不仅仅是某一专业的事情。而专业却存在自身的分析视角、分析工具和学科边界。问题与专业之间是存在一定紧张关系的。

只是将“法”作为素材的，不是法学论文。法学论文的最大特征是围绕法律规范展开，探讨其中的法律问题，分析其中的权利、义务、法律地位的条件及界限。并不是说围绕法律规范展开分析的就是法学论文，它也有可能是语法或语文分析、社会学分析、历史研究的论文。法学分析的目的主要是准确地适用法律。举例而言，企业的运营也涉及法律规范，但仅仅讲企业如何运营、如何盈利，自然算不得法学论文。但其如果分析企业运营如何合法、何时违法，应当如何合乎法律规范运营，则会是法学论文。如果从企业的角度而言，合法运营自然是应当遵守的基本要求，解决了这一问题，也未必能实现扭亏为盈的目标。但如何改善经营，则已超出法学分析的界限。

（三）行政法学论文

行政法学论文是以解决行政法问题为目的的专业学术论文。行政法问题主要是以法治国家为目标、以合法性为评判标准，围绕公民—国家、私人—行政、行政—相对人—第三人、立法—行政—司法之间的法律关系而形成的，重点在于私人在行政法上的权利及其界限、行政权及其界限、司法对行政的审判权及其界限。

与上述法学论文一样，不能认为论文涉及了行政的法律规范，就是行政法学论文。例如，根据《行政诉讼法》第 3 条第 3 款的规定，被诉行政机关负责人应当出庭应诉。论文通过实证调查，考察行政机关负责人在日常工作中如何贯彻法制要求、如何开展法制教育培训、如何出庭应诉等；论证行政机关负责人的法律素养。这也不构成行政法问题。但如果考察行政机关负责人出庭的次数比例、对案件处理的效果影响，反思行政机关负责人出庭应诉的得失，则这属于行政法问题，因为出庭应诉是法律课予行政机关负责人的一项义务，这一义务的履行与行政机关负责人其他义务的履行，以及应诉行为的一般规律之间会存在一定的紧张关系。

二、读　书

读书，是一个人一辈子的事情，更是一个读书人最应该做的事情。为了做一个有品味的人，做一个有尊严的人，就应当去读书，读一辈子的书。劝导读书，并不是为了将人培养成研究人员，而是为了让大家知道读书的方法，养成读书的习惯，了解公民的社会责任，做一个合格的大学生、一个成熟的公民。就本编的论文写作而言，平时的读书更是无论如何强调都不为过的事情。“要看书，不要只抱个题目去翻材料。”① 之所以找不到题目，之所以无法深入思考，原因其实是书读少了。在写作陷入迷茫或者胶着的状态时，最需要做的事情就是停下来，打开书，静静地阅读。

（一）阅读的对象

我们要读的书大致可以分为三类。其一是专业类的图书，从中获得理论和实践的专业知识。法学本专业的经典著作当然要读，这也是本钱。

其二是方法类的图书，从中获知怎样用专业知识。这主要是

① 严耕望：《治史三书》，上海人民出版社 2011 年第 2 版，第 17 页。

法学方法论的那些著作。

其三是思想类的图书。法学不能完全沦为技术，需要这些思想的指引。思想书解决的是：为了什么用专业知识？怎样用了，才不会出现问题？思想书放在分类的最后却不应该最后来阅读。思想的指引是法律人最容易忽视的。法律人如果一开始就忽略了思想书的阅读，一旦自己的思想定型，则不容易更改过来。

（二）阅读的方法

读书人不能不读书，不能不知道读书的方法。每个人都有自己的阅读习惯和偏好，甚至还有几手独门的“暗器”。但一本书搁在那里，大体上还是有一些基本的阅读规则可言的。这里以洛克的《政府论》下篇（叶启芳、瞿菊农译，商务印书馆 1964 年版）为例，谈一点阅读方法上的认识和感受。当然，《政府论》是政治学方面思想类名著，也是法科学生，特别是公法类学生的必读图书之一。

1. 本身的阅读

读书，自然首先要知道这本书究竟说了些什么。只有知道书里说了什么、怎么说的，我们才能对其有所思考、评价，才能避免夸夸其谈、空洞无物。我自己的阅读习惯是通读。薄薄的《政府论》，通读也可以非常快地完成。通读的好处就是什么都不落下，缺点是印象不深刻。但一般还是以通读为好，这样才能比较准确地把握作者想说什么，而不会断章取义、穿凿附会。那种为了完成任务而选取其中的章节段落来阅读，理解可能是不准确的。当然，在通读的基础上，选取某些章节精读，也是必要而可行的。对于经典，自然应该精读。歪解一下，所谓经典，那就是经常读也经得起读的典籍。

读书，需要读出来的内容大致包括以下几个方面：全书的观点是什么？写作的主要目的是什么？全书提出了哪些观点？其论据是什么？论证的逻辑是什么？逻辑是否有问题？如果有问题，在作者自身的脉络中能否妥善地解决？

洛克在《政府论》下篇中提出了很多的观点，社会契约论、财产权理论、自由观、法律观、政府权力的配置，乃至政府的解散等等。这里不妨将我感兴趣的一些问题列出来，供大家一道思考。

第一，关于社会契约论。为什么要缔结社会契约？缔结之前与之后的状态有何区别？什么样的人可以缔结社会契约，是所有人都参加缔约吗？谁与谁缔约？缔约的过程是怎样的？那是在缔结契约（合同）吗？为什么只要大多数的人而不是所有人的同意呢？缔约的目标和结果是什么？后世人为什么要服从今世人的契约？洛克是怎样论证社会契约论的真实性和合理性的？

第二，关于财产权理论。洛克的财产权理论非常独特，可以简单地说，劳动创造财产权，需求确定财产权的界限。其论证的依据和逻辑是什么？是否合理？如何判断人的需求？对货币来源的解释与其理论是否融洽？洛克所说的“财产”仅仅是狭义上的财产（物）吗？

第三，关于政府权力论。洛克是主张分权的，但其权力种类是不同于其他作者的主张的。他的逻辑是什么？为什么自然状态下缺少的三种权力形态，只归纳出两种权力呢？是洛克的遗漏吗？洛克主张的是三权，为什么对外权在其权力格局中能占据一席之地，而司法权却偏偏缺席呢？执行权与对外权不易分开，也不宜分开，那么，所谓三权实质上岂不是就成了两权？

第四，关于自由理论。洛克的自由不是随心所欲的自由，而是与奴役相对的自由，是古典自由主义的代表。自由与立法或规则之间的关系是什么？

第五，关于反抗权理论。缔结契约的人把什么交给了政府？人民缔约之后还保留着哪些权利？都已经是自己或者自己代表同意的政府了，还会存在反抗政府的问题吗？什么情况下可以反抗强力？其判断标准是什么？是否具有可操作性？

另外，对于洛克对全书的安排是按照怎样的逻辑来设计的呢？下篇与上篇之间是怎样的关系？当然，这与作者的思想本身就相对远了点。

2. 相关的阅读

相关的阅读对准确地理解和把握原著是十分有益的。精读经典，光靠自己的研读往往是不够的，还需要有人把那一层层的窗户纸给一一捅破。《政府论》下篇中附了一篇吴恩裕的《论洛克的政治思想》，这就是一篇很好的简明导读。它介绍了洛克的生平背景、写作的社会背景、主要思想和主要目的，同时与其他作者相比较，并运用阶级分析的武器对该书进行了批判。而这些正是我们阅读《政府论》所必需的相关知识。另外，在中文译著中，英国学者彼得·拉斯莱特写了一本专著来给《政府论》作导读，题目就叫《洛克〈政府论〉导论》（冯克利译，生活·读书·新知三联书店 2007 年版）。当然，我们在看别人的解读时应该也要注意分辨是“我注六经”还是“六经注我”。好在洛克的思想及其表述的语言都是容易理解的，能以简明的语言表述一个完整的、深刻的政治思想，这也正是洛克思想能广泛传播的重要原因。

我们不妨去查阅一下其他人对洛克的评论以及对洛克著作的引用重点，如此就可以知道洛克著作的精彩所在，人们究竟对洛克的什么思想观点感兴趣。当然，我们也可以去评判别人的理解是不是曲解或者附会了洛克。在查阅别人观点的问题上，也是有技术可循的。

有条件的人还可以对照英文原著来阅读，中国政法大学出版社 2003 年出版了英文版的 Two Treatises of Government，还出版了洛克的政论集（Locke Political Essays）；还可以阅读洛克的其他著作，以便丰满对洛克自身的认识。洛克的主要著作还包括《论宗教宽容》（吴云贵译，商务印书馆，汉译世界学术名著丛书）、《人类理解论》（关文运译，商务印书馆，汉译世界学术名著丛书）。当然，与洛克的政治思想相关的是前一本著作，与《政府论》相似的是，《论宗教宽容》又是一本很薄的经典。

3. 延伸的阅读

延伸的阅读主要是思想脉络上的阅读，注意阅读洛克思想的来源、思想的形成以及思想在洛克身后的影响，注重与其他作者之间的联系和区别，在发展脉络中把握洛克。简单地说，就是找出他的思想的源和流。

洛克提出了很多的观点，这些观点不是凭空生造的，也不是毫无影响的。就社会契约论而言，我们比较熟悉的是卢梭的《社会契约论》，但卢梭的社会契约论只是一种，是浪花中的一朵，只不过这一朵比较绚丽而已。在它之前还存在着霍布斯的《利维坦》，社会契约论实际上是可以从这里谈起的，个人的地位也是从这里开始确立的。但霍布斯、洛克与卢梭对社会契约论的认识是存在着重大差别的，其缔约的主体、目的和步骤等差别在哪里，均需细心研读，否则，五光十色的社会契约论就千篇一律了。

洛克可谓古典自由主义的鼻祖，对后世的学术研究和政治实践均产生了重要而深远的影响。洛克的自由主义是英国式的自由主义（当然，这里的英国式并不见得就是英国人的创造），与法国式的自由主义是有很大差别的。即使是在古典自由主义内部（自然权利论的自由主义、目的论的自由主义、功利主义的自由主义等等），也是存在差别的。这需要在有大量的阅读之后整理出一条较为清晰的脉络。

（三）阅读的技巧

不同时期的读书可能有不同的目的，基于此，也会有不同的防止误读的技巧。

1. 经典常读

书常读常新，对于经典来说更是如此。随着自身知识、兴趣点的累积，我们会在同一本书中发现一些自己当初不曾发现的问题。例如，洛克提到了“特权”，他的“特权”与我们理解的特权是一回事吗？如果学完了行政法，再反过头去看可能又是另一番风味了。在你阅读了吴恩裕的导读文章之后再读《政府论》的感受与阅读了拉斯莱特的导读著作之后再读《政府论》的感受可能也有所不同。

发现了新的问题，并不是说我们读书不仔细、不认真。任何人读书都会存在一定的盲点，之所以会成为盲点，是因为不感兴趣，或者不理解作者的真实意图。这需要兴趣点的长期储备，需要知识的不断“反刍”。

2. 汲取知识性阅读

不可能什么书都是经典，都需要反复阅读。更多的书，我们只是为了汲取知识而阅读。这时，我们可以通读，整理出大纲；看其他人的评论，再对照原文。

阅读时，注意把握思想的脉络，虽然整个脉络可能有变化，某些表述，甚至某些判断可能也有变化，但基本的内核是不变的，否则也不成为脉络。

3. 零星突击写作阅读

即便突击某个段落，也不能忘了阅读目录、摘要，准确把握全书的思想。

总之，不断的阅读是基础，是基本素养养成的需要。具备基本素养也能帮助自己在临阵磨枪时作出判断和选择，因为常识可以纠偏。

三、资料收集

要想找到好的选题、写出好的论文，必须大量占有、消化、吸收相关资料。这不仅要求有平时的阅读积累，也要求专门去收集特定领域的资料。

（一）资料的类型

文献资料浩如烟海，琳琅满目。法学方面的资料大致可以分为三种类型。

第一，论文著作。毫无疑问，论文著作是我们阅读的最重要文献。论文通常是对于某一问题的某一方面的研究，现在因为各种数据库的存在而变得易于收集。论文囿于期刊的要求，在创新性方面会更有侧重，在文字表达上会更为精练，故而，未必系统全面成体系，未必简明易懂。而著作可能是论文的汇总加工，也可能是对某一问题的系统研究。著作通常会更注重体系性和周全性，也因为没有像论文那样的字数限制，著作可以通过案例、法条的引用，进行更为完整的引述等方式使表述更为平实、易于理解。即使在今天存在各种论文数据库、考核指标上更重视论文，也不可以忽视著作。尤其是早期的学者，很多人并没有论文，而只有著作传世。如果过于依赖数据库，就可能遗漏重要的文献。另外，论文著作也不限于行政法学方面，密切相关者还包括宪法学、政治学、行政学等方面。更大范围的阅读，有助于形成更为周全的认识和对体系的透视。

第二，法律规范。法律规范可能是问题的对策，可以解决问题，也可能是问题的来源，可以产生问题。要熟悉的不仅是某一法律规范本身，还包括相关的法律规范，甚至包括已经失效的法律规范。唯有如此，才能大致了解该法律规范的产生背景、规范内涵以及体系定位，才能相对准确地把握和适用该法律规范。目前，全国人大常委会建有“国家法律法规数据库”，司法部建有“国家行政法规库”“国家规章库”，收录了现行有效的法律法规规章，其中“国家行政法规库”包含了历史沿革。

第三，法律文书。法律的目的在于实施。裁判文书是法院适用法律规范裁判案件解决争议所形成的文书。这既是对法律规范的检验，也可能产生新的规则。仅仅读相关法律规范是远远不够的，甚至连其真正的意涵都无法吃透。通过一个个鲜活的案例，裁判文书使呆板的法律规范变得生动起来，甚至能打亮法律规范的不同侧面，产生不同的可能理解。目前，最高人民法院建有“中国裁判文书网”“人民法院案例库”等。

另外，在行政法上还有一种类似的文书，即行政活动中所作出的文书，主要是行政复议决定书和行政处罚决定书。它是行政机关适用法律规范作出处理后所形成的文书。关于这一类文书还没有形成统一集中、便于查询的系统。不过，某些政府职能部门也正在做这样的工作，例如，国家市场监督管理总局建立了“中国市场监管行政处罚文书网”，生态环境部建有核安全方面的“行政处理”曝光台。

（二）资料收集的方法

资料的收集目标是“涸泽而渔”，尽可能一网打尽。但这是很难做到的，进入真正的写作之后还会有新的资料需求。资料数不胜数，收集和辨别是一件并不轻松的工作。当然，这里主要谈论文资料的收集方法问题。

通常可以从最新的论文入手开始查找文献，然后再按图索骥，查找其引用的文献；如此，循环往复，逐步拓展，应有的文献就会尽收眼底。在搜索论文时，首先要确定有待研究的事物在法学上对应的术语是什么。确定了这一术语之后，还要弄清楚其相关概念、类似概念有哪些，还要知道其上位概念是什么。这样，在因某一术语过小而无法出现足够的文献时，就可以替换为相关概念、类似概念、上位概念，进一步搜索。

因为文献的数量可能是庞大的，质量也是参差不齐的，因而，一般需要在识别之后才能深入阅读。在文献质量的初步识别上，存在两个简便的办法，其一是杂志的档次，其二是作者的知名度，虽然两者可能是重合的。在不了解作者的知名度时，杂志的档次就是首要标准。在不知道什么是名刊的时候，可以参考《中文社会科学引文索引》（CSSCI）法学学科来源期刊；在不知道谁是名家的时候，可以先看高引用的文章。一般在某一篇文章中多次出现的文章或图书，属于阅读的首选篇目。

不同的题目有不同的方向和检索范围。对于一个很少有学术界理论文章探讨的问题，也就是专业的技术性问题，很可能没有太深的理论研究，学者的论述可能比较少。这时就必须寻找一些具体的活生生的材料。这就不可能到学术期刊、理论性很强的出版物中去寻找，而必须到实务部门发行的刊物中去寻找。① 诸如，

---

① 参见王亚新等：《迈入法学之门》，中国人民大学出版社 2008 年版，第 5、6 页（王亚新执笔）。

最高人民法院机关刊物《人民司法》、最高人民法院行政审判庭编的连续性出版物《行政执法与行政审判》、国家法官学院主办的《法律适用》、《山东法官培训学院学报》等，都刊登了实务界的研究论文。

中国知网、北大法宝都是便捷而相对专业的数据库，甚至百度、必应等搜索引擎也能提供较好的线索。但这些只能够提供线索，信息的真假与分量仍然需要我们自己去判断和检验。值得注意的是：我们不能被中国知网等数据库带着走，它们并不会占有所有的资料；我们也不能迷信它们，否则连规范都可能出错，比如杂志不存在“02 期”，集刊一般也不存在“2024 年第 2 期”的期次编号。再如，数据库只是便宜地将收集到的资料进行归类，但我们不能以其归类作为判断的根据，它只供参考而已。另外，我们也要时常走进图书馆和实体的书店，由此不仅加深我们对图书感受的真切，还能让我们有机会有更多意外的发现，因为在我们寻找的图书的旁边可能还有其他相关的著作。

在收集到有用的信息资料之后，我们就要深入阅读，并做好笔记，逐步形成自己的认识，为下一步真正的研究打好基础。

四、选　题

在上述准备工作完成之后，或许就会对某一问题产生怦然心动的感觉了，这时就可以进入选题的阶段了。

（一）选题的来源

论文的题目有很多类型。从题目的内容来看，有关于法律制度的题目、关于法原理或原则的题目、关于法律概念的题目等几种类型。法律制度有大有小，比如行政强制执行体制、代履行、紧急代履行的程序等。虽然说小一点的制度更容易把握，但也要有对该制度的体系定位的认识。在法的原理或原则方面，诸如比例原则、信赖保护原则等，它脱离了具体的制度，具有一定的抽象性和综合性，但仍然会依托于一定的制度。而法律概念是对某一事物核心要素和重要特征的集合提炼，一般只有在形成整体认识之后，才会有能力把握好概念。例如，研究行政强制措施的概念、行政行为的概念是如何形成的，就是关于法律概念的题目，这一类题目通常较难。

从题目的定位来看，选题有基础类、技术类、应用类、交叉类等不同类型。基础类选题就是对学科基础方面的知识展开研究，例如，公法与私法的关系、行政行为、行政事实行为、行政协议、公私协作型行政协议等，都属于基础问题，理论性较强。技术类选题是在确定原理的基础上对实现机制、保障机制等展开研究，例如，公私协作型行政协议的缔结程序等，其目的是保障竞争性参与机会，保障公共利益得到有效分配等，技术性较强。而应用类选题主要是将已有的原理和技术用于具体领域，解决具体问题，例如，将行政处罚法的要求贯彻于市场监管领域的行政处罚中，它要求对两方面的知识都有所了解，但主要是解决应用问题。而交叉类选题是对平行的相关领域所产生的关联问题展开综合研究，例如，网络和信息等新兴科技问题，一方面涉及法学的基本原理，另一方面涉及信息科技自身的规律，如何既能发挥信息的最大效用，又能保障私人的合法权益、公共利益等不受侵犯，就是相对复杂的问题。博士学位论文（博论）与学士、硕士学位论文的差别主要在于，博论的选题具有基础性和原理性，应尽可能在行政法学体系中占有一席之地。

写作的题目可以从上述各种类型的材料中产生。之所以会选择某一问题作为题目来研究，常常是因为自身对其存在不满意或者困惑的地方：或者对现有研究不满，或者对现有制度的不满，或者对不同做法有困惑。而不满或困惑又来自读书和观察。如果没有充分的阅读，就没有足够的辨别工具，即便看到某些事物，也可能熟视无睹。在有了不满或困惑之后，就会有完善它或解决它的冲动，就会选择适当的角度界定问题并提出问题。

（二）选题的初步论证

我们在确定选题之前，应当事先调查相关文献，查证写作的必要性和可能性，初步论证选题的可行性。大致要追问自己以下三个层次的问题：(1) 目前有哪些相关研究？现在的相关研究状况如何？(2) 现有的研究还有什么样的问题？(3) 自己有无可能向前迈进一步？

如果能得出肯定的答案，那么，这就是一个可能的选题。

学术研究是一场接力赛，总是要讲究承继性的，毫无前人研究、横空出世的作品是罕见的。当我们看到慧能的偈子时会感到惊艳，他写道："菩提本无树，明镜亦非台；本来无一物，何处惹尘埃?”但我们不要忘了，在慧能题写之前其实是已经有神秀的偈子题在上头了。神秀的偈子是，“身似菩提树，心如明镜台；时时勤拂拭，莫使惹尘埃”。[①] 两相对照，我们就可以看到两者的关联。春米的慧能虽然深具悟性，但也是受到神秀偈子的影响、激发而写出上述惊艳的偈子的。当然，研究的接力赛不仅在前人与自己之间展开，还在先前的自己与当下的自己之间展开。如果自己撰写过某方面的论文，那么，可在其框架内继续研究，或者在其延长线上继续拓展。不断地提高对自己的要求，不仅能提升自己的研究功力，而且也能使某一专题的研究更加深入。

写作总要追求创新。作为社会科学，法学的创新是很难的。那么，怎样才能算得上具有新意呢？新意可能体现在资料新、方法新、观点新几个方面。能发掘寻常并不多见的资料，去论证、阐释、引证某种观点，资料本身就是有价值的。例如，在现今立法审议并不公开的情况下，能获取到审议记录并加以阐发，就会增添著述的亮点。不过，“看人人所能看得到的书，说人人所未说过的话”，[②] 那才是真本事。在论证方法上，法解释的方法是我们常用的，由于大家都熟悉，这时如果使用了法经济学的方法、法社会学的方法、法心理学的方法、历史分析的方法等，或许能让人眼前一亮。当然，最强的新意还在于观点新。阐发别人未曾讨论的观点，开辟他人未曾走过的路径，达到新的天地和意境，是学术研究所期盼的境界。但这是难乎其难的，不可勉强，更不

① 《坛经》，尚荣译注，中华书局 2010 年版，第 10、21 页。

② 严耕望：《治史三书》，上海人民出版社 2011 年第 2 版，第 21 页。

可为新而新。

题目本身很难说有高下之分，各种研究都有其自身的价值，最重要的是适合性。适合自己的能力，适合自己所占有的资料，适合自身所处的制度环境，这就是很好的研究。刚开始研究时，选择小切口的题目、具体的题目更好。待自己的知识和写作经验日渐丰富时，可以展开对大问题、抽象问题的研究。再以上述慧能与神秀的故事来说，《坛经·顿渐品第八》有如下一段记述：

> 时，祖师居曹溪宝林，神秀大师在荆南玉泉寺。于时两宗盛化，人皆称南能北秀，故有南北二宗顿渐之分。而学者莫知宗趣。师谓众曰：法本一宗，人有南北；法即一种，见有迟疾。何名顿渐？法无顿渐，人有利钝，故名顿渐。[①]

其中的祖师就是指慧能。法是同样的法，但不同的人有不同的学习方法。无论是顿悟，还是渐修，并无优劣；若不能顿悟，渐修亦未尝不可。“量才适性”最为重要。法学研究同样如此：只要是真实的问题，只要能周密地论证，只要能自圆其说，就是好的研究。所以，了解自身的擅长，把握自身的现状，扬长避短就是选题之要。

（三）选题的确定

从经验来说，资料过多的选题，可写的余地较小；资料过少的选题，挑战性较大。制度性选题较易把握，原理性选题难度

① 《坛经》，尚荣译注，中华书局2010年版，第146页。

较大。

选题原则上应当自行确定。在无法确定选题时，可从指导老师推荐的选题中挑选自己喜欢和适合的选题。命题作文通常是有一定难度的，作者与命题者未必有共同的问题意识。

对于学位论文等大型论文或著作而言，在选题上需要注意能上得去、下得来、展得开。上得去，是指能接得上基础原理，自觉接受根本原则、根本规范的指导。下得来，是指能将所学的知识真正用于实践。越是抽象的原理和概念，越是要想着具体的实践，不让自己的思考流于逻辑或遐想。展得开，是指要有一定的包容度，能使自己的研究具有一定宽度和厚度。虽然未必要全部展开研究，但一定要清醒地认识到自己研究的上下左右是什么，换言之，需要准确把握自身研究的体系定位。

在确定选题上，也存在一个大致的顺序问题：首先是确定领域，之后是确定问题，再到确定角度。举例而言，打算研究行政行为的效力问题，这属于行政行为法领域，但是从行政实体法还是从行政诉讼法的角度研究，差别还是很大的。

五、文献综述

在确定选题之前或之后，文献综述的工作是要做的。文献综述是学位论文的必备内容，而杂志的论文因字数有限，未必能有足够的篇幅留给文献综述。但无论最终是否见诸正式的文章，文献综述都是一项重要的准备。

文献综述旨在梳理现有研究及其进展情况，主要内容包括研究主题的主要问题、研究进展、代表性研究观点、简要评价等。做好文献综述，可以避免重复劳动，明确可能的创新之处。

文献综述应当全面而准确。全面地梳理现有研究，给予准确的把握和客观的评价，不偏不倚，不因其符合或违背自己的主张而过多或过少地作出介绍、过高或过低地作出评价。学术研究自然是有其主张的，但不应在文献综述这一准备阶段就过早地摆明，甚至宣泄。好的文献综述实际上也能在准备阶段为自己拟研究的主题打开思路，奠定对话的基础，使自己的研究更具妥当性。不自说自话，而是努力与先前研究对话；不自吹自擂，而是在与先前研究的对比中自然显现前进的步伐。

文献综述可以分三个阶段完成。第一阶段是记述，可以按照时间顺序以数人头或列文献的方式呈现出来，如此大致熟悉既有研究状况。第二阶段是分类整理，将拟研究主题分解为几个问题，再将各个问题按照一定逻辑排列，把已有的梳理填充进去，并作出适当调整。第三阶段是剪裁点评，即在某一个子问题上，各个研究究竟有何特色，有何得失，可以舍弃无关的介绍，适当剪裁，作出少许点评。如果文献综述能呈现出既有研究的学术脉络，这就是最好的状态。如此，也就为拟作的研究铺垫、张本，拟作研究的内容和意义也会得到显现。

在之后的论文著作中，文献综述既可以作为独立的一部分放在第一部分，介绍整体的研究情况，引出自身的研究；也可以放在正文的主体内容中，在分析各个具体问题时作为参考或批判的对象。

六、论文提纲

在做完文献综述之后，就可以拟出写作的提纲，为写作做好最后的准备。拟定提纲是非常重要的。提纲的意义在于，整理思路，清晰逻辑。一张提纲，可以让自己对写作的任务有一个完整的认识，逻辑是否清楚，观点是否突出，很容易通过提纲有直观的把握。

小型论文的目录序号顺序一般是："一、……二、……三、……""（一）……（二）……（三）……""1.……2.……3.……"。

大型论文或著作的目录序号顺序一般是：章、节（或者没有节），章节之下再是："一、……（一）……1.……（1）……第一，……"。学位论文在章之下不设节为好，其内容的逻辑会更为紧凑。

当然，有时为了使目录一目了然，学位论文会仅使用阿拉伯数字作为序号："1.……2.……3.……""1.1……1.2……1.3……""1.1.1……1.1.2……1.1.3……"。

在写作之前，通常至少要拟好三级提纲。提纲越详细，写作越容易。提纲应当有具体的内容提示，而不能仅是按照逻辑推演列出的。在每一点之下，甚至应列出大致要写的内容。如此，自己的思考也会更为成熟，动手写作也会更为顺畅，而且因为知道自己要写什么，连表述的精准度也会有所提升。

毫无疑问，在写作过程中，提纲是可能被修改的。但这绝不意味着可以脚踩西瓜皮——滑到哪儿是哪儿。学术研究是一项有计划的工作，需要运用理性思维，事前做好谋篇布局的工作。

第 13 章 论文的构成要素

从形式上说，一篇学术论文通常是由标题、摘要、关键词、目次、引言、正文、注释、结语、附录与参考文献等组成的。下面按照内容的相关性进行组合，分别予以说明。

一、标题与目次

论文的标题无疑具有重要地位，它和论文的目次放在一起，就能传递出论文的写作领域、写作目的和基本思路。

（一）标题的构成

论文的标题可能是一个命题，一个问题，或者只是一个话题。例如，我的《论法治国家的安全观》（《清华法学》2021 年第 2 期）大致可以算作一个命题或者问题。法治国家有自由的预设，论文阐述的是法治国家应该有怎样的安全观问题，其实质是如何处理安全与自由之间的紧张关系的问题，主张按照法治国家的要求确立保障自由的安全观。而我原本的题目是“论公法上的安全”，这只是一个话题式的题目，缺乏问题性，它是在谈公法上安全的基本认识。“论公法上的安全”显然不如《论法治国家的安全观》。

标题的基本要素是问题自身，有时需要加上领域的限定，有时还要再加上方法或视角。例如，我有一篇《行政强制措施的谱系》（《清华法学》2022 年第 6 期），标题只是在谈“行政强制措施是如何形成的”这一问题本身。我的另一篇《论行政法上的法律优位》（《法学评论》2019 年第 1 期）则是加上了“行政法”的领域限定，因为法律优位不仅是行政法上的问题，只是其在行政法上更具有特殊性。韩大元的《中国宪法文本中“法治国家”规范分析》（《吉林大学社会科学学报》2014 年第 3 期）中，“中国宪法文本”是领域，“法治国家”的内涵是问题，而“规范分析”则是方法；没有领域和方法的限定，“法治国家”的内涵恐怕就不是一篇文章能说得清的问题了。

标题的基本作用是介绍文章的主题、问题或中心关注点。如此，第一，标题通常是短语而非句子，尤其不是陈述句式。有的作者喜欢用疑问句作为标题，例如陈景辉的《宪法的性质：法律总则还是法律环境？——从宪法与部门法的关系出发》（《中外法学》2021 年第 2 期）。第二，标题通常留有余韵，而不会直接给出结论。报纸或者评论往往直接给出有冲击力的标题。杜强强的《法院调取通话记录不属于宪法上的通信检查》（《法学》2019 年第 12 期），就是一个带有很强评论色彩的题目。据说其原来的标题是“论法院调取通话记录的合宪性”，这就会更像学术论文的题目，不是直接亮出底牌，分析论证也可能更为中立，周全。第三，标题是文章的中心问题，而非各部分内容或关键词的叠加。叠加也表明论文尚未形成贯穿全文的主线或集中论证的命题。左亦鲁的《假新闻：是什么？为什么？怎么办?》（《中外法学》2021年第2期），包括了以下几个部分的内容：“导论”；“一、为什么：假新闻的技术、商业、心理和政治社会学基础”；“二、怎么办：假新闻的制造、消费和传播者”；“三、表达自由的再平衡”。其中的导论写的其实就是假新闻“是什么”。文章虽好，标题却未必最佳。

（二）标题的论文类型

从论文的标题上，常常可以看到论文的类型。

1. “论”

“论×××”或者“×××论”，相较而言，前者更为常见，后者显得更为大气，给人理论性和体系性更强的观感，但需要内容跟得上才能匹配。例如，余凌云的1997年博士论文标题是《行政契约论》，后来也出版了同名著作（中国人民大学出版社2000年版）。王世杰的2021年博士论文标题是《第三人公权论》，如果改成“论×××”的形式，可能就是“论第三人的公权利”。标题上的“论”字通常只是表明论文的研究属性，不甚必要，有时只是为了使标题读起来更平稳罢了。例如，前述的《论法治国家的安全观》标题中，因为“法治国家”四个字，而“安全观”三个字，有点头重脚轻，故而以“论”字提起后面八个字。

2.“研究”

“研究”二字常常在学位论文的标题上看到，但必要性不大。在期刊论文中较为少见，而“关于……的研究”“关于……的若干问题研究”的标题已近乎绝迹，因为这种标题表明论文只是对相关几个问题的研究，缺乏集中的命题或问题。

3.“考”/“考辨”

“考”是对某一概念或制度源流的考察，例如，方流芳的《民事诉讼收费考》(《中国社会科学》1999 年第 3 期)，王人博的《民权词义考论》(《比较法研究》2003 年第 1 期）等。有时，也用“考辨”，即考证并辨析，例如，张金海的《公平责任考辨》(《中外法学》2011 年第 4 期)。

与此类似的是概念史研究，例如，林来梵的《国体概念史：跨国移植与演变》(《中国社会科学》2013 年第 3 期)、《权利概念的移植交流史》(《中外法学》2020 年第 2 期)。

4.“评注”/“释义”

早期，“释义”的图书较多，释义的论文有一点，它是通过语义、历史、目的、体系等各种方法对某一条文的含义所作的解释说明。

近来，随着德国、日本法释义被介绍进来，本土新型释义出现了，现在较多地称作“评注”，例如，《法学家》2016 年第 3 期开始刊登的民法评注，即朱庆育的《〈合同法〉第 52 条第 5 项评注》，之后因仅为条文序号，可能不易被知晓，2017 年第 1 期开始就改作条文序号加上条旨的做法，即贺剑的《〈合同法〉第 54 条第 1 款第 2 项（显失公平制度）评注》。2025 年我主编的《行政诉讼法判决条款评注》在中国人民大学出版社出版。评注的目的在于把握目前的理论和实务状况，为某一法条的适用提供明确的指引，故而不同于旨在提出某种学术主张的通常论文。

（三）标题的结构

除前述表示论文类型的文字外，标题常为名词短语，以“的”字结构和“与”字结构居多。

1. “的”字结构

“的”字结构的标题，主题单一，相对明确，相对容易处理。我自己也喜欢用“的”字结构，例如，《国务院的宪法地位》（《中外法学》2021年第1期）。《论法治国家的安全观》（《清华法学》2021年第2期）。不过，使用“的”字结构要注意标题的稳定性，例如“法治国家的安全观”，就会有头重脚轻的问题，所以，在标题上又加上“论”字，变成动宾结构。

2. “与”字结构

“与”字结构因为有两个要素，在文章内容上会相对复杂。“与”字结构大体上又有两种用途：一是表示关系，例如，我的论文《美浓部达吉与中国的公法学》（《比较法研究》2010年第5期）。二是表示叠加（内容的叠加、历史的阶段等）。不过，这时也要注意提炼和概括，例如，我的《依法律行政原理的移植与嬗变》（《法学研究》2015年第2期）。

（四）标题的表达

标题应当带有问题和命题性，诸如，“中国警察执法过程中产生的警民矛盾与中国警察的执法现状”就算不上是合格的标题。

标题应当能够统率全文，诸如“国家监察机关‘留置措施’的立法完善”可能只是点到了论文的最后一部分。

标题应当注重准确性，但也不宜过长，要有提炼；避免政治化、口号化、评论化。例如，我的《行政活动法律保留的结构变迁》(《中国法学》2021 年第 1 期)，最初想过以标题 A“论行政行为的法律保留”或标题 B“法律保留的结构变迁——以行政具体行为为中心的考察”作为标题，但因为“行政行为”的概念言人人殊，谈行政行为的法律保留不甚清楚，所以放弃了标题 A。该文确实只是想探讨行政的具体行为的法律保留问题，标题 B 是相对准确的，但却不是“以行政具体行为为中心”，而仅仅是行政具体行为，即排除行政立法的行政活动；而且标题 B 也相对冗长，故而也被放弃了。“行政活动”的法律保留固然大于具体行为的法律保留，但在我自身的研究中，行政立法的法律保留是作为法律的法规创造力问题来处理的，所以，在作出必要说明后，《行政活动法律保留的结构变迁》还是妥当的标题。因为标题通常是较为精练的，在没有其他辅助的语境下就能独立地传递出必要的信息，故而，应当加强准确性的要求，避免产生不必要的歧义。我有一篇论文的标题是《行政行为无效的认定》(《法学研究》2018 年第 6 期)，原标题是“行政行为的无效认定”，但杂志的编辑说，这个题目容易引起误解。我立刻就明白了问题所在，舍弃了语感上的平衡问题，将“行政行为无效”作为专门术语来使用。

标题应当突出重点和新意，但要平衡平实性，准确性优于生动性。例如，赵宏的《法治国下的目的性创设——德国行政行为理论与制度实践研究》（法律出版社 2012 年版）是一本很好的书，其正标题也是其想突出的特色，也就是行政行为对于法治国家的意义。不过，因为“法治国下的目的性创设”只是德国联邦行政法院的一句判词，行政法学者（例如平特纳）虽也有使用，但未必是尽人皆知的名人名言或者专业术语，所以，当人们看到这书名时，可能还是丈二的和尚摸不着头脑。该书的副标题才是主体内容，如果舍去了副标题，就真的不知道这本书是写什么的了。有意思的是，该书在被引用时，书名经常出错，不是多字就是少字。这也从某个角度映射出书名还不够理想。相对而言，赵宏之后的一本书《行政法学的主观法体系》（中国法制出版社 2021 年版）就是既明确适当又简洁大气的名字了。我和已故邱远猷教授有一篇合作作品是《善之途多歧路：五权宪法的理想与现实》[《首都师范大学学报（社会科学版）》2004 年第 6 期]，题目我是喜欢的，表达的是五权宪法具有良好的目标，其实现途径却存在一定问题，作为标题确实是相对花哨了一点。我自己早期还有一篇论文的题目是《违宪审查标准的体系化：一个美丽的神话——以日本经济规制立法的违宪审查为中心》（《南阳师范学院学报》2007 年第 7 期），正标题大致想表达的意思是将违宪审查标准体系化固然理想，却是难以实现的。这个标题是受到当时文风的一点影响，题目上要尽可能出现一抹亮色，但后来看来这样的题目还是少用为好：题目过于复杂冗长，出现了两种标点符号，表述也不够精准。

标题应当表达清晰，有时要从角度、方法、内容等方面作必要的限定，可以使用副标题，但副标题不能大于正标题，而且尽可能减少副标题的使用。例如，我的《安全性行政判断的司法审查——基于日本伊方核电行政诉讼的考察》（《比较法研究》2019 年第 2 期）就使用了副标题加以限定，将考察的范围限制在日本的核电案件上。看到过这样的标题《生命权——论自杀的权利与社会的期待利益》，论文大致是想分析有无自杀的权利，并从社会对生命的期待角度加以分析。生命权的分析本身需要视角，论文以副标题加以限定，只是探讨生命的自由处置问题，但这一标题本身三个概念之间的关系并不清楚。

标题尽量少用“兼论”“兼议”字眼，以防论文的讨论不能集中。当然，“兼论”“兼议”只是表明附带地探讨一下某个相关问题，不足以另外成文，但又有稍微突出的意味，例如，熊樟林的《行政处罚的种类多元化及其防控——兼论我国〈行政处罚法〉第 8 条的修改方案》（《政治与法律》2020 年第 3 期）。

标题应注重指代的明确性，尽可能不以法条序号或条款命名。因为法条序号可能变化，而且，大家更熟悉的可能还是内容本身，而不是序号，所以，用内容本身来检索的可能性也更大。例如，韩大元有一篇《以〈宪法〉第 126 条为基础寻求宪法适用的共识》（《法学》2009 年第 3 期），题目固然十分准确，但遗憾的是当时的第 126 条在 2018 年修宪之后已经变成第 131 条。当然，有时候用法条序号来表示，也是不得已的。

标题应尽可能正面命名，而不以问句命名；尽量采取中性立场。例如，熊樟林的《行政违法真的不需要危害结果吗?》（《行政法学研究》2017 年第 3 期）虽然以反问句为题，但其意思十分明显。当然，更明显的是其《土地征收决定不是终裁行为——以行政复议法第 30 条第 2 款为中心》(《法学研究》2017 年第 3 期)。

标题应减少赘余之词，很多情况下“我国”“中国”是不必要的。标题也不宜过谦，诸如“初论”“刍议”“浅析”“小议”等用语并不必要。写论文自然要使出浑身解数，好不容易写出来的论文就应力争是某一领域最好的、一流的论文。

(五) 目次

学位论文要有目录。期刊论文多数没有目次，正式投稿或发表时通常也不用放目次，但自己应该有一个目录。通常的顺序是：章节之下设：一、…… (一) ……1. …… (1) ……第一……。有时，学位论文会采用阿拉伯数字的序号：1……1.1……1.1.1……1.1.1.1……。

小标题应当简洁明确，大致齐整，不宜过长甚至一行字都容纳不下。各个标题不可有“犬牙交错”之状。这里举一个例子来看看。我有一篇论文《行政诉讼的诉审判一致性》(《中国法学》2024 年第 2 期)，其目次如下：

一、诉讼请求与行政诉讼的基本构造

(一) 诉讼请求的界定

(二) 诉讼请求的法律地位

(三) 诉请地位的决定因素

二、诉讼请求与本案审理范围的一致性

(一) 诉讼请求与诉辩主张限制

(二) 全面审查与职权探知的有限性

（三）诉讼请求与行政行为的合法性审查

三、诉讼请求与行政判决类型的一致性

（一）原告的诉讼请求与判决类型的法院选择

（二）诉讼请求的开放性与判决类型的法定性

四、结语

不过，有的作者过于在意齐整，甚至都影响了意思的表达。这就是不必要的了。

另外，有的论文有引言和结语，这两个部分是否标上序号，做法不一。通常，引言不标序号，结语也不标序号，但结语也有标上序号的做法。期刊论文的引言与结语之下通常没有细目。在引言和结语不标序号的情况下，论文就更要注意，至少应由三个部分构成，以显示内容的丰富和思考的成熟程度。有了目次，形式上的问题和内容上的逻辑就能更容易显现出来。

二、摘要与关键词

摘要和关键词是现在学术论文的必备内容，就放在标题和作者之下，也是大家在读论文之前所读到的东西。所以，摘要和关键词是非常重要的，决定着大家还要不要继续往下读正文。

（一）摘要

摘要的定位是：概括文章大意，突出主旨和创新之处。故而，摘要应该是论文完成之后来写的，只有在完成之后，才能真正把握全文，说出文章的精彩之处。

摘要是文章的提要，摘要应客观反映论文主要内容和信息，应有相对的独立性和完整性，独立成篇，让人读后就能知道文章的观点。论文摘要不能是写作思路的介绍，仅仅是思路（本文使用……方法，考察了……，探讨……，从……角度进行分析，指出了……不足，提出了……建议），或者仅仅是研究的必要性说明（……问题非常重要，现有研究存在……不足，所以，从……角度展开探讨具有重大意义），还无法让读者知道有没有读下去的价值。摘要可不必按部就班地介绍各章的内容，一般不出现“本文”“笔者”“第一章”“第二章”之类的字眼。摘要的字数不必太多。

摘要当然有各种写法。我的个人体会是，摘要的基本内容包括研究的问题及其重要性、现有研究的不足、本文的主要观点和创新之处。举例来看，王旭《公民参与行政的风险及法律规制》（《中国社会科学》2016 年第 6 期）的摘要和关键词，就是很好的范例：

> 摘要：公民参与行政是现代社会对行政活动本质认识深化与社会复杂变迁的产物，也是人实现自我解放的需要。然而，由于其受到市民社会和政治国家双重固有逻辑的影响，在复杂的制度变迁过程中也存在很多风险，给公共利益和私人利益都带来一定的损害。有效地防范公民参与行政的风险，需要在理论上建立公共领域的协商民主逻辑作为其前提，并在此基础上具体建构包括法律保留、正当程序、透明度和问责制为核心的规则体系，避免“劣质的参与”，真正

实现合法行政与良好行政的双重现代性目标。

关键词：参与行政　风险　公共领域　正当程序　问责制

杨晓楠在《法学家》2018年第4期发表了一篇有关香港基本法方面的文章。其最初的标题是“香港特区法院适用基本法的类型与方法”，摘要和关键词如下：

摘要：香港基本法授予法院司法权与基本法解释权，根据这一授权，特区法院在司法实践中审查本地立法、行政行为的合基本法性。普通法传统下，法律解释权与司法适用权紧密联系。然而，香港基本法同时授权全国人大常委会解释基本法，进而与香港法院在基本法解释与适用方面产生理解上的差异。对香港法院基本法解释与适用加以适当区分，有利于深入理解基本法相关争议的实质。在基本法判决中，法院通过不同的方式适用基本法，将其与本地人权法相结合。传统的英国普通法未能给香港法院提供成文宪法性文件解释的经验，香港法院在回归二十年的实践中，在延续传统与变革诉求之间博弈，逐渐形成有本地特色的基本法适用方法。

关键词：终审法院　香港基本法　司法适用　普通法

但这个摘要并不够精彩，无法从中读出适用的类型和方法，而且最后两句才是与标题相关的内容。最终发表的版本将标题改作《香港基本法的类型化司法适用》，摘要和关键词修改如下：

摘要：香港基本法二元性解释机制决定了基本法适用的特殊性：在具体案件中适用基本法的特区法院不享有基本法

的最终解释权；享有基本法最终解释权的全国人大常委会并不进行日常适用工作。这种抽象解释权与司法适用的互动在实践中引发了一些争议，学界倾向将争议归结为一种“普通法与大陆法”的差异，这忽视了基本法司法适用的复杂性与解释者身份的多样性。在单纯援引型案件中，法院行使司法权而非解释权，全国人大常委会解释的影响最小；在联系适用型与导入适用型案件中，全国人大常委会因缺乏对国际公约与本地立法的解释权，实际影响也很有限；过往的争议案件多属于独立适用型，在此类案件中，各方应谨慎克制地行使权力、完善方法论，形成统一的审查框架，这对于解决纠纷很有必要。对基本法的司法适用加以类型化分析并适当地分离解释者与适用者的角色，有利于理解争议的法律本质，促进双方的方法论融合。

关键词：　香港基本法　司法适用　普通法　终审法院　基本法解释

新的摘要不仅考虑到文章的读者多是内地人，调整了叙述的角度，还从内容上清楚地呈现了作者的观点和研究价值（说明了问题产生的原因和实质、不同的适用方法产生的影响，最后还说明这一研究的重要意义）。

文章的摘要是一篇文章精华的浓缩。我在《中国法学》2017年第1期上发表的论文，第一稿的题目是“行政法规的法律根据”，摘要和关键词如下：

摘要：对于国务院“根据宪法和法律”制定行政法规的内

涵，亦即行政法规是否需要法律的根据，学理上聚讼纷纷。鉴于全国人大及其常委会行使国家立法权，作为其执行机关的国务院缺乏民主正当性，国务院应当根据法律，而不得直接根据宪法制定行政法规。作为根据的法律应是立法机关制定的一般性规范，具有法规内容的法律都应当具备法律的形式。随着立法机关地位的强化，法律事项的范围也在扩大。对于法律的专管事项，国务院必须在有专门授权时才能制定行政法规；对于竞管事项，国务院只能在法律制定之后制定执行性的行政法规。我国应当确立法律的法规创造力原则，理顺法律与行政法规的关系，维护立法权—行政权的宪法构造。

关键词：行政法规　法律　法规　独立命令　法律的法规创造力

写完这一稿的摘要之后，自己有点失望，原来这篇论文就是解决这么一个实际问题，提出这么一个主张啊。于是，推倒重来，四易其稿，最终以《论法律的法规创造力》为题，将摘要和关键词修改如下：

摘要：立法机关与行政机关在立法上的权限分配是一个经典课题，不同的宪法体制可能有不同的解答。在行政机关缺乏民主正当性、且定位为立法机关的执行机关时，不宜承认其可以直接依据宪法制定法规范。法律的法规创造力原则主张，凡含有法规（法律事项）者，均由法律创造。随着立法机关地位的强化，法律事项的范围也在扩大，法规的界定亦随之扩张。从我国宪法而言，应将一般性规范作为判断法律事项的标准。国务院只能在宪法规定的职权范围内根据法律制定执行性的行政法规，或者在法律的专门授权时制定补充性、创制性行政法规。如此，方能在人大制度之下理顺法律与行政立法之间的关系，维护发端于人民主权的自上而下的法秩序。

关键词：行政法规　行政立法　民主正当性　一般性规范

新版的摘要明显表明，这篇文章是在解决一个原理性问题，将自身的研究置于一个更为一般性的背景之下。由此也接续上了之前的依法律行政研究。这一经历也让我真切地感受到摘要的重要性。

摘要因为是对全文的高度概括，故而应十分简洁，但即便如此，也要注意摘要的可读性和明白性，注意摘要与论文标题之间的关系，要让读者从摘要的表述中较为清晰地理解所要论证的论题。也就是说，不能过分注重对论文内容的提炼，而忽视了摘要自身的通畅明白。

（二）关键词

论文的关键词是文章中的核心概念，是支撑全文的关键术语，也是便于让别人搜索到本文的重要手段。通过关键词，我们就可以知晓文章所涉及的问题点。几个关键词贯穿起来，甚至就可以支撑起文章。

关键词应当是法律概念或法学概念，“变革”“制度化”“属性”“思考”等日常用语是不大可能成为搜索的关键词的。过大的关键词也会缺乏辨识度，例如，“宪法”“行政法”“行政诉讼”

等可能就是如此。

举例来说，论文《党领导立法工作需要研究解决的几个重要问题》(《法学》2017 年第 5 期) 的摘要和关键词如下：

> 摘要：2016 年“中共中央关于加强党领导立法工作的意见”是一份十分重要的文件认真贯彻实施这一文件，需要研究、回答和解决一系列重要问题。坚持党对立法工作的领导，是不能动摇的政治原则党对立法工作的领导，在不同的历史时期，有不同的方式和特点。目前甚至今后相当长一段时间内，坚持文件确立的党领导立法工作的各种方式，十分必要。但从长远看，坚持党对立法工作的领导，必须改善党的领导，在实践中不断提升党领导立法工作的境界，改革完善党领导立法工作的方式方法。
>
> 关键词：立法工作　党的主体范围　性质　领导方式　长远方向

且不说摘要并未反映出文章的内容和问题来，单说这五个关键词，“性质”和“长远方向”都不是法学或法律术语，也不可能成为检索的关键词。

论文标题上的术语要不要进入关键词，也是可以讨论的。标题上的术语无疑是更为醒目的关键词，不列入关键词也是可以的。有时，只是为了关键词的周全性或体系性，也可以将标题上的术语列入关键词。在前述《行政活动法律保留的结构变迁》一文中，我最初就没有将“法律保留”列入关键词，当然，发表时还是加上了。

三、引言与结语

引言和结语是论文的开头和结尾两个部分，都很重要，但也有可能发生一定的混淆，故而，放在一起来加以说明。

（一）引言

引言，在学位论文里可能又被称作导论、绪论等。引言的定位是：界定问题，介绍写作缘由、写作难点、内容梗概或顺序，力争产生引人入胜的效果。引言有时能发挥类似于人物出场的定场诗效果。

这里举我的《论法治国家的安全观》一文的引言来作为示例：

> 安全是亘古通今的诉求，但却是在现代社会成为更加突出的现实问题。安全的威胁不仅来自物理性暴力的危险，更来自现代科技应用的风险；不仅有当地、当时、确定的威胁，甚至有全球化、跨世代、不确定的威胁；不仅来自同为私主体的其他个人和组织，还来自拥有公权力的国家和公共团体。吊诡的是，人们对安全的诉求越高，国家对安全的保障越充分，随之而来的却是自由空间的日益萎缩。安全与自由之间处于紧张关系，这是这个时代必须认真思考的问题。我们究竟应当追求什么样的安全、什么水平的安全？个人是

否对国家享有一般性的安全保护请求权？国家如何保障安全才能减少对自由的威胁？为了正确解决安全与自由的冲突问题，本文试图设定法治国家的背景，思考安全在公法上的适当定位。

引言部分一般不会长篇大论，所以，语言应当精练，最好能三言两语就界定清楚问题，在相关概念具有多义性时，更应明确。引言还应凸显问题的重要性，并对论文的视角和思路作一点说明，便于读者从总体上把握写作意图和大致的逻辑。如果只是说某某现象“存在诸多的理论难题”或者“构成实践向前发展的障碍”，则只能给人留下模糊的印象。作者的问题意识或者问题本身未必为其他人所共有，如果不能清楚地传递出来，就不能很好地将读者带入作者自己的问题脉络。论文的写作对于作者自身而言是一个论证的过程，对于读者而言则是一个沟通的过程，有效地沟通应当成为作者的一种明确的意识。

通常的写作是会从头开始的，也就是说，作者一般一上来就会写论文的第一句话，写出引言。不过，因为引言本身有特别的地位，所以，论文从正文开始写也是合适的，也就是说，先写具体的主体内容，再回过头来写引言。当然，引言部分无论在何时撰写，都应当在整个写作过程的最后阶段作出重新审视和修改。

引言的长短并无定数，大致与正文长短成正比为好。期刊论文中，引言可以作为单独一部分，也可以直接以一个自然段的形式置于正文之前。超过两段的引言，可以加上“引言”的标题，当然，“引言：……”之类的标题会更有助于所述内容的集中。

引言中是否一定要有文献综述？学位论文的导论中应当含有

文献综述部分；其他论文要有文献综述，但未必在正文或引言部分明确列出。另外，研究方法如无特别之处，可以不必在引言中提及，当期刊论文字数有限时，更是不容易有篇幅去叙述研究方法。论文如果运用了特别的方法，例如访谈等经验性方法，那就要介绍样本的选取标准和访谈的时间、地点、对象等必要事项。

有的论文在引言之前还会加上一句题记。古时的诗词歌赋有时会在题目之下作出少许说明。不过，现今的学术论文在题目之下加上的题记，往往是一句名人名言或者一句能概括表达文章意境的话，例如，张维迎和邓峰的《国家的刑法与社会的民法：礼法分野的法律经济学解释》（《中外法学》2020年第6期）就有题记："中国人最深刻了解、最精心培育、最致力完善的东西是道德和法律。——伏尔泰"。好的题记的确会增添文章的色彩，但题记自身往往是精彩的话语，甚至带有文学性（有时甚至是一句歌词"长大后我就成了你"），与学术论文的严谨性并不合拍。找到一句合适的题记并不容易，与其花时间在题记上，不如好好打磨文章自身。

（二）结语

结语的定位是：总结全文，并对论文的主旨作适当升华，或陈述实现论文主旨的所需环境条件或困难之处，让读者在更为宏观的背景下理解全文，把握方向、脉络，应有一览众山小的功效。

所以，结语基本上是由总结和展望两部分构成的。结语不宜过长，不能造成"尾大不掉"的印象。结语的基调是客观定位自身，不宜拔高，不宜过谦。结语对前文的分析论证或主张，应当准确把握其射程，亦即在什么条件下自己的分析论证才是成立的，在什么条件下自己的主张才能付诸实施。“总结”是对前文的归纳，以没有论证分析过程的方式呈现结论。“展望”可以是对相关主张可能前景的评估，处于前文研究的自然延长线上，而不是生硬的攀扯，更不是要表达美好的愿景。

结语要作总结，与摘要之间稍有重叠。摘要不仅是结论，也可能包括对全文论证过程的总结，而且摘要只有总结而无展望。摘要本身具有独立性，尽可能平实可读。而结语只是文章的最后一部分，仅仅读结语并不能知晓全文的基本信息。

四、正文与注释

正文自然是论文的主体部分，且正文中必不可少的是注释，故而，这里将两者放在一起作些说明。

（一）正文的结构

论文的写作中应当有清晰的问题意识，要明白自己希望解决什么样的问题。论文的写作应当始终围绕问题来组织材料和语言，先提出问题，再从多角度分析问题，最后在可能的范围内解决问题。

通常的论文都会有导论、本论、结论三个部分。导论介绍选题背景、选题意义、研究思路等，大致相当于前述的“引言”。结论总结基本观点、主要创新、存在不足等，大致相当于前述的“结语”。本论自然是全文论证的重点，通常是要指出问题，再作分析论证。对每一个问题都要给出其阶段性结论。至于其如何安排论证，将在本书下一章中予以介绍。

正文中所有内容（包括标题）都应当首行缩进两格，两端对齐，包括脚注。

（二）正文中的标题

现在的学术论文通常都有一万字以上，所以，论文的正文应当使用标题，将论文分成几个部分。正文各个部分的标题应当与论文的标题保持紧密的逻辑关联。举例而言，高仰光在《中国法学》2021 年第 4 期上发表了一篇关于法典化的论文。其最初的论文标题是《法典化及其历史进程中的三种叙事》，文中分成四个部分：

一、狭义的法典化运动：比较法学的叙事

二、广义的法典化运动：现代性的理论投射

三、长时段视角下的法典编纂：一个文化理论

四、结语：法典化在当代中国的价值

这是按照时间顺序对法典化的三种不同面向作出的阐释，最后思考了当代如何处理法典化的问题。但是，从大小标题来看，结构相对松散，表意也不甚清晰。诸如“法典化及其历史进程”其实就是“法典化的历史进程”，狭义和广义的法典化从标题来

看也是无法区分的。后来，他将论文的标题改作《法典化的历史叙事》，对各个部分的标题也作出了修改：

一、证成“民法法系”的法典化运动

二、投射“现代性”观念的法典化运动

三、作为一种“书写传统”的法典编纂

四、结语：法典化在当代中国的价值

新的论文标题更为简洁、含蓄，而各个部分的标题也更为明确，具有实际的内容。

正文中，有的作者在分成几个部分之后就不再细分，例如上面说过的《法典化的历史叙事》，这样做的好处是，可能保持写作的流畅。不过，我通常会建议，活用小标题，小标题之下通常至少有两段。小标题的好处是使某一部分的内在逻辑更为清晰，层次感会更清楚，也便于读者快速把握作者的思路，捕捉论文的关键信息；而且，有了小标题，也会约束作者的表达，使其不过于发散，不在某一点上“超常”发挥。

小标题应当具有实际内容，而不是仅仅按照逻辑设计。小标题尽可能是名词短语，只确定本部分的研究对象而不表达观点，要与上一级标题之间形成呼应。

我们写论文都是先有提纲的，但需要注意的是，写论文不是“填空”，标题之间应当有起承转合的说明。我的《行政活动法律保留的结构变迁》（《中国法学》2021 年第 1 期）一文的第三部分之下是这样过渡的：

三、权力结构变迁中的法律保留范围

在法律保留的基本内涵和宪法基础大致清晰之后，便要确定法律保留的范围，亦即什么样的行政领域或事项要保留给法律来规定、什么样的行政具体行为需要获得法律的授权。这一范围的确定，不仅涉及议会与行政之间的关系，也关乎人民在国家中的地位。鉴于近些年来国内主要是在介绍德国的法律保留理论，而中国早期却是从日本引入法律保留理论的，下面拟简要梳理日本的相关理论脉络。当然，日本与德国具有较大的相似性，在法律保留上大致经历了两个阶段的变化（从君主立宪到国民主权），出现了三类代表性的倾向。这可能也显示出法律保留范围与其背后权力结构变化的规律。

（一）侵害保留说：自由主义之下立法对行政的控制

…………

（二）全部保留说：国民主权的逻辑推演

…………

（三）侵害保留说的扩容：国民主权下立法与行政的功能定位

在法律保留的范围上，侵害保留说相对有限，而全部保留说则显得并不现实。于是，在这两端的中间地带就有了诸多的理论尝试，其中较有影响力的是权力保留说和重要事项保留说。但总体上，侵害保留说仍在判例和实务上维持着通说地位，各种理论尝试都维持了侵害保留说的基本要求。

1. 权力保留说

…………

有不少作者可能忽略“三、权力结构变迁中的法律保留范围”和“（一）侵害保留说”之间的这一小段文字。它一方面对前文的内容稍作总结，另一方面提示了下面的内容。如果没有这一段文字，读者未必能知道下面按照历史顺序选取了三个代表性的观点，只能靠下面的三个小标题（一）（二）（三）来猜测作者的意图。而这一段看似无用的说明，却让读者能迅速理解下文的安排。这就是这种过渡性文字的第一个作用：承接上文，提示下文。在“（三）侵害保留说的扩容”和“1. 权力保留说”之间的这一小段文字，也对前文的两种主张稍作评点，并对下文有待展开的两者之间的其他观点作出了限定，我仅仅介绍其中的两种观点。如果没有这种限定，其实际上是不严谨的。而这种限定，也不是靠两个孤零零的标题就能清晰表达的。这就是这种过渡性文字的第二个作用：承接上文，限定下文。另外，过渡性文字还有一个作用是，先给出总结或结论，再展开分析论证。这对于读者来说是较为友好的做法。

（三）正文的文字表达

论文的表达要通顺流畅。法学论文的语言应当注意准确性与明白性，使用明确的语言，尽量避免文学性的表述。灵性的语言不是谁都能有的，与其使用灵性上不去的语言，不如清清楚楚地讲道理。

举例而言，《共和国六十年法学论争实录·行政法卷》（厦门大学出版社 2009 年版）第二专题是“中国行政主体理论论争”，其各部分的标题是这样的：

一、引子

二、踏破铁鞋无觅处，得来全不费工夫：中国行政主体理论应运而生

三、忽如一夜春风来，千树万树梨花开：中国行政主体理论论争的社会背景描摹

四、破立辩驳齐争鸣，利弊得失自权衡：中国行政主体理论论争实录

五、一石激起千层浪，渐行渐远意犹长：司法实践对行政主体理论的回应及引发的争论

很显然，作者在语言上十分用心，不仅想出了四句漂亮的语句，还能使其大致齐整。不过，“踏破铁鞋无觅处，得来全不费工夫”等语句能否准确传递冒号后面的内容意思，是有疑问的。“破立辩驳齐争鸣，利弊得失自权衡”“一石激起千层浪，渐行渐远意犹长”也不是诗句，与“忽如一夜春风来，千树万树梨花开”难以搭配。

在术语上，优先使用约定俗成的概念、既有的概念，在法学术语与法律术语可以实现一致时，优先使用法律概念，可以节约沟通成本。诸如，有人受我国台湾地区用语的影响使用“基本权”，但是，“基本权”在大陆很少使用，甚至在民国时期都很少使用，使用现行宪法上的“基本权利”显然更好。再如，同样是受我国台湾地区用语的影响，有些人会使用“法治国”的概念。但这一概念实际上不如“法治国家”这一概念更清晰地呈现出国家与“法治”之间而非与“治国”之间的关联，而且，现行宪法上也使用了“法治国家”一词，故而，“法治国家”还是优于

“法治国”。当然，有时基于表达习惯和语感考虑，与其他限定词一起使用“法治国”也是可以的，诸如“形式法治国”“自由法治国”等。如果用“法治国家”来改述“形式法治国”，那么，“形式性法治国家”在语感上会更好。

论文中应尽可能使用中性的语言，慎用比较级，特别是最高级的表述；慎用感叹语气和感叹号。论文不应滥用“完全”“绝对”“毫无”“彻底”“截然”“根本”“全部”“最终”“一切”“极为”等极端性修辞或夸张性语言，多数极端性修辞都难以成立。论文应尽可能避免词汇的贫乏，尽量少用“易言之”“换言之”“也就是说”“我认为”“本文认为”“进一步来说”“申言之”“如果……的话”等口头语、习惯用语。“因此”“所以”等词亦不得滥用，其实可能并不存在因果关系。不要不知道再说什么的时候，就用“故而”等总结性连接词结束。类似的还有“但是”，有的论文中反反复复出现“但是”，但未必有那么多转折关系；有时甚至在一句话里出现了两个“但”或“但是”，这就可以让读者瞬间晕头转向。之所以会出现这种连用转折的语句，可能是因为实际情况就是复杂的，但作者没能以清晰的语言清楚地表达出情况的一层又一层关系。书面表达的语言需一句一句说，这与口头表达是有差别的。对话时即使表达不甚清楚，也可能让身处对话环境中的人大致明白理解。

好的文章多是经过多次修改而成的，反复打磨文字，让语句准确、简洁、有内容，是非常必要的。我们自小就知道贾岛“推敲”的故事。据说大文豪欧阳修写完文章之后也是喜欢请人提意见。他写完《醉翁亭记》之后，就命人贴到外面，希望行人帮助他修改和提意见。文章写道：“滁州四面皆山也，东有乌龙山、西有大丰山、南有花山、北有白米山，其西南诸峰，林壑优美……”一位老樵夫看到后觉得啰唆：“我砍柴时站在南天门，大丰山、乌龙山、白米山还有花山，一转身就全都能看到，四周都是山！”欧阳修听后随即把原文修改为“环滁皆山也”五个字。我们在论文写作完成之后，可先冷静处理，后修改润色，再请三五好友提修改意见，这些都是十分重要的步骤。

（四）注释

注释是以注脚的方式对词句所作的解释说明，大致存在两种注释。一是内容型注释，即不便或不必在正文中论述的简要说明。例如，正文谈到某法律条款的问题，但该条款之后有变化，且不影响所述问题的分析必要，这时可以作注释说明其后的变化。写作时应当克制这种内容型注释，以避免文章有冗余的信息。

二是来源型注释，即提供简洁、必要而完整的引用信息，表明正文所引词句的来源出处，便于读者进一步查证或延伸阅读。不过，我们需要了解引用的目的何在。早期写作常是将某人的语句作为名人名言引用，在阅读时也可能摘录这种语句。在学术论文的写作中，引用这种语句也是可以的。但更重要的是，引用重要观点，这是分析或批判的对象。对于那些不常见的事实、统计等，也应当加注说明。如果是引用论证思路，那就需要慎重了。如果整篇文章的论证思路都是他人的，那还是放弃这篇文章的写作，好好学习他人的著述吧。

有特色性内容的引用，必须注释。注释应以必要为限。对并无特色的表述、寻常的事实等都不可动辄作注释。相关性注释也应克制，例如，正文在论述某种制度时提及某个概念，就没有多大必要加注说明“有关‘……’的研究，参见……”。引用时少用二手文献。每一个文献资料都有其存在的上下文，也就是有一定的语境、背景和适用条件；引用时，应尽可能恰如其分地放在其原本的地方或者近似的语境中。在使用二手文献时，因为一层层的转换，可能造成意思的变化或稀薄化，所以，很难再做到“恰如其分”了。

注释有当页之下的脚注（或本面注）和列在文章最后的尾注（或篇末注）。从便于阅读的角度来说，脚注更好。论文标题、摘要、关键词部分都不可以有注释。对一句话的注释是在标点符号之后（……,①……），对一词的注释是在该词之后（……“♯♯”①……），但多为前一种注释方式。有大段引用时可左右侧缩进两个字符，以楷体表示，甚至要上下各空一行。例如，我的《民初行政诉讼法的外国法背景》（《清华法学》2015 年第 2 期）有一些引用就是这么处理的：

1914 年 7 月 3 日，特派员张名振代表政府就《行政诉讼法案》作出说明：[1]

> 政府根据约法第八条“人民依法律所定有诉愿于行政官署陈诉于平政院之权”，故提出此种行政诉讼法案。大概行政诉讼法除英美之外欧洲大陆诸国均有此种制度。本员将提案大旨略为说明……第三章规定行政诉讼之程序，大概采取

① 《参议院代行立法院会议速记录》（第 1 册），第 2～3 页。

普国制度兼采日本制度。盖以行政诉讼法，以普国为最发达……提案主旨大致如此。请贵院讨论。

该法“采取普国制度兼采日本制度”，同时又吸收中国的传统，设立肃政史提起行政诉讼的特别规定……

因为已经以缩进、楷体等方式突出引用，所以，无须再加双引号来表示引用。而且，需要注意的是，内容应当足够重要，才需要如此醒目地出现。

与注释相关的是引用材料的方式。直接引用是在正文里直接录入材料，以双引号特别标注，在注释时不写“参见”。直接引用的内容应当与原文完全保持一致，如果原文有文字缺漏或错误等，可以括号引者注的方式加以说明。直接引用的方式可以原汁原味地传递材料的内容，但可能妨碍行文的流畅，让自己的论文变得“混了味儿”。间接引用是在正文里以自己的语言转述材料内容，不以双引号特别标注，在注释时加上“参见”二字。这种方式可以使材料很好地融入自己的文章，但转述或者“转译”也很难准确地传递材料的意思。一般而言，应以直接引用优先，在直接引用明显影响阅读时，可以间接引用。在专门研究某问题时，其直接相关的材料应以直接引用为宜；在一般性研究涉及某问题时，该问题的相关材料可间接引用。①

① 历史学者严耕望曾指出：通论性的文章当以作者自己转述为主，尽可能少抄原料，除非原料极其重要而且简要。专门研究性论文则以录引原料为原则，自己转述只作辅助，而且只限于不太重要处。参见严耕望：《治史三书》，上海人民出版社2011年第2版，第76页。

五、附录与参考文献

附录和参考文献都是正文之后的材料和说明。期刊论文一般没有附录和参考文献，但学位论文、图书中可能有这些要素。

（一）附录

附录是附在文章之后与正文相关的必要材料。诸如，案例整理目录、一般难以查询的资料、正文中调查结论所依据的调查问卷等。这些材料可能是用来辅助说明正文的内容的，但应以必要为限，要与正文具有很强的关联性，否则没必要放在文章之后，浪费纸张，占用读者的时间。在图书著作之后，可以附录必要的相关论文。

在著作的正文之后，现在可能还有索引、初出一览等。索引是检索相关信息的一种工具，国外的著作中较为常见，国内的著作也渐渐有所使用。索引主要有事项索引，即以重要的法学术语作为关键词作出索引；也有人名索引，还有判例索引。当然，也有将事项和人名放在一起的综合索引。对于读者而言，可以通过索引寻找自己感兴趣的内容。“对著者而言，编制索引无疑也是对文章的最后推敲和校正，是检视所用术语、概念、论点及其相互关系是否恰当的最后机会。”①

① ［日］冈本隆司、吉泽诚一郎编：《近代中国研究入门》，袁广泉、袁广伟译，当代世界出版社 2022 年版，第 21 页（冈本隆司执笔）。

而初出一览或首发一览则是列出组成该书的若干论文的首次发表情况。我的《行政裁量的构造与审查》（中国人民大学出版社 2016 年版）、《依法律行政：行政法的基础构造》（法律出版社 2025 年版）中均有初出一览。这或许有炫耀此前的发表情况之嫌。但看到初出一览，我们就能大致知道该书的形成过程，甚至也能通过发表的时间了解写作时更多的背景。

（二）参考文献

参考文献是写作过程中参考、引用过的文献列表。学位论文要求有参考文献，期刊论文一般不要求有。

参考文献原则上仅限于文章注释中出现过的著作。参考文献应当按照著作、文章（中文、外文）分类，并按照作者姓名的音序或出版时间的先后进行排序。有的人按照重要性排序，这种主观性过强，不甚可取。

法规、案例、网站、数据库、新闻等通常都不会被列为参考文献。不过，如果案例较多，将其制作成索引，也是便于读者查阅的。

使用参考文献的理想方式是，正文出现的文章仅为缩略的形式，参考文献则是完整的版本，如此，也可以使正文的引用较为简洁，参考文献也有不同于正文引用的文献的存在价值。

第 14 章 论文的分析论证

学术论文区别于其他文体的最大标志就是论证。为了使论文的结论成立，必须展开充分的分析论证，增强论文结论的合理性和说服力。

一、论证过程

论文之所以是论文，最重要的标志是有论证。没有论证，那就只是抛出论断，这很难令人信服，也很难进行有意义的辩驳。

（一）论证目的

在写作之前已经备有大量的材料，这些材料如何使用，很大程度上取决于论证目的。在材料与论证目的之间的关系上，自古至今其实都大致存在两种大的类型：一种是“我注六经”，另一种是“六经注我”。前者以“经”为主体，“我”的任务就是准确地阐释“经”；后者以“我”为主体，“经”是阐述“我”的思想的注脚。如果用现代的术语来说，或许可以说：一类是学术，做学者，采用体系思维；另一类是思想或政策，做思想家或决策者，采用问题思维。做学术研究，就不能天马行空，而要注重学术脉络的厘清，讲究人与我的关系。一代代学者前仆后继，在前人努力的基础上推进相关的研究。做思想研究，可能就不完全受这些条条框框的限制，以我为主，万物皆备于我，一切为我所用，可以容许“创造性转化”甚至“创造性误解”。

上述两种类型很难说有优劣之分，没有各种经典的烂熟于心，也很难为我所用，很难自成一体，实现理论的飞跃和创造。“问题思维者也不会完全忽视体系——问题通常在体系的背景下才能被清楚地表述出来和最终解决；反之亦然，体系思维者也不可能完全排除从问题中产生的丰富或修正体系的灵感。”[①] 在写作时，我们有时也很难分得清这两种类型。但有一点肯定的是，作为初学者，我们必须学会“我注六经”，否则一定会被评价为“野路子”，或者被嘲笑为“民科”。作为社会科学，法学饱含着人类的经验，不仅有实践中的做法，也有前人不断的探索。做研究，应先摸清家底，而不奢谈贡献，在已有经验的基础上再努力推动点点滴滴的进步。

（二）思考过程

写作既要讲究展现给读者的外观，也要注重层次分明的内

① ［德］克劳斯-威廉·卡纳里斯：《法学中的体系思维与体系概念：以德国私法为例》，陈大创译，北京大学出版社2024年版，第144～145页。

里。写作犹如建房，首先是选址（是否符合规划），其次是设计，再次就是选材、建设，最后还需要装修。写作的外在过程大致包括选题—提纲—撰写—修改—核对文献，这些可以看得着，可以用时间节点来确定。而写作的内在过程是使用论据对论点展开论证的过程，它看不见摸不着，只是呈现为最终的文本而已。

学术论文需要先提出问题，形成论点，再围绕论点选择论据，展开论证。论点是作者的观点，是需要证明的判断。论点指导论据的选取，论据应当能够证明论点，应当适当且充分。论证就是运用论据证明论点的方法和过程，要将论据与论点之间的关系讲清楚，并且以合乎逻辑和事理的方式明白地呈现出来。

这里谈几点值得注意的内在过程。首先是体系化的思维。一方面，要明确自身的研究属于何种体系，在体系中居于何种地位。另一方面，要努力使自身的研究体系化，要将问题的方方面面都要考虑周全，形成逻辑自洽的体系。这样，就可以尽量避免一叶障目，不见泰山的问题；尽量避免以己之矛，攻己之盾的窘境。

其次是类型化思考。我们在收集资料时可能发现了很多的资料，在思考问题时可能发现了很多的问题。这时需要将其按照一定标准予以类型化。一者可以避免碎片化，二者可以不同的类型呈现出问题的多面视角，展现问题的复杂性和有趣性。

最后是提高一级的思维方式。与上述两种思维方式相关，在思考某一问题时，可以形成一种习惯，设想一下该问题的上一级问题是什么，然后再俯视所要研究的问题。站在更高的位置来思考，不仅可以发现研究的枝蔓和可能的漏洞，也可以提升所要研究的问题的格调。

（三）论证结构

论文，特别是本论部分的重点在于论证。论证应当有条理，有逻辑，有层次，有结构。论文展开的最佳方式无疑是按照问题自身展开的样子，层层递进，环环相扣，绵延不绝地展开。举例来说，本书第 3 章第三部分涉及过法律漏洞问题，卡纳里斯在《法律漏洞的确定》一书第一章分析了“法律漏洞的概念”。[①] 他首先在“导言”中指出了概念构建的方法，既要注重普遍的语言用法，也要注重其特殊的法学任务。法律漏洞的普遍用法是违反计划的不完整性，而其法学上的特殊任务在于作为在法律之外发现法的前提，后者是关键。接着分为两节：第一节澄清法律究竟何时不完整，换句话说，与依据法律发现法的界限位于何处。他区分了漏洞与类推、需具体化的法律概念、与习惯法的关系，其结论是“漏洞是实证法（在可能文义界限之内的法律以及习惯法）违反计划的不完整性”。第二节是研究从何种观点出发去确定已查明的不完整性具有违反计划性，也就是说，评价标准应该是什么，与原则上不被允许的违反法律的发现法的分界线经过何处。他区分了漏洞与法外空间、反面推论。其结论是“漏洞是实证法（在可能文义界限之内的法律以及习惯法）中以有效的整体法秩序为标准的违反计划的不完整性”。层层限缩，概念得到

---

① ［德］克劳斯-威廉·卡纳里斯：《法律漏洞的确定：法官在法律外续造法之前提与界限的方法论研究》，杨旭译，北京大学出版社 2023 年版，第一章。

界定。

但并不是对各种问题的研究都能有那么集中而绵密的分析，有时候可能是总—分—总结构，亦即总体上提出问题，再将其项下的几个问题分别分析，最后总结并解决问题。

在本科毕业论文和硕士学位论文中，有一些常见的结构安排，虽有合理之处，但仍有改善空间。

（1）现状—提出问题—分析问题—解决问题。

这种论文结构安排在硕士学位论文中较为常见。毫无疑问，这是一种合乎逻辑、问题意识清晰的结构。但这种结构安排适合对每一部分的写作，不宜作为四章来设计。

举例而言，论文《药品注册的行政合法性研究》除序论和结语外，正文提纲如下：

第一章 （发现问题）合法性原则运用的现状及存在问题

一、行政职权法定

二、行使职权合法

三、行政程序合法

第二章 （分析问题）问题成因及国内外经验借鉴启示

一、原因分析

二、国外经验借鉴

第三章 （解决问题）加强药品审批合法性的建议与对策

一、厘清工作部门职责

二、完善法律体系建设

三、及时有效公开信息

四、优化简化工作流程

五、提升监管队伍能力

六、调整收费引导注册

上述结构固然有其逻辑，但论述分散，同一个问题会在三章中都反复出现。在具体问题的分析上，因为要考虑到各个章节之间的安排与篇幅的平衡，也会出现欲言又止的问题。有时前文提出的问题在后文没有给出适当的对策。这种结构安排不如将发现的问题归纳总结，各作为一章分别阐述。上述三章设计可作如下调整：

第一章　药品注册的法律制度概述

第二章　药品注册的主体合法性

第三章　药品注册的实体合法性

第四章　药品注册的程序合法性

其中，第二章至第四章其实是药品注册合法性的三个主要方面，也就是按照主体合法性、实体合法性和程序合法性展开。这种结构既能集中问题，也能突出重点，而且也能显现问题自身的内在逻辑。在这三章之下仍可以按照提出问题—分析问题—解决问题来展开分析论证，也就是说，在每一章中将问题、分析、对策都讲清楚。

（2）中国问题—国外做法—中国对策。

这种结构安排也较为常见，目的也非常清楚，那就是为中国的问题在中国之外寻找其他的办法。这种结构安排也饱受诟病，但并非一无是处，需要注意的是避免简单提出政策建议，具体将在本书后文的比较分析中再谈。

下面着重谈一下各种分析方法，各种分析方法的展开过程就是论证的过程。在写作过程中，可以根据自己的专长和所掌握的资料情况，灵活地运用各种分析方法，还可以综合运用各种方法，以期论证更为合理。

二、规范分析

所谓规范分析，是指以一定价值判断为基础对某种现实或做法的应有状态进行阐述和评价。规范分析是法学分析最基本的方法。

（一）法律规范的分析

与其他领域不同，在法学领域，法律规范本身就是一种评价的标准，规范分析的一种理解就是对法律规范展开分析，阐释法条的含义。

具体而言，其中既有法条的分析，也有关键词的分析。例如，《行政诉讼法》第 6 条规定，“人民法院审理行政案件，对行政行为是否合法进行审查”。这一条被称作行政行为合法性审查原则。常见的分析包括审查行政行为而不审查行政立法，审查行政行为的合法性而不审查合理性等。

对法律概念的分析，也是近些年研究的一大特色。法律文本中，很多法律概念前后具有同样的内涵，但有的法律概念具有多义性。对于单义词，可以通过语义解释、历史解释、体系解释、目的解释等方法阐明其含义。例如，对于 2014 年修改《行政诉讼法》时增加的“明显不当”这一审查标准，何海波对于其体系定位，适用情形，当与不当、是否明显，如何判断，与其他审查标准之间的关系进行了解析，[①] 阐明了明显不当的内涵，为准确适用“明显不当”审查标准提供学理基础。对于多义词，在分析时要注意其复杂性，需要呈现出其多义性。例如，我和韩大元教授早期分析过宪法中的“法律”一词的含义，[②] 该文通过考察宪法文本中使用“法律”一词的各种语境，再进行类型化，分别分析其含义。

在对法律概念作语义分析时，不可忽视体系分析的重要性。任何法律概念都是在某一法律中得到使用的，它服务于法律的适用，故而，不能在分析某一法律概念的含义时脱离相应的语境，否则将妨碍法律的一体适用。促进体系中概念内涵的一致性或融贯性解释，是学术研究的职责之一。

（二）现实的规范分析

法的重要功能之一就在于评价。其一是将法律规范作为一种

---

① 参见何海波：《论行政行为“明显不当”》，《法学研究》2016 年第 3 期，第 70 页以下。

② 参见韩大元、王贵松：《中国宪法文本中“法律”的涵义》，《法学》2005 年第 2 期，第 42 页以下。

现实，依更高的法律规范或价值对其作出分析评价。例如，2006 年国务院制定了《诉讼费用交纳办法》(国务院令第 481 号)。首先，国务院有无制定的权限？该办法第 1 条声称根据民事诉讼法和行政诉讼法的规定制定。两部诉讼法规定，“收取诉讼费用”的办法“另行制定”，是否意味着国务院就有权规定呢？这里还要看《宪法》和《立法法》关于国务院立法权限的规定。其次，该办法中的规定是否合法？例如，该办法第 54 条规定，“价格主管部门、财政部门按照收费管理的职责分工，对诉讼费用进行管理和监督；对违反本办法规定的乱收费行为，依照法律、法规和国务院相关规定予以查处”。这就意味着价格主管部门、财政部门可以对法院收取诉讼费用的行为进行监管。这是否违背宪法有关审判权的相关规定？最后，该办法中的规定是否具有合理性？例如，该办法第 13 条第 1 款第 5 项规定，“行政案件按照下列标准交纳：1. 商标、专利、海事行政案件每件交纳 100 元；2. 其他行政案件每件交纳 50 元”。这一做法固然大大降低了提起行政诉讼的门槛，但从近些年出现的所谓“滥诉”的现实情况来看，这一规定明显不能发挥调节的效果。与认定为“滥诉”相比，运用阶梯式收取诉讼费用的办法更为可取。

其二是将行政活动作为一种现实，以法律规范对其作出分析评价。例如，在诸多城市管理中，单双号限行作为一种常态化的管理手段，对其既可以从有效性的角度进行质疑，也可以从合法性的角度进行质疑。从合法性方面而言，首先是措施的容许性问题。这里不仅涉及授权规定、授权采取措施的条件，还涉及授权的明确性。它通常涉及《道路交通安全法》和《大气污染防治法》的规定。《道路交通安全法》第 39 条是明确的限行措施的授权规定，但其针对的是“根据道路和交通流量的具体情况”，显然无法适用于常态化措施；《大气污染防治法》第 14 条第 1 款只是授权未达标城市的人民政府“采取措施”达到大气环境质量标准，授权缺乏明确性（2015 年修法时还删除了“采取更加严格的措施”的内容）。其次是措施的形式合法性问题。也即决定采取限行措施的主体是否具有法定权限，是否履行报批手续，是否征求专家和公众意见等。最后是措施的实质合法性问题。这里最常用的分析就是比例原则的审查：目的是否正当，手段是否有助于实现目的，有无其他侵害更小的替代手段，侵益与收益是否显失均衡等。这里也可以看到非法学的有效性分析也能被纳入法学的规范分析。

三、实证分析

所谓实证分析，是指排除规范价值判断，以法律的实际运行状况为对象展开分析。在行政法的立法渐趋稳定之后，实证分析就会增多，在论文的写作中也就有了更多的论据。规范分析与实证分析难分伯仲，规范分析固然有规范的力量和向下的压力，但没有实证的检验，也难以产生清醒的认识，其观点是难以落地的；虽然实证分析有数据的优势，表示了普遍的做法，但这也不代表规范，更不代表真理。两种方法可以相互结合，促进法学研究的精准和深化。实证分析有很多方法，下面着重介绍我们常见的两种。

（一）案例分析

在论文中使用案例，通常有两种作用。一是例证，即在阐述某种观点时引用某一案例，辅助说明某一观点在实践中得到了应用或证实。二是引出问题。案例中出现了难解的问题，产生了与法律规范或者理论观点的反差或对照。实证分析的方法通常是指前一种做法，即将实际的案例引入分析论证，加强论文观点的可信性和可行性。

但实践中的做法五花八门，既有证成的案例，也有反驳的案例，对同样的问题可能有各式各样的判决。有鉴于此，我们在使用案例时，如果是要证明某一观点，就应当优先选择权威性判决（最高人民法院公报案例、最高人民法院判决、最高人民法院指导案例、参考案例等），优先选择经过二审或再审的判决。因为在论文中无法详细介绍案例、完整引述判决内容，所以，我们在引用案例作分析时需要准确地把握，作出精准的介绍。

有时，我们还会用案例来归纳现状和现实中的做法，但因为有了归纳，也就有自己的加工。这时需要注意区分，自己是在归纳现状还是在陈述观点。如果是旨在归纳现状，说明一下自己介绍案例的目的为好。如果是旨在陈述观点，就需要对案例的判决作出一点评价。

在论文中还有一种使用案例的方法，那就是群案，乃至海量案件的统计分析。群案分析可以说是案例分析进入第二阶段时出现的。在中国裁判文书网启用之后，大量的裁判文书可以直接被查阅，统计分析出现了。统计分析应遵守统计学的基本规则，需要具备相应的知识技术。在不具备相应技术时，自然不能手动去作大数据分析，这既不准确，也没有必要。如果统计分析只是验证了常识，那么这也缺乏足够的存在意义。

（二）调查访谈

通过访谈调查、问卷调查等方式获得实证材料也是常见的方法。调查人员向调查对象提问、对话，或者由调查人员将问题制成问卷，让调查对象填写，获取调查对象对所问问题的意见和看法。这种方法属于社会学方法，也有一定的专业要求。

从1991年年底开始，在行政诉讼法实施后不久，已届耄耋之年的龚祥瑞带领青年教师和一批研究生编写了五类调查问卷（对象分别为法官、行政机关工作人员、律师、原告、普通公民），通过发放问卷、分组座谈、个别谈心、通信往来等多种方式，对行政诉讼法的实施现状展开调查，最终形成了《法治的理想与现实：〈中华人民共和国行政诉讼法〉实施现状与发展方向调查研究报告》。[①] 虽然该书在研究方法上遭到严厉的批评，存在统计数字漏洞百出、百分点统计不能预测趋势、问卷混淆了实然与应然、先入为主的循环论证等问题，被称作"失范的典型"，[②]

---

① 参见龚祥瑞主编：《法治的理想与现实：〈中华人民共和国行政诉讼法〉实施现状与发展方向调查研究报告》，中国政法大学出版社1993年版。

② 参见冯象：《法学的理想与现实——简评龚祥瑞主编的〈法治的理想与现实〉》，载冯象：《木腿正义》，北京大学出版社2007年增订版，第78页以下。

但是，该书作为早期的尝试，仍生动形象地展现了行政诉讼法的最初实施状况，龚祥瑞也在该书后记中写道，“活的法律将在生息繁衍中永不止息”。此后，2014 年北京大学出版社出版了林莉红主编的《行政法治的理想与现实：〈行政诉讼法〉实施状况实证研究报告》。该书在研究方法上已有很大进步，选取了法官、民众、行政机关工作人员和律师四类群体，采用问卷、访谈、抽取两年判决书内容分析的调查方法，对 1989 年《行政诉讼法》实施二十多年后的状况展开了全面考察。

四、比较法分析

比较是确定不同对象之间的相同点和不同点的工作。比较法分析是指比较中国法与域外法的异同，寻找问题解决的对策。

（一）外国法研究

比较法分析首先要有外国法研究，或者说外国法研究是比较法分析的第一步。没有准确的外国法知识，也就无从比较。实际上，中国行政法学是从学习外国行政法开始起步的。中国行政法学界对外国法的研究主要集中于英美德日法五国，美德日尤多。外国法的知识可以为我们提供另一种可能性，可以让我们更了解本国法的特别之处。外国法研究不足，可以说是中国行政法学研究长期存在的问题。中国行政法学的形成和发展都离不开外国法的给养，即便中国行政法学要发展壮大，也不意味着可以只研究中国问题而放弃对外国法的研究。外国法研究大致可以分成以下两类。

1. 外国法制度研究

法律制度的研究是外国法研究的基础和重点。具体制度的研究不能脱离大的制度背景，不能脱离整体的国家权力结构关系。相对而言，事前的实体法和程序法制度研究容易开展，而诉讼法制度的研究因彼此关联而有一定难度。作为一个中国人，在研究外国法制度时，可以客观地进行描述、分析，重点在于理解，而不在于提出批评或改革建议。

2. 外国法原理研究

我们往往是通过外国法的著作、教材、论文，学习和了解外国法知识的。外国法原理是外国法所包含的原理，往往也是通过著作、教材、论文阐明的。作为一个中国人，我们即使读过某国的法条或者判例，常常也难以真正理解它。这时，需要相关的学理阐释来帮助我们理解。此时的外国法原理发挥着指引法律方法的向导作用。揭示出某些法律制度所包含的原理、一般性方法，是外国法原理研究的重要任务，它对于本国法的意义远胜于具体的法律制度和规则。外国法原理具有一定的独立性，甚至可能具有一般性。

（二）比较法分析的进路

在中国行政法学逐渐成熟之后，本土化意识日益增强，有的甚至认为，通过关注和提炼中国的立法、司法和行政管理实践，即可发展出中国本土的行政法学，显示出对比较行政法的轻慢。但是，如不注重对比较行政法的研究，即使对中国行政法实践进行“深描”，之后的分析和解释也多缺乏学术厚度，学理阐发有时会蜕变为对法条、判例的重述乃至同义反复。① 行政法的比较分析或者比较行政法在中国行政法学的形成、成长和发展过程中都发挥着重要的作用，也必将在中国行政法学的成熟化道路上继续扮演重要的角色。

1. 比较法分析的目的

比较法分析的目的在于寻找参照系，加深对自身法制特点的认识。我自己在过往的研究中，大致在以下三种意义上来使用比较法分析的方法。

第一种是渊源关系。在中外法学的关系上，很少有哪个国家的法像日本法、苏联法那样对中国法影响深远。在很大程度上，日本行政法可以说是中国行政法的源头，清末民初，我们大量学习了日本行政法，并借助日本行政法了解了大陆法系行政法。这种影响持续至新中国成立之前。新中国成立之后虽然我们短暂偏离了过去的轨道，一边倒地接受苏联行政法学，但改革开放之后不久又接续上了过去的传统。很难有哪一个国家像日本这样，能在行政法上与中国存在较为明确的渊源关系。② 我经常会在源与流的关系上讲到早期的日本行政法学，例如谈依法律行政原理的

① 参见宋华琳：《中国的比较行政法研究：回顾与展望》，《中国社会科学评价》2020 年第 3 期，第 77 页。

② 参见王贵松：《中国行政法学说史》，中国人民大学出版社 2023 年版，第 513 页。

移植,[①] 研究行政强制措施的谱系,[②] 等等。

第二种是经验素材。虽然经常被诟病的论证方式是“中国存在什么问题—外国怎么样—中国应该怎么改”，但这仍然是十分经典的路径，外国法的经验仍然是十分重要的，需要避免的无非是让外国法与中国法直接对接。能准确地介绍外国法的内容，本身就是一种贡献。有时，我们自身有相同的问题，却并没有足够的解决或应对的办法。这时作为一种经验学习，介绍外国法的做法是可取的。我自己就专门介绍过日本的伊方核电行政诉讼，考察其对安全性方面专门技术性判断或者说安全性行政判断的司法审查。[③] 有时外国法就是一面镜子，比较法分析是一条观察本国法、了解本国法的捷径。比较两者之间的差别，也有助于认识我们自身的特性，找到可能存在的问题。我曾经比较过中国最高人民法院关于关某春案的判决与日本文殊核电行政诉讼的判决，由此发现两者在原告资格判断上的不同。[④] 比较法分析可以扩充解决问题的“武器库”，刺激对本国法问题的思考，激发更好的批判和研究。

第三种是分析框架。因为外国行政法有较为丰富的实践和研究，我们可以总结出其中的内在逻辑，为自己的研究提供分析框

---

① 参见王贵松:《依法律行政原理的移植与嬗变》,《法学研究》2015 年第 2 期，第 80～98 页。

② 参见王贵松:《行政强制措施的谱系》,《清华法学》2022 年第 6 期，第 64～78 页。

③ 参见王贵松:《安全性行政判断的司法审查——基于日本伊方核电行政诉讼的考察》,《比较法研究》2019 年第 2 期，第 131～142 页。

④ 参见王贵松:《风险规制行政诉讼的原告资格》,《环球法律评论》2020 年第 6 期，第 159～173 页。

架。囿于语言的限制，我自己没有办法总是把源头追溯至德国法，即使可以借助日本法了解、介绍德国法，那也是有风险的。所以，我现在会相对限缩自己分析的范围，比如在研究法律保留时，仅仅谈了日本法的演变。日本行政法学上对于各个时期的法制实践和学说理论状况有很多研究，不仅有其自身的特色，也因为既有君主立宪到国民主权的制度转换，君权主义与自由主义的思想冲撞，种种不同的制度实践，故而，可以加以归纳总结，提炼出分析框架和考虑因素。[①] 也就是说，试图从日本法的多种个别实践中总结出一般经验。如此，也就有可能将一般经验再适用于对中国个案的分析。

2. 比较法分析的要求

真正的比较法分析最好是这样进行的：作者首先在各国报告中说明外国法的主要资料，然后将这些资料作为研究的真正核心继续进行深入的比较，最后作为这种比较的结果，进行批判性的法律政策的考察或者得出关于本国法律的解释的结论。[②]

比较法分析的对象主要是法律秩序，而非学说理论。比较法分析既有宏观比较，也有微观比较。宏观比较是对不同的法律秩序的精神和样式，以及它们通常使用的思想方法和操作法的比较。微观比较是比较各个法律制度或者法律问题，进而比较那些在不同的法律秩序中用以解决一定的具体问题或一定的利益冲突

① 参见王贵松：《行政活动法律保留的结构变迁》，《中国法学》2021 年第 1 期，第 124～144 页。

② 参见［德］K. 茨威格特、H. 克茨：《比较法总论》，潘汉典等译，法律出版社 2003 年版，第 9 页。

的规则。我们常常必须同时进行这两种比较，探究为什么在某一外国的法律秩序中某一问题是这样解决的而不是那样解决的。要理解这一点，就必须一同考虑那些具有决定意义的规则由立法者或者法院创制和发展的过程，以及它们在实践中是怎样被贯彻执行的。要使微观比较富有意义，必须重视比较的规则在外国法律秩序中的一般制度环境。① 比较法分析既有静态制度的比较，也有动态实施的比较，两者应当结合起来，例如：在比较相关法律规定时，不能忽视实际判例可能对法律规定理解的改变；在比较研究判例法的变化时，不能不注意到实定法的规定。

比较法分析需要超越单纯的规则比较，重视对规则的发展演变、实际运行及其制度背景的研究。行政法关乎国家的权力体制、政府与社会的关系等结构性要素。这就意味着它比私法更多地受到超法律因素（如经济社会发展阶段、政治体制、历史传统、意识形态以及社会压力）的影响。②

比较法分析应当更注重问题而非术语。在进行行政法制度比较时，有时我们可能无法知道外国法上所使用的术语，找不到相应的制度。这时，我们应当分析某种制度所要解决的问题，再看外国在处理这种问题时所采取的办法。“不同法律秩序的比较可能性是基于法律需要的同类性质。”③ 各国所面临的问题可能是共

---

① 参见［德］K. 茨威格特、H. 克茨：《比较法总论》，潘汉典等译，法律出版社 2003 年版，第 6～8 页。

② 参见李洪雷：《中国比较行政法研究的前瞻》，《法学研究》2012 年第 4 期，第 31 页。

③ ［德］K. 茨威格特、H. 克茨：《比较法总论》，潘汉典等译，法律出版社 2003 年版，第 56 页。

通的，但在解决问题的对策上可能存在差异。这时，我们需要比较分析差异发生的原因，比较解决问题对策的优劣，给出适当的解释和附具理由的说明。

比较法分析的基本原则是功能性原则。有时，我们在研究中国的某项制度时可能觉得没有对应的外国法制度。“在外国法当中‘找不到任何东西’，这首先只是意味着，人们必须对自己的‘原始问题’进行反思，并且必须清除本国体系的一切教条主义的成见。”① 我们不能以本国既有的法律制度和法律概念为观察工具，在外国某个狭窄的法律领域来寻找类似的事物。如果从法律问题出发，从功能着手，就可以避免先入为主，摆脱教条的束缚，进而有更多的可能和更有趣的发现。

一方面，虽然比较法分析对象的名称不同，但发挥的功能可能是相同的。例如，中国现在广泛接纳了信赖保护原则，但其是否与德国法上的信赖保护原则相同，还是与英国法上的合法预期原则相当，存在争论。这三者之间，中德的名词表达是一致的，但中国法上广泛承认合法的行政行为变更或撤回也产生信赖保护的问题，也有学者主张只有违法的行政行为才产生信赖保护的问题；中英之间的名词表达是不同的，但处理的法律问题是相同或相近的，故而可以进行比较，但英国法上的合法预期原则与德国法上的信赖保护原则在构成要件、保护方式上存在差异，前者主要涉及程序法问题，后者则涉及实体法问题。

---

① ［德］K. 茨威格特、H. 克茨：《比较法总论》，潘汉典等译，法律出版社 2003 年版，第 47 页。

另一方面，虽然比较法分析对象的名称是相同的，但发挥的功能可能是不同的。例如，“行政行为”的概念：我国《行政诉讼法》明确使用了“行政行为”的概念，很明显它包含了事实行为，甚至包含了行政协议；而德国法上的“行政行为”是指《联邦行政程序法》第35条规定的“行政行为”，即“行政机关为规范公法领域的个别情况采取的具有直接对外效力的处分、决定或其他官方措施”；法国法上的“行政行为”却是一种统一的、客观的行政行为，大致相当于行政活动。如果将中德或者法德的“行政行为”进行比较，将会出现严重的错位。再如，我国行政诉讼的判决中会用到“考虑要求”或“考虑事项”的概念。同样的概念在德国和日本都存在。但是，德国是在补充保护规范理论的意义上使用“考虑要求”，即在规范没有保护的目的时，考虑事实影响；[①] 而日本是在适用保护规范理论时使用考虑事项或考虑因素，即通过判断规范适用时的考虑事项来判断是否为保护规范。[②] 我国行政诉讼的判决中的用法更接近后者。例如，在著名的刘某明案中，最高人民法院指出：保护规范理论或者说保护规范标准，是以行政机关作出行政行为时所依据的行政实体法和所适用的行政实体法律规范体系，是否要求行政机关考虑、尊重和保护原告诉请保护的权利或法律上的利益，作为判断是否存在公

---

① 参见赵宏：《公法邻人保护中的“考虑要求”》，《法学家》2023年第1期，第11页以下。

② 参见王贵松：《行政法上利害关系的判断基准——黄陆军等人不服金华市工商局工商登记行政复议案评析》，《交大法学》2016年第3期，第175页。

法上利害关系的重要标准。[①] 这就是在适用保护规范理论考察保护规范在考虑何种事项。

五、历史分析

所谓历史分析，是指运用发展变化的观点分析社会现象的方法。法学中的历史分析，一般是通过探究某一法律制度的历史背景、发生原因、发展变化的经过等来加深对该法律制度的理解。

（一）历史分析的场合与用途

凡事都有一个来龙去脉，但并不是对任何法律问题都要作历史分析。之所以使用历史分析的方法，往往是因为有待研究的法律问题需要通过探究其历史才能获得更好的理解。

1. 提供历史解释

历史解释是一种常见的法律解释方法。它是指通过对立法过程的考察来探求立法目的和意旨，从而阐明法律文本的含义。在进行历史解释时，主要参考立法过程中的记录、文件、立法理由书等材料，以及颁布法律时的法律环境、社会环境、立法动机、立法者所追求的目的、先例、草案等，从中探求立法者的真意，

① 参见刘某明诉张家港市人民政府行政复议案，最高人民法院（2017）最高法行申 169 号行政裁定书，2017 年 4 月 26 日。

从而对法律文本的含义作出正确的解释。[①]

2. 把握流变规律

虽然没有完全相同的历史，但也并非没有规律可循。在历史分析中，可以致力于对某法律制度的成因分析，把握不同因素对制度形成的影响。例如，2014 年修订的《行政诉讼法》第 69 条规定了驳回诉讼请求判决，取代了 1989 年《行政诉讼法》的维持判决，但也不同于完全意义上的驳回判决，其适用范围也大于 2000 年《行诉法解释》规定的驳回判决。现在的驳回判决与先前的维持判决、《行诉法解释》中的驳回判决存在源流关系。弄清楚三者之间的关系，分析其变化的原因，有助于把握现今驳回判决的定位。

3. 比较对照澄清

有时，为了呈现制度特色，可能会引用历史上存在的类似制度进行比较。例如，名为“国务院”的国家机关并非新中国成立后才有的，民国时期就已经存在过，但两者之间并不存在源流关系，更不存在“认祖归宗”的问题。国务院在民国时期共存续 14 年时间。历史表明，总统制不需要内阁式的国务院，国务院对应的政体是议会内阁制，国务员副署大总统的法律案、命令等，负有实际政治责任，向国会负责。国务院也有一定的反制措施：在国务员受到参议院弹劾时，临时大总统可以提交参议院复议一次（临时约法第 47 条）；大总统在国务员受到不信任决议时，非免国务员之职，即解散众议院，但解散众议院，须经参议院同意（1923 年宪法第 89 条第 1 款）。但这种府院关系的设计并未被新

① 参见王利明：《法学方法论》，中国人民大学出版社 2011 年版，第 382 页。

中国完全承继，与人民代表大会制度也存在部分抵触之处。[①] 将两种国务院进行对照，就能彰显新中国宪法下的国务院的特色，当然也体现了人民代表大会制度的特色。

（二）历史分析的基本要求

中国人讲史学，常说要有史才、史识和史德：既能分析，又能综合，便是史才；能见其全、大、远、深，能见人所不见处，便是史识；不抱偏见，不作武断，不凭主观，不求速达，可养成史德。[②] 历史文献俯拾皆是，既要知悉辨别，也要学会运用。证明某种观点的文献与反驳某种观点的文献都可以找到。所以，做历史分析最忌讳的就是以论代史，以自己的观点为标准去选取支撑的历史材料。做历史分析时，应当坚持以史为据，以史带论，论从史出。

在历史文献的运用限度上，看自己要做什么，是作整体的把握，还是只探讨个别人、个别观点。例如，有关平政院的论争情况，就不可能只看个别人的评点，因为这涉及民国初年整个社会对行政审判这种特别诉讼的接纳状况。[③] 但要是做学术脉络的研究，那就可能是仅选取主流学者作为分析对象，如果不能“抓大放小”，是不可能把握主流的学术脉络的。例如，我在研究行政强制措施的概念形成和演变历史时，也只能选取某一时期有代表

---

① 参见王贵松：《国务院的宪法地位》，《中外法学》2021 年第 1 期，第 205 页。

② 参见钱穆：《中国历史研究法》，九州出版社 2012 年版，第 10～12 页。

③ 参见王贵松：《民初行政诉讼法的外国法背景》，《清华法学》2015 年第 2 期，第 139～154 页。

性的教材为对象展开分析，间或以学术论文作为辅助材料予以说明。[①]

在历史文献的选取上，应当注意各种文献的权威性、质量的差别，尽量选取有权威性的高质量文献。例如，在立法资料方面，法律的草案说明、修改情况的汇报、审议结果的报告都是有权威性的高质量文献；而全国人大常委会法工委或其某个室编写的释义书固然解说了立法过程，但不应将其作为立法机关的解释看待，它只是法工委或其某个室的一种认识；个别参与过立法起草工作的人员撰写的回忆录也只能是在没有其他权威资料的情况下可以被用作辅助说明。一个有意思的现象是，行政诉讼法的草案说明是常常被引用的资料，但这个草案说明其实有两个版本。一个是将行政诉讼法草案第一次提交七届全国人大常委会四次会议审议时的草案说明，另一个是将行政诉讼法草案提交七届全国人大二次会议审议时的草案说明。同样，《国务院组织法》修改时也出现了两个草案说明，分别是在十四届全国人大常委会第六次会议上的修订草案说明和在十四届全国人大二次会议上的修订草案说明。这是法律由全国人大审议通过时会出现的现象。提请全国人大审议通过的法律，一般先由全国人大常委会进行审议。《立法法》第 19 条第 1 款规定，“向全国人民代表大会提出的法律案，在全国人民代表大会闭会期间，可以先向常务委员会提出，经常务委员会会议依照本法第二章第三节规定的有关程序审议后，决定提请全国人民代表大会审议，由常务

---

① 参见王贵松：《行政强制措施的谱系》，《清华法学》2022 年第 6 期，第 64～78 页。

委员会向大会全体会议作说明，或者由提案人向大会全体会议作说明”。全国人大常委会第一次审议法律案的草案说明与全国人大审议法律案的草案说明是会存在一定差别的，尤其是当全国人大审议的草案文本已经不同于全国人大常委会审议的草案文本时。毫无疑问，两个草案说明都是权威的意见，都在草案审议和法律公布后的理解中发挥重要作用。目前，立法审议时的速记并不公开，但那也是十分重要的资料。

结束语　始于足下的勇毅前行

技多不压身，多一点行政法的知识，学会行政法的技艺，终归成为自己的本事。进入行政法，可能是情非得已，因为必修课的强制，或者为了法考取得高分；也可能是因为学习宪法、民事法、刑事法或者国际法时碰到了与行政法相关的问题，顺藤摸瓜，在盘根错节中找寻答案；当然还可能就是对上眼儿，真心喜欢行政法。

从动真格地学习行政法的角度来说，从行政法的功能入手，对行政法有一个总体的体系把握，或许是行政法入门的一条捷径。从公法的角度把握行政法，所思所想就不会有大的出入。但仅仅有功能或者方向肯定只是入门，掌握具体的原理、专门的制度，特别是行政法九法（行政组织三法、行政活动三法和行政救济三法），才能不让行政法流于大词，不让行政法的技术性失色。行政法的登堂入室，还需要日积月累的学习，包括行政法各论的辅助和外国行政法知识的不断补给。见多识广，就会逐渐养成自主判断的能力，逐渐摆脱人云亦云的尴尬。在不同知识反差的刺激下，我们会更深刻地理解行政法的一般原理，会更准确地把握中国行政法的特色。

无论是喜欢抽象的理论，还是喜欢具体的制度，有喜欢的地方就打开书，读起来。能学习，是人生最幸福的事情。老话说，拳不离手，曲不离口。把学到的知识用起来，或者分析案例，或者撰写论文，来检验书本上的知识，反思自己的学习和思考，真正把知识转化为行政法的技能和思维。

对于行政法学人而言，持续推进行政法的研究，持续普及行政法的知识，持续促进行政法的实效性，是一项长久而艰难的志业。我们期待每一个接触行政法的人不被行政法的知识所虐，乐见每一份点点滴滴的努力都能促进法治政府的实现。

最后，再讲一段公案结束全书吧。据史书记载，① 唐朝朗州刺史李翱进药山拜见惟俨禅师，禅师手持经卷并未回头。侍者提醒说，“太守在此”。李翱不及回应便说，“见面不似闻名”。禅师于是直呼其名，李翱应答。禅师说：“太守何贵耳贱目?”李翱连忙拱手道歉并问询“何谓道”。禅师用手指指天又指指净瓶说道，“云在青天水在瓶”。李翱当即醒悟，作诗赠与禅师：

练得身形似鹤形，
千株松下两函经。
我来问道无余说，
云在青天水在瓶。

① 参见（宋）赞宁撰：《宋高僧传》（上），中国书店 2018 年版，第 224 页。

后　记

“人之患，在好为人师。”但没办法，我的职业就是教师，总想着把自己理解的东西传授给学生。好在自己并未时时自以为是、到处说教，日常之间更是少言寡语、不爱絮叨。但作为教师，我在课堂的体系性教学之外，还有一些学习上的事情是需要说道说道的。如此，以文字的方式呈现出来，也未尝不可。

2022 年 4 月 4 日，因疫情在家的我收到中国人民大学出版社法律分社（后改为政法分社）郭虹社长的写作邀请。出版社仅提出“法学学习方法丛书”的书系名称，书名、专题、内容、体例等均可由我自行设定，给足了自由度。经过一番思考，我应承了下来。但我深深感到，这种学习方法书籍与专业知识类书籍有很大不同。写些什么、写到何种程度，实在是心中没底。要想让书有用甚至有趣，真是难乎其难。此后，我的大脑里就时常在琢磨着本书的架构和写法。因仍然忙于《中国行政法学说史》等其他著作的撰写，原本计划于 2024 年 4 月 4 日完成书稿，最终延宕数月，于 2024 年 9 月 3 日交稿。2025 年 4 月 4 日完成清样校对时，三年时间倏忽已逝。

所谓“授之以鱼不如授之以渔”，很多老师都强调方法的重要性。诚然如此，但我一直觉得，相较于方法，知识更重要。没有知识，也就没有运用或展现方法的可能。没有扎实的基本功，只会是花拳绣腿的套路。教材、著作、论文一定是学习的重心所在。在观点上，见多识广，便可触类旁通；在写作上，依模画样，便能熟能生巧。如此大体上就可以上道了。当然，在学生具备一定的知识之后，如果再在方法上稍有点拨，或许能使其获得较快的进步。

本书的自我定位是给行政法的研习者提一点学习和拓展上的方法建议。如果对行政法一无所知，即使读了本书，也不会学到行政法的技艺。在本书中，第一编有关行政法的认知，我在教学中时常提及，但学生未必留意。这些认知对于学习行政法可谓是基础和方法。第二编行政法的适用、第三编行政法的体系对话和第四编行政法的案例分析，是在我给本科生和研究生的行政法案例分析课的基础上形成的，所以，这三编的内容多是以案例探讨的方式展开的。第五编行政法的论文写作是在我给研究生上的学术规范和论文写作课的基础上形成的，也包括了我给我指导的学生每年分发的“学位论文撰写说明”。本书各编长短不一，难易程度不同。好在这种书并不是体系性著作，读者不需要从头到尾按部就班地阅读。读得顺就读，读得不顺就跳过去，读者完全可以挑那些自己感兴趣或者认为对自己可能有用的部分去阅读，甚至可以在不同的学习阶段阅读不同的部分。对于书中提出的问题，行政法的研习者可以试着按照本书中所说的案例分析和论文写作的方法给出正式的解答。

本书好似画了一张图，勾勒了行政法入门的进阶线条，描述了行政法的样态和触角。本书又好似张开一张网，试图把行政法可及范围都尽可能收入其中。但这在一定程度上也暴露了作者自身知识和视野的局限，我也很难做到对方方面面都门儿清，做不到不迷路，就无法说得明白透彻。常言道，师傅领进门，修行在个人。但愿研习者能够顺利地登堂入室，有机会享受到一探究竟的酣畅淋漓。

在本书初稿完成之后，北京大学法学院赵宏研究员、中国人民大学法学院王世杰助理教授以及楚天舒、王钧民、谭耀淇、苏晨曦等博士研究生曾提出过宝贵的意见。过去上过我的案例分析课的学生也给了我很多的启发。当他们看到这本书时，或许能勾起一点共同研讨的美好回忆。中国人民大学出版社政法分社给予了诸多的鼓励和支持。在此一并表示诚挚的感谢！

期待对行政法感兴趣的人，能懂得行政法、喜爱行政法。

王贵松

2025 年 7 月 28 日